KB180738

공부의 비결

공부의 비결

세상 모든 공부의 시작점

초판 1쇄	2005년 4월 25일
초판 32쇄	2010년 3월 12일
중판 1쇄	2016년 11월 30일
중판 4쇄	2023년 11월 16일

지은이 세바스티안 라이트너
옮긴이 안미란

출판책임 박성규
편집주간 선우미정
기획이사 이지윤
편집 이동하·이수연·김혜민
디자인 하민우·고유단
마케팅 전병우
경영지원 김은주·나수정
제작관리 구법모
물류관리 엄철용

펴낸이 이정원
펴낸곳 도서출판 들녘
등록일자 1987년 12월 12일
등록번호 10-156
주소 경기도 파주시 회동길 198
전화 031-955-7374 (대표)
031-955-7381 (편집)
팩스 031-955-7393
이메일 dulnyouk@dulnyouk.co.kr

ISBN 979-11-5925-205-1 (03370)

값은 뒤표지에 있습니다. 잘못된 책은 구입하신 곳에서 바꿔드립니다.

세상 모든 공부의 시작점

공부의 비결

세바스티안 라이트너 지음

안미란 옮김

들녘

지은이

세바스티안 라이트너

1919년 출생-1989년 사망. 오스트리아의 빈 대학과 독일의 프랑크푸르트 대학에서 법학을 전공했다. 젊어서는 저널리스트로 일하면서 주로 법학적·사회학적인 문제들을 다루었고, 나중에는 의학과 심리학 분야의 전문가로서 활발한 저술활동을 펼쳤다.
저서로는 『응용학습심리—성공으로 가는 길』, 『사는 법을 배운다』, 『기적에 관한 기적』 등이 있다.

옮긴이

안미란

서울대학교 국어교육과를 졸업했다. 독일 킬 대학 언어학과에서 박사학위를 취득했으며, 현재 독일문화원과 대학에 출강하고 있다.
옮긴 책으로는 『전략적 공부기술』, 『바다의 학교』 등이 있다.

세바스티안 벤야민 에더를 위해

생활의 질이 완전히 달라지는 공부방법

120시간 안에 영어나 프랑스어를 배우고 싶은가? 이 책의 저자는 거기에 성공했다. 무슨 특별한 소질이 있어서가 아니라, 시간과 노력을 절약하는 특별한 학습방법을 고안해서 그렇게 했다. 라이트너가 개발한 이 학습방법은 현재 가장 성공적인 학습법 중 하나다.

라이트너는 공부 못하는 사람, 바보 같은 사람이란 있을 수 없다고 주장한다. 그저 지능의 발달을 방해하는 나쁜 학습방법이 있을 뿐이라는 얘기다. 지능과 성공은 천부적인 자질이나 운명이 아니라, 학습방법의 옳고 그름에 달려 있다는 것이다.

이 책은 어른이나 청소년, 어린이에 상관없이 성공적으로 공부하는 기술을 가르쳐준다. 독자들은 짧은 시간에 집중적이며 효율적인 공부방법을 배우게 될 것이다. 이런 학습효과는 공부에 재미를 붙이게 해 결국 성공을 가져오게 한다. 또한 이런 합리적인 학습방법은 시간을 절약해주기 때문에 생활의 여유를 즐길 수 있게 해준다. 생활의 질이 완전히 달라지게 되는 것이다.

우선 이 책은 독창적이고 재미있다. 유머가 넘치는 삽화는 공부하는 것을 다양한 취미활동처럼 느끼게 해준다.

라이트너의 의도는 천재를 만들어내는 것이 아니라 인간 본연의 재능을 되살려내는 것이다. 휴머니즘을 생활화한 사람에게 주어지는 상이 있다면 당연히 라이트너에게 주어져야 할 것이다.

-디벨트《DIE WELT》

저자의 말

분노 때문에 쓴 책

이 책은 분노 때문에 썼다. 오늘날 세상의 모든 학교에서는 대다수의 학생들을 재능이 없고 소질도 없으며, 바보 같고 게으르다며 구박하면서 모욕을 준다. 희망을 줘야 할 학교가 학생들의 희망을 빼앗는다. 마치 이들이 타고난 구제 불능이라는 듯이 대접한다.

그래서 나는 이런 학생들에게 어떻게 공부하면 다른 사람의 도움 없이도 자구책을 찾을 수 있는지, 그 방법을 제시해주려고 한다.

이 책은 남녀노소, 책 한 권을 끝까지 읽어낼 만큼의 독서능력만 있다면 누구나 다 읽을 수 있도록 쉽게 쓰였다. 공부가 어려워서 고생하는 사람들, 그리고 더 쉽게 무언가를 배워보려는 관심과 지각이 있는 모든 사람들을 위한 것이다. 이 책은 학교 공부가 재미있기는커녕 처음부터 끝까지 아무 의미도 없으며, 이해가 불가능한 과정처럼 느껴지는 학생들을 위한 것이다.

나는 이 책에서 어린이, 청소년과 어른의 차이를 두지 않고 모두 '학생'이라고 부를 것이다. 이는 현실적으로 큰 차이가 없기 때문이다. 기술을 배우는 학생이나 인문계 고등학생, 대학생, 학위를 마쳤지만 새로운 분야를 공부하는 박사, 이들 사이에는 지금까지 배운 것의 양과 내용이 다를 뿐 사실 별로 차이가 없다. 새로운 정보를 기억하기 위해 거쳐야 하는 학습과정은 누구나 다 똑같기 때문이다.

그렇기 때문에 나는 독자 여러분을 통틀어 '학생'이라고 부를 텐데 제발, 40대나 50대 성인들이 이에 대해 분노하지 말 것을 당부한다.

나는 출판사로부터 이 책에 대한 '사용설명서' 같은 것을 따로 써달라는 부탁을 받았다. 하지만 나는 이 책에 있는 내용 외에 별다른 사용법을 더 이상 쓸 수가 없었다. 그러나 굳이 한 가지를 꼽으라면, 이 책을 읽는 데 만족하지 말고 그냥 그대로 따라 해보라는 것이다. 이 책을 다른 책처럼 읽는 데에 그친다면 얻는 바가 적을 것이기 때문이다. 이 책에서 가장 중요한 부분은 2장에서 설명하고 있는 '공비카드'('학습카드'를 이하 '공비카드'로 표기한다—편집자 주)와 4장에서 다루고 있는 '공부 페이션스 게임', 그리고 7장에 나오는 공비카드를 프로그램화하는 방법이다.

독자들 중에서 단 몇백 명만이라도 여기 나오는 대로 실행해보았으면 좋겠다. 그래서 공부를 하기에는 자신이 너무 게으르고 늙었다는 착각에서 깨어난다면 더할 나위 없이 기쁠 것이다.

끝으로, 이 책을 쓰면서 많은 분들의 도움을 받았지만 그중에서 특히 빈 대학 심리학과 교수인 기젤헤어 구트만과 베르너 헤르크너에게 감사하고 싶다.

-세바스티안 라이트너

차례

이 책에 대하여_ **생활의 질이 완전히 달라지는 공부방법** 6

저자의 말_ **분노 때문에 쓴 책** 8

1 배운 것은 배운 것이다 14

어떻게 공부하느냐 | "자, 공부합시다!" 하지만 어떻게?
두뇌활동은 두통이 아니다 | 10년 배워도 외국어를 못하는 이유
나이가 들어서도 공부하기 | 누구나 열 가지 언어를 배울 수 있다
위대한 혁명 | 파블로프의 개 | 자극과 반응 | 통증도 '배우는' 것이다
전부 아니면 무의 법칙 | 잡아먹힌 지식
뇌 안에서 일어나는 화학적인 과정 | 망각되는 것은 없다

2 망각의 저주 42

계산해보십시오 | 망각과의 전쟁 | 뒤섞여버린 지식 | 뇌의 '기능장애'
'벼락'공부와 '나누어서 하는' 공부 | 지루한 체계
일주일 후에도 남는 기억은 겨우 20퍼센트 | 20퍼센트의 기억을 잡아라
공비카드 만들기 | 카드를 이용한 암기의 기술 | '좋은 것만 그릇에 담아라'
공비카드의 장점 | 암기에 대한 선입견 | 이해해도 잊어버릴 수 있다
주변의 자극도 함께 암기된다!

3 성공이라는 연료 79

배우는 데는 동기가 있어야 한다 | 빠른 사후효과가 있어야 한다
아기들은 '조작적으로' 행동한다 | 스키너의 춤추는 비둘기들
지연된 보상은 아무것도 변화시키지 않는다 | 일차적 욕구와 이차적 욕구
칭찬만큼 좋은 강화는 없다 | 성공의 경험이 공부를 즐겁게 한다
공비카드가 주는 칭찬 | 자신에게 맞는 공부시간을 결정하라
개와 가족 구성원들에게서 오는 위험 | 자투리 시간을 이용한 미니 카드 활용법
끊임없이 자신을 칭찬하라 | 부정적인 사후효과
부정적인 사후효과의 반응은 공포와 증오

4 의미와 무의미 110

암기하려면 의미를 갖다붙여라 | 숫자 외우기에도 요령이 있다
외교관의 암기법 따라하기 | 고난도의 공부는 페이션스 게임으로
모르는 것은 '무의미'하다 | 공부를 시작하기는 힘들다 | 초단기기억
단기기억 | 장기기억 | 오래 기억하려면 영상을 말로 옮겨라
머리로만 하는 공부의 비법 | 장기기억을 위한 소리 없는 암송
의미있는 정보는 오래 기억된다

5 결정적인 0.5초의 법칙 142

결정적인 0.5초를 잡아라 | 모든 인생의 중심축 | 이해와 반복연습
기억 속의 쇠갈고리 | 움직이지 않으면 배울 수 없다
언어학습 - 우회하지 않고 배우기 | 암기를 위한 머리재주
집중력 키우기 | 의미가 있어야 농담이 된다 | 가장 중요한 질문: 뭐하러?

6 약호로 생각하기 169

인간은 '약호'의 동물이다 | 숫자도 약호다 | 사람의 기억 용량은 7
마법의 약: 새로운 코드 | 바보도 기억의 천재가 될 수 있다
어휘 능력은 곧 암기력 | 어휘능력도 연습하면 된다 | '이하 체험'
필요한 것은 기억한다

7 내 손으로 학습 프로그램 만들기 193

학습기계의 작동방식 | 카드를 만들면서 공부법도 배운다
암기하기 어려운 단어 정복하기 | 문장을 통째로 외우는 확실한 암기법
공비카드로 수학 정복하기 | 이해와 암기는 똑같이 중요하다
'어리석은' 질문이란 없다 | 어려운 내용은 작은 부분으로 나눠라
중요한 정보만 기억하라 | 밑줄 치는 것도 기술이다
숙달이 되면 무엇이나 더 쉬워진다 | 시험을 위한 속성코스

8 지능의 문제 225

IQ라는 이름의 괴물 | '지능'이란 대체 무엇일까? | IQ는 무엇을 검사하는가?
추상적인 사고도 배울 수 있다 | 아프리카 원주민을 위한 검사가 아니다
문제 해결의 4단계 | 문제의 해부학 | 문제 해결을 위한 고정관념 깨뜨리기

9 창조적인 영감 253

특별한 종류의 사고습관 | 제슈프의 소방관과 가설 세우기 | 뇌의 착각
두 개의 코끝 | '몽상가'들은 유용한 사람들이다
오류가 없으면 해결책도 없다 | 상상력도 연습할 수 있다
한가지 사물 – 천 가지의 생각 | '동떨어진' 생각을 하는 사람들은 고생한다
심오한 질문, '왜?' | '……다면 어떨까?' | '……려면 어떻게 하지?'
비판과 의심

10 용기와 희망 285

지능은 학습할 수 있는가? | 나쁜 머리도 고칠 수 있다
재능은 어떻게 생겨나는가 | '미신을 믿는' 비둘기 | 기분 좋게 강화된 기하
'조작'이 언제나 나쁜 것은 아니다 | 수줍음을 치료하기
과연 가치 있는 일일까? | 스스로에게 돈을 주라 | 공부하라는 출발신호
공부하려면 공부하는 친구를 사귀어라 | 나이들수록 머리도 나빠진다?
지능은 나이가 들면서 자란다 | 공부하기에 늦은 때란 없다

수기_ **"목표를 이룬 자리에 항상 함께하는 공비카드 상자"** 314

01 배운 것은 배운 것이다

어떻게 공부하느냐

한 젊은 남자가 카페 테라스에 앉아 책을 읽고 있다.

대학 주변에 자리잡은 이 카페는 학생들이 휴식을 취하면서 애인을 만나거나 신문을 읽는 장소다. 그는 복사한 책자를 읽고 있었다. 자세히 보지 않는다면 누구나 그를 신학생이라고 여길 것이다. 몇 분 동안 책을 들여다보다가 매번 하늘을 향해 기도라도 하듯이 소리 없이 입술을 달싹였기 때문이다.

하지만 사실 그는 하늘에 계신 주님과 대화를 나누고 있는 것이 아니었다. 카페 테이블 위에 놓인 책은 성경이 아니라 법학 암기코스의 노트였고, 그는 파산법을 외우고 있었다.

말하자면 그는 공부를 하는 중이었다. 공부를 할 때 우리는 중요한 것을 더 잘 기억해야 한다고 믿는다. 그 역시 그런 이유로 공책에서 중요하다고 생각하는 단어마다 밑줄을 그었다. 사람들은 쉽게 암기하기 위해 되도록 짧게 노트를 한다. 그들은 꼭 필요해 보이는 정보만을 공책에 적는다. 따라서 그 학생도 그렇게 했다. 그렇지만 파산법에도 중요한 순서가 있기 때문에, 그 학생은 여러 가지 색깔의 연필을 사용해 표시를 했다. 가장 중요한 단어는 빨간색으로, 그 다음 중요한 단어는 초록색으로, 그리고 검정색도 사용했다. 그는 노트를 읽고, 하늘을 한 번 쳐다본 다음 다시 노트를 읽고 하늘을 쳐다보았다.

이런 식으로 공부를 한 그가 법률가나 변호사, 판사가 될 수도 있다. 하지만 이런 성공은 그가 공부에 들인 노력의 결과라기보다는 우연에 가깝다. 나는 그가 파산법 조항 몇 개를 기억하는 것만도 기적이라고 생각한다. 이것은 탱크에 설탕물을, 기름통에 타르를 싣고도 달리는 가솔린 엔진처럼 불가사의한 일이다.

그런데 이런 성실한 학생은 이 세상 모든 나라, 모든 도시에서 흔히 볼 수 있다. 이들은 도서관이나 하숙방에서, 적도나 북극권에서, 하이드 파크나 키부츠에서, 모스크바 시립공원관리소의 벤치에서, 햇빛이 드는 곳이나 책상 스탠드 아래에 앉아서 끝도 없이 공부한다. 이들은 역사상의 연도, 고대 독일어나 히브리어의 단어, 헌법, 수학의 비밀이나 우주비행, 집과 다리를 짓는 법, 인간이나 동물을 치료하는 방법을 공부한다. 그리고 레닌의 글과 마오쩌둥의 어록, 링컨의 게티스버그 연설, 양자물리학의 세부 내용, 레이더 기술과 로켓 엔진을 공부한다.

그러나 사실 중요한 것은 무엇을 공부하느냐가 아니라 어떻게 공부하느냐다. 내가 가장 놀란 점은 교육학이나 심리학을 공부하는 사람들도 이렇게 공부를 하고 있

이 세상 모든 곳에서 벌어지고 있는 슬픈 일

교육학은 실패를 거듭하고 있다. 우리는 고대와 똑같은 방법으로 공부를 하고 있다.

다는 사실이다. 그들은 공부하기 자체를 공부할 기회가 있었는데 그렇게 하지 않았던 것이다. 그들은 교육학이나 심리학까지도 앞에서 말한 학생이 파산법을 공부하듯 중간중간 하늘을 우러러봐가며 공부하고 있다. 그들은 인도 오지의 농부들이 나무로 된 쟁기로 땅을 갈 듯이 열심히 공부하지만 이성과 뇌는 없이 공부한다. 그들의 공부법은 너무나 불합리해서 우리 세기의 모든 학술계가 절망 때문에 통곡을 해야 할 지경이다.

그들은 결국 시간과 돈만 낭비한다. 그들은 자신의 미래와 인류의 미래를 망치고 있다. 왜 그들은 합리적으로 공부를 하지 못할까?

인류의 미래는
합리적인 학습에 있다.

"자, 공부합시다!" 하지만 어떻게?

그 이유는 학교에서 공부방법을 제대로 제시하지 못하기 때문일 수도 있다.

지금 내 앞에는 한 교육기관의 안내문이 있는데, 여기서 나온 (기업체의 회계에 대한) 교재는 명료함이 무엇인가를 정말 잘 보여주고 있다. 하지만 학습법에 관해서라면 이 교재에 딸린 '학습 안내'도 내용없는 빈말뿐이다.

"자, 이제 일을 시작합시다!"라고 이 교재의 저자는 말한다. 그가 말하는 일이란 공부를 뜻하는 것이 분명하다.

'자, 이제
공부를 시작합시다.'
빈말이다!

그러나 그 다음에 나오는 조언들을 보면 종이가 아까울 지경이다.

"시간을 어떻게 배분할지 계획을 세우십시오." 하지

만 학생들은 아직도 이 배분된 시간에 무엇을 해야 할지를 모른다. 공부? 물론 공부를 해야 한다. 하지만 어떻게? 거기에 대해서는 아무런 말이 없다. "규칙적으로 공부를 하는 것이 가장 중요합니다." 이 말은 반은 맞고 반은 틀리다. 물론 규칙적으로 공부하면 좋다. 하지만 이것도 체계 없이 한다면 그 규칙성에서 아무런 성과도 거둘 수 없다. 수영을 배우려고 한다면 규칙적으로 연습하는 것만으로는 부족하다. 우선 몸을 어떻게 움직여야 하는가를 알아야 한다. "한 번에 너무 많이 하려고 하지 말고 작은 부분을 공부할 것." 옳은 말씀! 그런데 '공부한다'는 것은 어떻게 한다는 말일까? 학습 안내에는 그에 대한 언급이 전혀 나와 있지 않다.

'공부한다.' 그런데 그걸 어떻게 하지?

"책자를 받은 순서대로 정확하게 공부하십시오." 앞에서와 마찬가지로 '공부한다'는 말에 대한 설명은 나와 있지 않다. "조용한 곳, 적당한 조명이 있고 방해를 받지 않는 장소에서 공부할 때 공부가 가장 잘됩니다." 이 얼마나 대단한 진리인가? 이 저자는 혹시 학생들이 어떤 특별한 이유로 시끄럽고 어둡고 방해받는 장소를 택한다고 믿는 것일까? "그리고 각 부분에 집중해서 여러 번 공부하십시오." 아하, 이제 무슨 말인지 정확히 알겠다! 그런데 또 심각한 단어가 하나 보인다. '여러 번'이라는 건 도대체 몇 번을 말하는 것일까? 세 번? 다섯 번? 열 번? 그리고 '집중해서'라는 건 또 어떻게 하는 것인가? 경직된 자세로, 배를 집어넣고, 눈은 똑바로 앞을 향하라는 것인가? 아니면 요가의 달인들처럼 하라는 말일까?

'집중해서'라는 건 대체 어떻게 하는 것인가?

두뇌활동은 두통이 아니다

"공부를 해야 한다."

이 말은 무슨 형벌이나 강제노동의 선고처럼 들린다. 다른 사람의 도움이나 안내 없이 외톨이로 이 고통을 견뎌내야 하기 때문에 이러한 형벌은 더 가혹하게 느껴진다. 현대적으로 가르치는 훌륭한 선생님도 별 도움이 되지 않는다. 그리고 사실 교사에게서 배울 수 있다는 생각, 바로 이 착각 때문에 수많은 사람들이 아직 아무것도 배우지 못하고 있는 것이다.

오늘날의 현실에서 교사에게서 배울 수 있는 것은 아주 미미한 부분에 지나지 않는다. 기껏해야 교육을 당하고 있을 따름이다. 아무리 유능한 교사라도 기껏해야 배워야 할 내용을 보여주고 설명하고 제시해줄 뿐이다.

물론 교사가 내용을 복습시킬 수는 있다. 하지만 그것은 학생들이 그동안 착하고 부지런하게 공부를 했는지 확인하는 것일 뿐이다. 공부 그 자체, 외우고 기억하는 것은 학생의 몫이다. 또한 학생 혼자 외롭게 분투하면서 노력하는 일이다. 사막에서 길을 잃은 나그네가 자신의 방향감각에 의지해서 길을 찾듯이 이들은 목표에 다다르기 위해 이를 악물고 노력한다.

이들은 일어나서 책상에 앉는다. 그리고 공부할 자료를 펼친다. 애써 '집중'을 하지만 집중의 진정한 의미는 전혀 모르고 있기 때문에 이들은 글을 읽으면서 그 내용을 암기하려고 애쓴다. 어떤 법칙에 따라 그 내용이 어느 쪽 뇌에 저장되는지 전혀 알지 못한다. 이들의 노력은 머리가죽과 목과 어깨를 긴장시킨다. 그러다 보니 시도 때

'공부해야 한다.'
형벌인가?
AUFGABE

도 없이 두통이 생긴다.

머리를 싸매고 공부하는 사람도 있다. 눈동자를 굴리는 사람도 있다. 머리카락을 움켜쥐는 사람도 있다. 심한 경우에는 호흡곤란이 오거나 이를 갈기도 한다. 우리에 갇힌 맹수처럼 이리저리 움직이며 다리근육을 지치게 만드는 사람도 있다. 머리가 깨였다는 학생들은 학습내용을 오랫동안 기억하기 위해 반복을 거듭한다. 지능과 기억력에 따라 일곱 번에서 열다섯 번의 반복이 필요하다고 말하는 학자들도 있다. 그러므로 이들은 반복을 한다. 정말 순진한 사람은 연달아 일곱 번이나 열다섯 번을 반복하고, 이제 할 일을 다했다고 안심한다.

다리근육을 쓰면서 공부하는 사람들도 있다.

그러나 책을 복습할 때 이 '반복'은 아주 무의미한 형태를 취할 때가 많다. 학생은 어느 면을 펼쳐서 첫 문장을 읽고, 그 다음에 올 문장이 무엇이었는지 기억하려고 애쓴다. 그런 방식으로 다음 문장으로 넘어간다. 게다가 보다 '체계적으로' 접근하는 사람은 어제의 내용도 복습한다. 다음날에는 그저께의 내용도 복습한다. 또 그 다음날에는 3일 전의 내용도 복습한다. 그러다 보면 3주일 후에는 새로운 내용을 공부하는 것은 고사하고, 앞의 내용을 복습하기에도 시간이 턱없이 부족하다. 그러면 드디어 이 체계 없는 체계가 무너지게 되는데, 이는 학생을 위해서는 다행스러운 일이다. 그렇지 않았더라면 정신 병원으로 가야 할 테니까. 공부가 직업인 학생들은 정말 다행스럽게도 시험 직전에만 공부를 한다. 그들의 정신건강을 위해 정말 다행이다.

공부가 직업인 학생들은 다행스럽게도 시험 직전에만 공부한다.

10년 배워도 외국어를 못하는 이유

생선이 머리부터 썩듯이, 사람들도 일찌감치 공부를 포기해버린다. 그런데 그 책임은 학문을 스스로 공부하도록 가르치지 못하는 무능력한 교육학에 있다. 교육학은 학습방법을 연구하지도 가르쳐주지도 않는다.

이것의 폐해는 상급학교로 올라갈수록 확연히 나타난다. 10년 동안 외국어를 힘들여 배우지만, 외국에 나가면 거의 한마디도 알아듣지 못하는 사람들이 속출한다. 여러 해 동안 수학, 물리, 화학을 공부했지만 남은 것은 무엇인가? 초등학교에서 고등학교까지 모국어를 필수과목으로 배우지만 결혼식 축사를 멋지게 해낼 수 있는 사람은 드물다.

학교에서 10년 동안 달달 외우고도 외국어를 못하는 경우가 대부분이다.

공부하는 방법에 관한 한 대학은 더 참담하다. 인쇄술이 발달하지 않아 학생이 책을 사기에는 너무 비쌌던 아득한 중세와 마찬가지로 지금도 대학생들은 앉아서 강의 내용을 받아적는다. 그러나 이렇게 필기한 내용을 어떻게 소화시켜야 할지는 아무도 가르쳐주지 않는다. 어떤 학생들은 강의를 빼먹고 땡땡이를 치는데, 사실 이것이야말로 시간을 효과적으로 절약하는 방법이다.

중세식의 강의와 산더미 같은 비싼 교재들

앞에서도 말했지만 이에 대한 책임은 교사들에게 있는 것이 아니라 교육제도의 맨 위에 계신 분들, '가르치고 기른다'는 뜻의 교육학을 가르치고 연구하시는 분들에게 있다. 이분들은 불 같은 열성으로 끊임없이 새로운 교수도구, 교수방법, 학습도구를 만들어내지만 모든 교수활동의 궁극적이고 유일한 존재 이유가 학습이라는 점은 다들 잊으신 것 같다. 그래도 오늘날 상당수의 교사들이 어느 정도 참을 만하게 수업을 진행하는 것은 바로 이 교육학이 수백 년 동안 성실하게 노력한 결과라는 것을 부정하지는 않는다. 이들은 분명하고 알아듣기 쉽게, 확실하고 이해가 잘 되게 이성적으로 설명을 한다. 영화나 사진을 활용할 줄도 알고, 수업을 어느 정도 논리적으로 구성하며 종종 농담을 섞을 줄도 안다. 문제는 교육학이 그 선에서 만족한다는 점이다. 교사들은 옷에서 먼지를 털고 학생들을 집에 보내며, 할 일을 다했노라고 자만한다. 그러나 이것을 되씹고 소화시키는 일은 불쌍하게도 학생의 몫이다.

교육학이 옷의 먼지를 턴다.

어떻게 공부할 것인가에 대해서 조언을 해주는 학자는 매우 드물다. 그런데 그들이 들려주는 조언은 대개 이런 것들이다. 공부방에는 불을 밝게 하고 필요한 도구들을 잘 배치할 것, 적당한 온도가 중요하기 때문에 공부방은 너무 추워도 안 되고 너무 더워도 안 될 것, 집중하기 위해서는 방해받지 않고 조용히 공부할 수 있는 환경일 것 등이다. 공부하기에 가장 좋은 시간이 언제인가에 대한 충고도 있다. 하지만 그 시간은 사람마다 다르다. 아침형 인간이 있는가 하면 올빼미형 인간도 있다. 특히 가장 우스운 제안은, 잠자기 직전이 가장 기억이 잘되는 시간이니까 그때 공부를 하라는 것이다. 그리고 그들은 충분히 휴식을 취한 상태에서 공부를 해야 능률이 오른다고 말한다. 그런데 공부 때문에 금방 피곤해질 때는 어떻게 해야 할까? 여기에 대해서는 아무런 말이 없다. 공부할 때 배가 고파서는 안 된다는 말도 있다. 반대로, 포만감은 공부에 방해가 된다고 말하기도 한다.

이러한 교육학자들의 생각은, 학문인 척할 때도 종종 있다. 그들도 학생들에게 한 번에 너무 많은 양을 공부하지 말라고 충고한다. 공부할 내용이 일정 양보다 조금만 더 많아도 망각하는 비율이 급격히 올라간다는 이유 때문이다. 그들은 양을 '잘 나누어서' 공부해야 가장 효과가 좋다고 충고한다. 그러나 이러한 조언들을 모두 따르려다 보면 오히려 공부를 못한다. 그러면 교육학은 금세 이 학생이 게으르며 소질이 없고, 집중을 못하며 지능이 떨어진다고 비판한다.

건전하지 못한 교육학이 미치는 피해들.

합리적인 공부를 가능하게 해주는 많은 학습법 중 몇 가지를 배우는 학생은 극히 소수이고, 그나마 대개의 경우는 우연히 스스로 배운다. 미국 심리학자 스키너가 모든 성공적인 학습의 전제조건이라고 말한 것을 해내는 사람은 다만 이들뿐이다. 소수의 이들만이 머릿속에 자기의 학습 프로그램을 만들어낸다. 이들은 소질과 재능이 있다는 말을 듣고, 천재라는 칭찬까지 듣는다. 다수의 사람들 역시 희망을 버리지 않는 한 계속 공부를 한다. 하지만 그들은 발작적인 경련, 수영을 할 줄 몰라서 물에 빠져 죽는 사람의 허우적거림, 번갈아 나타나는 공포와 무기력을 경험하면서 괴로워한다. 술 취한 카우보이들이 어두운 밤에 검정색 솜브레로 모자를 쏘아 맞히려고 연습하는 것과 같다. 그 상황에서도 가끔 명중하는 총알이 나오는 것은 정말 놀라운 일이다. 이를 설명할 수 있는 것은 무조건 숫자를 크게 만들면 된다는 무제한의 법칙이다. 그러나 이는 엄청난 양의 정신적인 탄약을 비경제적으로 소모하는 일이다.

수영하는 법을 모르면서 수영을 하는 사람도 있다.

나이가 들어서도 공부하기

이러한 불합리한 일이 10년마다 지식의 양이 두 배로 늘어나는 요즘 시대에도 일어나고 있다. 이러다 보면 아마 다음 세대에는 일생에 한 번씩은 직업을 바꾸어야 할 것이고, 그렇게 하지 않으면 지루한 단순 노동자나 사회보장제도에 의존해서 살아가는 사람, 남에게 붙어사는 존재가 되어버릴 것이다.

미래에는 죽는 날까지 공부하지 않는 사람은 '강등'된다.

과거의 업적을 묻는 사람이 있는가? 중요한 것은 지금 현실이다. 그런데 실제 현실은, 나이가 들수록 새로운 것을 배우는 일을 힘들어하며 자신을 과감하게 변화시키는 능력이 떨어진다는 것이다. 대체 왜 그럴까? 그들이 그렇게 하는 방법을 배우지 못했기 때문이다. 공부해야 한다는 압력은 나이 든 사람들에게 훨씬 더 고통스럽다. 머지않아 여가시간에 한가롭게 교양을 쌓는 '성인교육'은 아무 의미도 없어질 것이다. 40대, 50대에도 공부는 생존의 절대 필요조건이 될 터이다.

여유로운 '성인교육'으로는 턱도 없다.

교육학자들은 연설을 할 때마다 '평생교육'을 주장한다. 하지만 교육학자들이 성인들을 위한 학교를 짓고 50세까지 교육의 의무를 지우게 함으로써 이 문제를 해결할 수 있다고 생각한다면 그것은 대단히 무지한 환상이다. 그러려면 성인의 반은 교사가 되어서 나머지 성인과 어린이들을 가르치고 거기에 필요한 교사를 양성해야 할 텐데, 그럴 경우 결국 교사와 학생 말고는 다른 직업을 가질 사람이 없어질 것이기 때문이다. 공장과 사무실은 사라지고 학교만 남는 미래가 다가올 것이다.

그러나 이런 사태는 막을 수 있다. 그것도 아주 쉽게!

어린이들과 어른들, 그리고 교사들에게 공부하는 법을 가르치면 된다. 자아학대라고 여겨지는 그런 공부가 아니라 진정으로 공부하는 방법을 가르치면 된다.

학습은
자아학대가 아니다.

누구나 열 가지 언어를 배울 수 있다

얼마 전까지만 해도 신비로 여겨졌던 뇌의 원리와 규칙은 이미 거의 밝혀졌다. 물론 우리는 인간의 뇌 속에서 무슨 일이 일어나는지 자세히 알지는 못한다. 대신 비교적 짧은 기간에 외국어에 통달하거나, 미지수가 포함된 계산을 하거나, 아직 모르는 상관관계를 분석하거나 정확한 진단을 내리려면 어떻게 해야 하는지는 알고 있다. 타고난 소질이나 유전적인 재능, 천부적인 지능이라는 것도 있지만 이것은 아주 가끔 나타난다. 그리고 사실 이런 모든 특성들은 습득가능한 것이다. 학습이 가능한 것이다. 유아기에 그냥 놀면서 배울 수 있는 것이다. 하지만 나이가 들었다고 배우지 못할 이유도 없다.

소질이나 재능은
아주 적은 부분만
유전된다.

트로이 유적을 발견한 사업가 하인리히 슐리만은 평생 열 가지 이상의 언어를 배웠다. 그래서 사람들은 그를 천재라고 생각했다. 하지만 보통의 재능을 가진 사람들도 합리적인 공부법만 습득한다면 누구나 그 정도는 할 수 있다. 재능 있는 사람의 뇌, 아니 천재의 뇌라고 해서 보통 사람의 뇌와 근본적으로 다르지 않다. 물론 차이는 있다. 좀더 큰 뇌와 좀더 작은 뇌가 있는가 하면, 혈액순환이 잘되는 뇌가 있고 덜 되는 뇌가 있다. 이것이 사고

능력의 차이를 가져올 수도 있다. 하지만 이런 정도의 차이로는 왜 어떤 사람은 문맹이 되고 어떤 사람은 책을 많이 읽은 학자가 되는지, 계산에 약한 사람이 있는가 하면 아주 복잡한 방정식을 순식간에 푸는 사람이 있는지를 다 설명하지 못한다. 사고력의 차이는 건강한 사람과 허약한 사람의 신체구조 차이 정도일 뿐이다.

예를 들어 100미터 올림픽 선수는 건강한 우편 배달부보다 아무리 빨라야 두 배 정도 빠르다. 최고의 수영 선수도 연습을 게을리 한 사람보다 빨라야 두 배 정도 빨리 앞으로 나아간다. 자동차 레이서가 코스를 아무리 빨리 주파한다고 해도 운전을 할 줄 아는 보통의 남성이 며칠 연습을 하고 나서 같은 경주용 차로 달렸을 때보다 기껏해야 두 배 정도 빠르다.

능력의 차이가 크게 나는 것은 경쟁자 중 한쪽이 그 일을 배운 적도 연습한 적도 없을 때뿐이다. 수영을 할 줄 모르는 사람은 물에 빠지면 바로 그 자리에서 가라앉아 버린다. 운전을 할 줄 모르는 사람은 시동조차 걸지 못한다.

어떤 사람이 20가지 언어를 배운다면, 어쩌면 두뇌의 혈액순환이 유난히 잘된다는 증거일지도 모른다. 하지만 건강한 사람이 10가지 언어를 배운다고 해서 그가 특수한 재능을 타고났거나, 신비로운 능력이 있다고 증명되는 것은 아니다. 이것은 그저 학습방법과 동기의 문제일 뿐이다.

천재의 뇌와
보통 사람의 뇌는 같다!

말을 탈 줄 모르는 사람은
말을 탔을 때나
달팽이를 탔을 때나
똑같은 속도로 전진한다.
즉, 전혀 앞으로
나아가지 못한다.

언어를 10가지나
배웠다고?
그래서 어떻다는 말인가?

위대한 혁명

모든 사람들이 이렇게 생각한다면 인류사의 가장 위대한 혁명이 시작될 것이다. 이는 정신적인 혁명이다. 언어와 문자의 발명 이후 가장 위대한 발명이 될 것이다. 그 어떤 혁명들보다도 강하고 지속적으로 세계의 모습을 단번에 변화시킬 대단한 발명!

공부하는 법을 배울 수 있다면, 그리하여 오늘날 부당하게도 공부라는 이름으로 불리고 있는 혼란스럽고 헛된 노력이 끝장난다면, 누구나 슐리만의 반 정도는 성취할 수 있다. 또한 독학으로 공부한 나처럼 반복하는 데에만 소질을 보이지도 않을 것이다. 창조적인 사고 역시 그 규칙이 덜 밝혀지기는 했지만 분명히 학습가능한 과정이다.

이 모든 것이 꿈이나 모험처럼 들릴지도 모르겠다. 하지만 불과 천 년 전에 일어났던 일을 기억해보라. 읽고 쓰는 단순한 능력이 소수의 선택받은 재능으로 여겨지던 시대를 생각해보라. 오늘날은 초등학생이면 누구나 읽고 쓸 수 있다. 오늘날 평범한 고등학생이 할 수 있는 단순 계산이 그 당시에는 가장 뛰어난 학자들에게도 경탄을 불러일으켰던 사건이었다.

미래를 향한 문은 이미 열려 있다. 우리는 그 문으로 나아가야 하고, 이미 발견된 지 오래이며 이론적 검증까지 거친 학습법칙들을 과감하게 실천에 옮겨야 할 때다.

이 책은 그런 깨달음들을 다룰 것이다. 그저 전체적인 흐름만 이해하고, 지금까지 이용하지 않은 채 내버려둔 보물들을 되살려내 우리의 목적을 위해서 딱 필요한 만큼만 사용할 것이다. 이 책은 현대의 학습이론 모두를 개

미래를 향한 문은 열려 있다. 오늘날의 학생들은 몇백 년 전에는 학자들밖에 할 수 없었던 것들을 알고 있다.

관하려고 하지 않는다. 이 책은 무엇을 가르치는 교재가 아니라, 이 책으로 무엇을 배우게 하는 학습서다.

파블로프의 개

학습법에 대한 학문은 대개 '심리학'의 한 부분으로 여긴다. '심리'는 다른 말로 '마음'이라고 할 수 있다. 그러니까 심리학은 마음을 통제하는 규칙, 마음의 논리학이라고 할 수 있다.

현대 심리학의 아버지들 중 한 사람으로 러시아의 이반 페트로비치 파블로프Ivan Petrovich Pavlov가 있다. 아마 파블로프는 내가 사용하는 '마음'이라는 표현을 싫어할 것이다. 그는 유기체와 자극, 반응, 흥분과 억제라는 단어만을 사용했다. 그는 '소화선의 작용'에 대한 연구로 1904년에 노벨상을 받았지만, 만약 행동심리학 분야에 노벨상을 준다면 열 개도 모자랄 정도로 탁월한 능력을 보여주었던 사람이다.

그럼 '개'를 데리고 한 그의 실험을 살펴보자.

파블로프는 실험 대상이 되는 개에게 수술을 해서 침샘에서 나오는 침이 좁다란 관으로 흘러내리도록 했다. 그래서 개가 분비하는 침은 구강으로 흘러가는 대신 눈금이 그려진 계량컵 속으로 떨어졌다.

그 실험의 단계는 다음과 같다.

• **파블로프가 개 옆에서 종을 쳤다. 종소리는 '아무 의미가 없는'**

자극이었다. 적어도 침샘에 관한 한은 그랬다. 그 소리에 대한 개의 반응, 쫑긋해진 귀는 "저게 뭐지?" 하는 반사적 행동이었다.

- **실험의 두 번째 단계에서는 개에게 고기를 한 덩이 주었다. 종은 치지 않았다. 고기 냄새를 맡은 개는 침을 분비하기 시작했고, 파블로프는 유리잔에 떨어지는 침의 양을 측정했다.**

학자에게는 개념을 정의하는 일이 실험 자체만큼이나 중요하다. 파블로프는 고깃덩이를 '무조건 자극'이라고 정의하고 그 결과인 침의 분비를 '무조건 반사'라고 불렀다(오늘날 심리학에서는 이를 '무조건 반응'이라고 하고 '반사'라는 용어는 다른 현상을 지칭할 때만 사용한다). 파블로프가 '무조건'이라는 표현을 사용한 것은 개에게 자극을 주고 반응을 일으키는 고기와 침의 관계는 타고난 것이기 때문이었다. 개가 고기 냄새를 맡으면 침을 흘리는 것은 변하지 않고 유전되는 본능이다.

- **세 번째 단계에서는 고기를 주기 전에 먼저 종소리를 들려주었다. 이 과정(고기+종소리)을 25번 정도 반복했다.**
- **네 번째 단계에서 파블로프는 종만 치고 고기는 주지 않았다. 그러자 첫 번째 실험에서는 침샘이 전혀 반응을 보이지 않았던 개가 이제 종소리가 맛있는 고기라도 되는 양 침을 흘렸다.**

지금까지 없었던 새로운 관계가 한 가지 (원래는 의미가 없던) 자극과 한 가지 반응 사이에서 생겨났다. 이러한 변화를 위한 전제조건은 개에게 아무 의미가 없었던 종소리가 여러 번에 걸쳐 먹이를 예고하기 위해 사용되었다이 표현들을 기억하자!
'조건화된 자극'과
'무조건적인 반응'

는 점이다.

고등학교 때 친구들에게 이 실험을 설명했던 일이 생생하게 기억난다. 하지만 그때는 엄청난 깨달음에 접한다는 느낌은 받지 못했다. 열 살짜리라면 누구나 엄마가 고기를 요리해 식탁에 올리면 입안에 침이 고인다는 것을 알고 있다. 그래서 부엌에서 냄비와 그릇들이 달그락거리는 소리만 나도 바로 같은 효과를 낸다는 것을 안다. 그게 뭐 대단한 발견이라고! 나는 그렇게 생각했다.

물론 실험과 그 결과만으로 학문이 성립되는 것은 아니다. 더 중요한 것은 학자가 자신의 실험과정을 기술하는 표현들, 체계와 이론, 그리고 이 모든 것을 일반화하여 도출해내는 세계관이다. 그래서 파블로프의 학문적인 업적을 종소리와 고기와 개의 침에서 찾으면 안 된다. 그의 이론적인 위대함은 그가 실험을 통해 만들어낸 표현과 개념, 그리고 그 실험에서 발견한 깨달음에 있다.

파블로프의 위대함은
그의 실험에 있지 않고
그가 거기서 도출해낸
깨달음에 있다.

파블로프가 발견한 것은 바로 이것이다. 무조건 자극(이 개의 경우에는 고기)은 언제나 아무런 조건이나 전제 없이 반응을 일으킨다. 이것이 처음에는 아무 의미가 없었던 자극, 예를 들면 종소리를 진짜 자극으로 변화시킨다. 이 자극은 반응(침)을 불러일으킨다. 단, 그 종소리는 이전에 여러 번 무조건적인 자극(고기)과 함께 사용된 경우에 한해서만 그러하다. 따라서 이것은 '조건화된' 자극, '조건화된' 반응이다.

자극과 반응

이 책은 학습의 실제를 다루는 만큼 충분히 납득할 수 있는 이론적인 설명이 전제되어야 한다. 구체적인 학습방법에 들어가기 전에 여러분의 인내를 이렇게 지루하게 요구하는 것을 이해해주기 바란다. 나의 학습이론을 이해하려면 '자극'이나 '반응' 같은 개념이 꼭 필요하고, 조건이 아닌 자극이 조건이 되는 과정을 이해하는 일이 중요하다. 바로 이 과정이 학습을 가능하게 만들기 때문이다. 나는 이 과정을 '조건화'라고 부른다.

파블로프의 유명한 실험이 진행되는 동안 개는 오늘날 우리가 그토록 하려고 애를 쓰는 공부를 했다. 개는 성공적인 학습과정을 거친 것이다. 몇 번의 실험을 거친 후 개는 종소리가 고깃덩이를 예고하는 신호임을 배웠고 그에 따라 행동했다. 즉, 개는 그의 머릿속에서 그동안 아무 의미가 없었던 사건을 매우 중요한 사건과 연결시켰다. 다른 말로 하자면 그 개는 종소리에 "조건화되었다."

그 개는
우리가 해야 하는
공부를 했다.
즉, 배웠다.

인간의 학습이란 근본적으로 아무 상관이 없었던 자극과 반응의 연결이다. 전에는 주위에서 오는 자극에 전혀 대답을 안 하거나 다르게 반응했지만 지금부터 새로운 행동방식을 익히는 일—학습은 바로 이런 변화와 반응의 '조건화'이다.

주위 자극에 대한
새로운 형태의
행동을 익히는 것.
이것이 바로 학습이다.

누군가가 우리에게 이탈리아어 'madre(마드레)' 가 무슨 뜻이냐고 묻는다. 이탈리아어를 모를 경우, 우리의 반응은 파블로프의 개가 종소리를 처음 들었을 때와 같다. 하지만 정확하게 '어머니'라고 대답한다면 우리는 무언가를 배운 것이다. 우리 역시 파블로프의 개와 비슷한 일을 한 것이다. 우리는 지금까지 머릿속에서 서로 연결되지 않았던 자극 하나와 반응 하나를 연합시켰다. 이때 자극은 이탈리아어 단어 'madre'이고 반응은 그 뜻인 '어머니'다.

우리가 제대로 학습한다면 언제나 어떤 특정한 자극에 대해 알맞은 반응을 하게 된다. 그때의 자극이 시험 문제인지, 전화 벨소리인지, 신호등의 빨간불인지는 상관이 없다. 반응이 정확한 대답인지, 수화기를 드는 행동인지, 브레이크를 밟는 것인지도 상관이 없다. 적절하게 반응하기 위해서는 '조건화'가 필수적이라는 사실만 알자!

제대로 '조건화'가 되어 있어야 적절하게 '반응한다.'

이처럼 학습은 어떤 자극에 대해 적절한 반응을 보이는 능력이다.

모든 학습의 뿌리가 드러났다.

그 '자극'이 오페라 단장이 테너에게 처음으로 오셀로 역을 노래하라고 맡기는 일이거나 출판사가 작가에게 학습에 대한 책의 집필을 부탁하는 일인 경우에도 마찬가지다. 이런 과제들이 파블로프의 개의 침 분비와는 비교도 할 수 없이 복잡하다고 해도 그 근본원칙이 달라지지는 않는다. 이 일을 해내려면 그 개의 경우와 마찬가지로 반응을 학습해야 한다.

파블로프의 영원한 업적은 그가 학습의 원리를 단순한 형태로나마 실험과 이론을 통해 밝혔다는 점이다. 그러나 그의 이론보다 현대 심리학에 더 커다란 영향을 미친 것은 그의 방법이다. 허구나 공상처럼 보이는 이론을 지극히 경계한 그는 인간이 스스로를 관찰함으로써 자아인식에 도달하려는 모든 시도를 의심했다. 그는 사고, 고찰, 상상, 의도, 희망, 통찰, 의견, 결심, 그리움, 의지, 사랑, 부끄러움이나 수줍음 등등 개의 침처럼 측량할 수 없는 모든 것들을 환각과도 같은 상상이라고 비하했다.

통증도 '배우는' 것이다

그래서 파블로프는 자신의 이론을 물리나 화학 같은 과학으로 증명하고자 했다. 그는 증명된 사실만을 인정했던 것이다. 하지만 그에게도 오류는 있다. 그가 절대적인 진리처럼 여긴 '무조건' 반사(반응), 즉 타고난 반사와 '조건' 반사의 구별이 그다지 정확하지 않다. 동물의 행동 (그리고 인간의 행동) 중에는 파블로프가 상상했던 것보다 학습된 행동이 훨씬 더 많기 때문이다.

파블로프 이후, 통증처럼 아주 근본적이라고 생각되는 반응조차도 학습되는 것으로 추측되는 동물실험들이 나왔다. 1960년 미국의 R. 멜작Melzack은 완전히 격리해서 고립시켜 기른 원숭이와 개들이 놀랍게도 고통을 느끼지 않았다는 실험결과를 보고했다. 또 파블로프는 주위의 자극과 그에 대한 유기체의 반응을 구별했는데, 그것 또한 잘못되었다고 볼 수 있다. 대개의 자극들은 내부에서부터 온다. 이 내부 자극들은 외부에서 오는 자극보다도 훨씬 자주 동물의 (그리고 인간의) 행동을 좌우한다.

이 점을 알기 쉽게 설명하자면, 오늘날의 단순한 도덕주의자들처럼 파블로프는 포르노그래피를 외적인 자극으로 여겼는데, 그 결과, 성욕을 느끼는 것은 그것에 대한 '반사' 또는 반응이라고 생각했다. 그러나 사실은 그

포르노그래피는
결과이지,
원인이 아니다.

반대다. 먼저 (어쩌면 잘못 유도된) 욕구, 즉 내부자극이 있어야 한다. 이러한 욕구 때문에 많은 사람들이 선정적인 글과 그림을 만드는 것이다. 포르노그래피는 성욕의 결과이지, 원인이 아니다.

파블로프의 아주 단순한 실수는 '반사'라는 개념에서 가장 분명히 드러난다. 나중에 이 개념은 '반응'으로 대치되었는데, 이 또한 그리 적절하지 않다. 이 표현은 동물의 (그리고 인간의) 모든 행동은 외부에서 오는 자극에 대한 결과이고 주위에서 일어나는 사건에 대한 대답일 뿐이라는 암시를 담고 있기 때문이다. 하지만 현실은 그와는 반대다. 동물이 (그리고 인간이) 그냥 하는 행동이 이런 저런 반응들보다 훨씬 더 많다.

'반응'은 더 이상 가치가 없는 단어다. 더 이상 존재하지 않는 군주의 깃발과도 같다.

그럼에도 모든 경험과 이성에 부합되지 않는 이 '반응'이라는 단어는 오늘날까지도 옛 군주의 깃발처럼 심리학의 뒤를 졸졸 따라다니고 있다. 정말 구태의연하지 않은가?

전부 아니면 무의 법칙

파블로프에 이어 미국의 에드윈 거스리Edwin R. Guthrie도 학습연구에서 빼놓을 수 없는 중요한 사람이다. 1935년에 그는 '전부 아니면 무의 법칙'을 주장해서 유명해졌다.

그의 주장은 어떤 자극과 반응이 동시에 발생한다면 이들은 단번에 완전하게 연합한다는 것이다. 반대로, 그 자극이 특정한 반응을 불러오지 못한다면 자극과 반응 사이에는 아무런 연합도 생겨나지 않는다고 주장했다.

그는 자극과 반응 사이의 연합은 완전하거나 전혀 없다고 확신했다.

미국 학자 거스리의 '전부 아니면 무' 이론

거스리의 주장을 좀더 쉽게 이해하기 위해 임신에 대한 진술을 예로 들겠다. 한 여자는 임신을 했거나 안 했다. '더 강하거나' '좀 약한' 임신, '조금 임신한' 상태는 없다.

조금 임신했다는 말은 있을 수 없다.

거스리의 말을 바꾸어 표현하면, 인간의 학습은 순간적으로 완전하게 이루어지는 것으로, 그렇지 않으면 학습은 전혀 일어나지 않는다는 것이다. 이 '전부 아니면 무의 법칙'은 즉시 강한 반발에 부딪혔다. 이 법칙은 일상적인 경험이나 수많은 동물 실험과 명백히 대치되는 것처럼 보였다.

파블로프의 개 또한 침샘이 종소리가 먹이를 주는 신호임을 '알게 되기'까지는 여러 번 '연습'을 해야 했다. 인간도 뭔가를 배울 때 한 번이 아니라 천천히 한 단계씩, 계속 노력을 하고 여러 번 시도를 한 끝에 배운다. 누구도 '조금' 임신할 수는 없지만, 무언가를 어느 정도 배우는 것은 가능하다.

하지만 어느 정도 배웠다는 경우는 흔히 있다.

거스리가 어떤 논리로 이런 거센 비판을 피해 갔는지에 대한 설명은 일단 뒤로 미루자(다음 장에서 그 문제를 다룰 것이다). 내가 주목하는 것은 중추신경에 대한 학문인 뇌생리학의 최근 결과가 그의 말을 입증하는 것처럼 보인다는 사실이다.

학습은 뇌의 활동이다. 반응을 배우고 정보를 기억하려면 어떻게든 인간의 뇌에서 저장과정이 일어나야 한다. 이 저장이 어떻게 이루어지는가에 대해서는 공상에 의존한 수많은 가설들이 오랫동안 들끓었다. 이 가설들은 실제로 뇌에서 어떤 일이 일어나는지 전혀 알지 못했다. 학습과 기억을 설명하려는 이 모든 시도들은 인간의 뇌를 인간의 손으로 만든 기계나 연장에 비교했다. 그래서 사람들은 기억의 저장과정이 전기나 자기의 성격을 띠고 있다고 여겼다. 예를 들어, 뇌신경세포들은 작은 건전지나 콘덴서처럼 학습된 정보로 충전된다고 생각했던 것이다. 마치 뇌는 유성영화처럼 보고 들은 것을 모두 쉬지 않고 기록한다고 생각했던 것이다. 컴퓨터의 발명 이후 뇌는 컴퓨터와도 동일시되었다. 컴퓨터를 '전자 뇌'라고 부르는 사람도 많았다. 정보를 기록하기 위한 새로운 기계를 발명해낼 때마다 인간은 이 새로운 기계에 비유해서 뇌를 설명하려는 유혹을 받아왔다. 보다 조심성이 있는 학자들은 기억된 정보가 뇌에 '흔적'을 남긴다는 주장을 펼쳤다.

인간의 뇌 속에서 영화가 돌아가고 있다는 상상 또한 오류로 밝혀진 것 중의 하나다.

'흔적'이란 무엇인가? 잔디밭에 난 말굽자국, 눈에 찍힌 곰발자국, 아니면 뇌세포의 벽을 기어다니는 개미처럼 깨알 같은 생각의 발자국인가?

잡아먹힌 지식

1963년 맥코널McConnel의 실험은 대단한 반향을 불러일으켰다. 그는 이 '흔적'의 작은 부분을 밝혀냈던 것이다. 그는 '플라나리아'라는 편형동물로 실험을 했는데, 플라나리아는 어느 정도 발달된 신경체계를 가지고 있는 단순한 벌레다.

실험의 첫 단계에서 플라나리아들은 빛에서는 전기충격이 오기 때문에 빛을 피해야 한다는 것을 학습했다.

편형동물의 도움으로 기억의 신비를 연구했다.

그러자 맥코널은 이 플라나리아들을 잘게 쪼개서 다른 플라나리아들의 먹이로 주었다. 그러니까 이 새로운 플라나리아들에게 빛은 아무 의미가 없는 자극, 학술 용어로 표현하자면 '무의미한 자극'이다.

그러나 이 실험의 결과는 놀라웠다. 두 번째 집단의 플라나리아들은 '머리가 깨인' 동종들의 시체와 함께 그들의 '지식'도 몸 안으로 흡수했던 것이다. 이들은 어떤 학습과정도 거치지 않았지만 무서운 빛을 피해 움직였다.

1970년 미국의 연구자 조지 엉거Ungar가 텍사스 휴스턴에서 한 실험도 주목을 받았다.

그는 천성적으로 빛을 꺼리는 쥐를 분류해냈다. 엉거는 그 쥐들이 들어 있는 실험 상자를 아주 깜깜한 칸과 눈부시게 밝은 칸으로 분리한 후 전기충격을 주어 쥐들이 어두운 칸에서 밝은 칸으로 도망치도록 유도했다. 밝은 빛을 꺼리는 쥐들에게 이제 밝은 칸에서 살아야 평화롭게 살 수 있다는 것을 학습시킨 것이다. 그 다음 엉거는 그 쥐들을 죽여 뇌의 추출물을 빼내서 조건화되지 않은 쥐들, 즉 빛을 꺼리는 생쥐들의 뇌에 주사했다.

뇌에 주사를 맞은 후, 빛을 꺼리던 쥐들이 광명을 좋아하게 되었다.

이 실험의 결과는 모든 신문에 기사화되었다. 어둠을 좋아하던 생쥐들이 갑자기 전기충격을 피해 빛을 찾던 쥐들처럼 행동했던 것이다. 이 생쥐들은 어둠을 두려워하며 밝은 곳에 계속 머물렀다.

이 실험은 뉘른베르크의 깔때기를 떠올리게 한다(공부

할 내용을 깔때기에 따르듯이 아무 노력 없이 학습자에게 부어넣는다는 표현-옮긴이). 이 이야기는 너무나 공상 같아서, 비열한 범죄자들이 노벨상 수상자나 문학상 수상자의 뇌 추출물을 훔쳐서 지능이 떨어지는 월스트리트의 탐욕스러운 승냥이들에게 팔아먹는다는 공상과학물을 떠올리게 한다.

그런데 이에 뒤따른 다른 실험들은 이러한 공상과학조차 훌쩍 뛰어넘어 버렸다.

엉거의 팀은 어둠에 대한 두려움을 쥐의 뇌에서 생쥐의 내면세계로 옮겼던 작용물질을 분석해, 그 물질을 합성해내는 데 성공했던 것이다. 인간이 실험실 안에서 만들어낸 이 물질은 빛을 두려워하는 쥐나 어둠을 두려워하는 쥐와 결코 접촉한 적이 없었지만 똑같은 효과를 갖고 있었다. 이 물질을 '백지 상태의' 동물에게 주사했더니, 쥐들이 전기충격으로 밝은 곳으로 쫓겨갔을 때와 똑같은 결과를 보여주었다.

그러나 잠깐! 제발, 이 사실을 바탕으로 엄청난 미래를 상상하는 일은 그만두자. 시험관에서 만들어낸 라틴어나 수학 강좌를 합성해 주사를 맞으며 '공부할' 수 있다는 행복한 상상은 공상과학물을 쓰는 사람들에게 맡겨두기를 당부한다.

주사기에 들어 있는
라틴어와 수학.
아직은 공상의 세계다.

뇌 안에서 일어나는 화학적인 과정

앞에서 살펴본 결과 우리는 학습과 '연습', '조건화', '기억', '회상'이라고 부르는 것들이 분명히 화학적인 과정임을 깨달았다. 심리학이 얼마 전까지만 해도 '흔적'이라고 모호하게 불렀던 것, 그리고 그 흔적이 새겨지는 '땅'까지 이젠 보다 명확하게 정의내릴 수 있다. 이들은 뇌세포에 일어나는 분자 수준의 변화다.

학계에서 인정받는 학자들조차 우리가 살아가면서 배우는 정보들이 유전인자와 똑같은 방식으로 뇌세포에 새겨진다고 생각했던 적이 있었다. 이들은 우리 눈의 색깔, 뼈의 구조, 코나 귀의 모양을 담고 있는 물질에 라틴어 단어와 수학 공식도 기록된다고 보았다. 하지만 오늘날의 과학은 이런 가설을 부정한다. 유전자코드의 정보, 즉 한 종과 개체의 유전적인 특질은 이중나선형인 DNA의 거대한 분자에 박혀 있다. 이러한 DNA는 외적인 영향에 대해 특별히 저항력이 강하다는 특징이 있다. DNA는 매우 강력한 힘, 이를테면 지나친 열이나 방사선을 방출하는 폭격이 있어야 파괴되거나 변질된다. 이런 대단한 안정성을 고려하면, 감각기관을 통한 지각이나 학습과정이 DNA에 지속적인 흔적을 남긴다고 상상하기는 어렵다.

거대한 분자에 찍혀 있는 유전정보.

그럼에도 DNA에 개인적인 학습도 저장된다는 가설이 완전히 부정된 것은 아니다. 예나 지금이나 상당히 무게 있는 진화사적인 이유들이 이런 가정을 뒷받침하고 있기 때문이다. 우선, 고등동물이 생겨나기까지의 엄청난 시간을 생각해보면, 학습이나 개인적인 적응같이 정교하고 고도로 복잡한 기제가 어느 날 갑자기 생뚱맞게 나타났다고 볼 수는 없을 것이다. 그러니까 감각과 사고, 학습의 도구인 인간의 기억이 무에서 단번에 생겨났을 리 없다는 얘기다. 우리의 기억력은 이미 있었던 '기억들'이 발전하여 정교화한 결과일 확률이 훨씬 높다.

최초의 세포에서 개체별로 학습할 줄 아는 동물에 이르기까지, 정보를 받아들이고 저장하고 후에 다시 생산해내는 방법은 단 한 가지밖에 없다. 바로 유전정보, 유전자코드다.

'유전된 기억'도 과거 언젠가 학습된 기억일 수 있다.

수천 년에 걸친 진화가 네안데르탈인과 오늘날의 인간 사이에 놓여 있다.

망각되는 것은 없다

게다가 또 하나의 분명한 힌트가 있다. 단순한 동물일수록 그 행동이 본능의 통제를 받는다는 사실이다. 진화의 단계가 높은 동물일수록 본능이 조금씩 뒤로 물러나고, 그 자리를 개체의 학습과정의 결과인 적응이 차지한다. 그 적응이 파블로프의 개처럼 매우 단순한 침의 분비에 해당될 경우에도 말이다.

DNA에 유전된 기록말고도 개체가 살아 있는 동안 기록한, 그러니까 학습한 정보가 기록된다는 가설은 아직 증명되지 않은 상태다. 하지만 장기기억에 무엇인가 저장될 때 뇌세포에는 화학적인 변화가 지속적으로 일어난다는 점은 의심의 여지가 없고, 이 변화는 (외적인 자극에 대해) 유전정보만큼이나 (아니면 거의 그만큼) 저항력이 강하다는 증거도 있다. 그곳에 한번 기록된 것은 뇌세포가 살아 있는 동안 사라지지 않는다. 이런 사실은 사소하게 보이지만 학습의 본질을 이해할 때 중요하다.

기억의 필기도구나 회상의 공증인은 학교 선생님도 아

니고 도덕군자도 아니다. 이 공증인은 학교가 우리에게 쏟아붓는 단어나 공식, 역사상의 연대 등만을 적지 않는다. 우리가 춤, 자전거 타기, 줄넘기나 사격을 어떻게 배웠는지만 기록하지도 않는다. 우리가 용기나 두려움, 위트나 매력, 점잖음이나 예의를 배운 것도 바로 이 공증인이 책에 기록했기 때문이다. 그는 구구단이나 문법규칙과 마찬가지로, 고향이나 한 여자에 대한 사랑, 손톱 깨물기나 코 후비기 같은 나쁜 버릇, 젊은이의 열정이나 음주벽, 돈 욕심, 정신 나간 행동, 인색함, 낭비, 교만이나 성도착증도 기록하고 있다. 모든 나쁜 것들과 좋은 것들, 우리가 원하는 재능, 얼마 전까지만 해도 바꿀 수 없는 운명으로 여겼던 지능까지도 그렇다.

뇌세포가 살아 있는 동안은 거기에 담긴 '기억'도 사라지지 않는다.

우리 뇌 안에 있는 '공증인'은 모든 것을 기록한다. 습관이나 단어, 춤이나 도덕, 자전거 타기나 노 젓기, 손톱 깨물기나 코 후비기까지.

우리는 아직 이러한 학습을 좌지우지하는 우연을 통제하지 못하기 때문에, 대부분의 학습은 우연히 일어난다. 하지만 우리는 배우기로 작정한 것을 배울 수 있기도 한다. 그것은 우리 의지에 달려 있다.

의지란 또 무엇일까? 의지가 굳은 사람은 자신이 무엇을 원하는지를 아는 사람이라는 의미다. 이런 표현을 보면 의지 역시 특별한 종류의 지식임을 알 수 있다. 사람의 의지는 자신이 무엇을 원하는지 제때에, 그리고 충분한 강도로 기억하는 능력이다. 이 경우에 그 사람은 자신이 무엇을 하고 있는지 안다.

02 망각의 저주

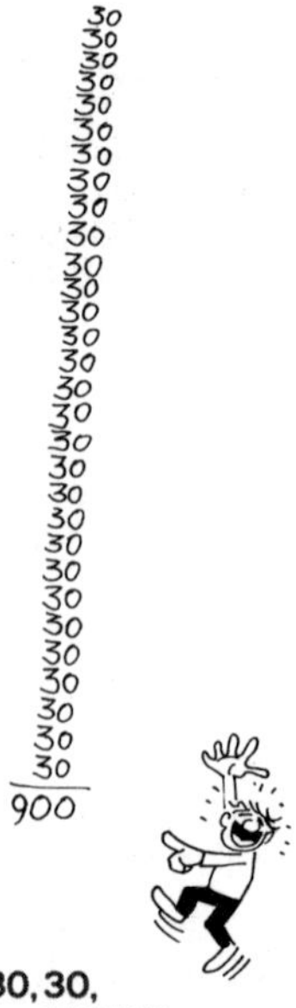

많은 관광객들이 이탈리아를 찾지만, 이탈리아어를 가르치는 학교는 거의 없다. 이탈리아어를 배우고 싶은 우리는 그래서 교재 한 권과 단어장 몇 권을 산다. 정확한 발음을 위해서는 좋은 선생님에게서 배우는 것이 가장 좋지만, 그보다는 먼저 단어와 숙어들을 공부해야 할 것이다. 선생님은 이것들을 읽어주고 설명해줄 수 있지만, 외우는 일은 우리의 몫이다.

우리는 다시 외로이 학습에서 가장 중요한 부분을 해내려고 한다. 계산을 해보니 하루에 단어 30개를 외울 수 있을 것 같다. 그리고 만약 하루에 단어와 숙어 30개씩을 공부한다면 30일이면 이탈리아어 표현 900개를 공부할 수 있다는 계산이 나온다.

그 정도면 이탈리아에서 돌아다니고 사진을 찍고 음식을 사먹고 숙박하는 기본적인 관광에는 충분하다. Dov'un albergo?(호텔이 어디에 있습니까?) Quanto ho da pagare? (얼마예요.?)

30 30 30 30 30 30 30 30 30 30 30 30 30 30 30 30 30 30 30 30 30 30 30 30 30 30 30 30 30 30
900

30, 30, ……900 단어. 하루에 단어 30개. 말은 쉬운데 공부하기는 어렵다.

100일이면 단어와 어휘 3천 개를 배우고 1년이 지나고 나면 정확하게 10,950개를 배울 수 있게 된다. 그러면 단테의 『신곡』도 즐길 수 있다!

1년 후에
단테의 『신곡』을
읽는다고?
그렇게는 안 되지!

계산해보십시오

이런 방법으로 외국어를 배우려고 시도하는 사람들이 많다. 그러나 그들은 늦어도 2, 3주일 후면 외국어의 표현과 규칙을 외우는 것 외에도 복습을 해야 한다는 사실을 깨닫게 되며, 그렇게 하지 않으면 거의 모두 잊어버린다는 사실을 알게 된다.

열심히 공부한 지 100일째 되는 날이라면, 망각이 빼앗아간 것을 확인하기 위해서만도 2,970개의 단어를 반복해야만 한다. 이런 상황이 오면 결국 이탈리아어를 배우려는 의지마저 꺾인다.

누구나 이런 경험을 한다.

그런데 이 문제에서 벗어나는 방법으로, 교사들은 노는 것처럼 흥미 위주로 동기를 부여하며 공부하는 방법들을 이야기해준다.

「일요일은 참으세요」라는 영화에서 한 남자가 항구의 매춘부인 멜리나 메르쿠리에게 어디에서 그렇게 많은 언어를 배웠느냐고 묻는다. 그녀가 '침대에서'라고 대답하자, 관객들은 웃음을 터뜨리며 그녀의 말을 믿는다.

침대에서는
제대로 공부가
되지 않는다.

하지만 이런 학습방법은 낭비가 많고 수고스럽고 비이성적이고 성과가 적다. 이 방법을 써본 학생들의 언어는 빈곤하고 판에 박힌 표현뿐이다.

그럼에도 요즘 대부분의 교육학자들은 아름다운 멜리나의 말에 원칙적으로 동의하는 것 같다. 이들은 침대에서까지는 아니더라도 학생들이 놀면서 배우도록 유도하려고 몹시 애를 쓴다. BBC조차 학습프로그램에 스트립쇼 어학강좌를 포함시켰을 정도다.

망각과의 전쟁

단언하건대, 이 방법들은 학습을 정복하지 못한다. 이들은 오히려 학습을 회피한다. 공부에서 가장 중요하고 수고스러운 일은 배울 내용을 처음 만나는 것이 아니라(이 부분은 놀 듯이 할 수 있다) 망각과의 끊임없는 전투이기 때문이다.

'망각'이란 무엇인가?

반갑지 않은 손님, 망각은 파블로프의 개에게도 찾아왔다. 조건화가 끝난 다음, 즉 종소리를 듣고 침을 흘리며 환영하는 학습이 성공적으로 이루어진 다음 그 후 몇 번 반복해서 종만 치고 고기를 주지 않자 개는 침 흘리기를 그만두었다.

심리학에서는 이런 현상을 '소멸' 또는 '소거'라고 부른다. 우리가 흔히 쓰는 '망각', '잊어버림'과 같은 의미다. 개는 종소리를 들어도 더 이상 침을 흘리지 않았다. 종소리가 음식을 준다는 신호임을 '망각'한 것이다. 그렇지만 '소멸'이라는 표현은 적절하지 않다. 실제로는 아무것도 '소거'되지 않았다. 한번 학습된 것이 완전히 잊히는 경우는 없다.

한번 학습된 것은 완전히 잊히지는 않는다.

누구나 아주 잊어버렸다고 생각했던 옛일이나 이름, 얼굴이나 경험이 어느 순간 갑자기 생각날 때가 있다는 것을 경험으로 안다. 갑자기 이 모든 것이 아무 이유도 없이 떠오른다. 이런 '잊힌' 기억을 최면이나 집중적인 경찰 심문 같은 방법으로 다시 불러올 수 있다는 사실도 널리 알려져 있다.

어떤 경우 인간의 기억력은 정말 놀라운 마술을 부리기도 한다. 몇 년 전 교통사고를 당해서 대학병원에서 치료를 받던 사람이 있었다. 그는 두개골 손상으로 언어를 상실했지만 며칠 후 상태가 좋아지자, 다시 말을 할 수 있게 되었다. 그런데 그의 입에서 나오는 말은 분명 처음 들어보는 외국어였다.

그의 부인은 자신의 남편이 평생 그 어떤 외국어도 할 줄 모른다고 증언했다. 언어학자가 왔지만 그는 이 언어가 슬라브어인 것 같기는 한데, 잘 모르겠다고 답했다. 그런데 환자의 방을 정리하던 청소부가 마침내 그 비밀을 풀었다. "우리 고향에서처럼 말하네!" 그 여자는 갈리시아에서 온 루테니아 사람이었다. 환자의 가족들을 면담한 결과, 그가 아주 어렸을 때 루테니아 출신 보모의 보살핌을 받은 적이 있었다는 사실이 밝혀졌다.

갑자기 외국어를 할 수 있었던 사람도 있다.

시간이 흘러 환자는 완쾌되었고 다시 모국어로 말했다. 그에게 루테니아어를 할 수 있는지 물었더니 그는 단 한마디도 못 한다고 대답했다. 그래서 어린 시절에 들었던 외국어, 수십 년 동안 기억의 근저에서 잠자고 있던 언어는 다시 잊혀졌다.

이것은 사실이다. 과학은 망각이라는 현상, 소멸의 법칙을 수많은 동물실험에서 연구했고 그 결과 완전히 소멸한 경우는 없었다. 몇 달, 몇 년 동안 종소리를 듣고도 침을 안 흘리던 개가 이따금씩 별 이유도 없는데 종소리에 침을 흘렸다.

심리학에서는 이런 과정을 '자발적인 회복'이라고 하는데, 기억의 완전한 삭제나 진정한 소멸은 불가능하다는 확실한 증거다.

뒤섞여버린 지식

이 모든 실험 결과들은 우리의 기억이 불변의 물질에 적힌 분자 차원의 기록이라는 이론과 들어맞는다. 기억은 돌에 새겨진 룬 문자와도 같다.

우리의 기억을 담고 있는 세포들은 구멍이 뚫린 깡통처럼 내용물을 흘려버리지 않는다. 한번 받아들인 것은 좀처럼 다시 나가지 않는다. 그러므로 망각이라는 현상은 내용을 불완전하게 저장했기 때문에 생기는 현상이다. 망각은 학습내용을 얼마나 일목요연하게 정리하는가에 따라 쉽게 해결할 수 있는 문제다.

배운 것은 모두 저장된다. 다만 문제는 이 저장된 지식을 어떻게 다른 자료들의 방해를 받지 않은 채 빠르고 정확하게 불러내느냐 하는 것이다.

만일 우리가 뭔가를 기억해내려고 애쓰는데도 찾지 못한다면, 그 상황은 당장 필요한 고객의 명함 한 장을 무질서하게 놓인 수천 가지 자료와 주문서와 세금계산서 사이에서 찾아야 하는 것과 같다. 그 명함은 분명히 여기에 있고, 아무도 가져가지 않았지만 찾아내기가 난감하다. 밤새 도서관에 도둑이 들어와 목록을 훔치고 책들의 위치를 모두 바꾸어놓았다고 생각해보자. 이 도서관은 난장판이 되어 이용이 불가능해질 것이다.

뇌 속을 잘 정리해야 기억할 수 있다.

이와 비슷한 일이 뇌의 기록카드에서도 매일 일어난다. 새로운 카드들이 끊임없이 생김과 동시에 전의 카드들은 이리저리 섞여 어딘가 숨어버렸다가 갑자기 다시 나타났다가 또 감쪽같이 사라져버린다. 하지만 카드들은 모두 그곳에 있다. 찾을 수 없을 뿐이다.

우리 뇌의 기록카드는 날마다 뒤죽박죽이 된다.

뭔가 생각이 안 난다고 해서 '소거'된 것은 아니며, 그저 뒤섞였다는 사실을 기억하라. 우리가 이것을 찾지 못하는 이유는 다른 장소, 다른 책, 다른 쪽지, 다른 뇌세포에서 찾기 때문이다. 우리는 정리되지 않은 도서관에서 헤매고 있는 것이다.

열심히 공부하는 학생이 남들보다 두 배 더 공부한다고 두 배를 기억하지 않는다는 사실도 증명되었다. 어떤 학생이 매일 두 과씩 연달아 공부한다고 치자. 그렇게 해보면 2과의 내용이 1과의 내용을 어느 정도 뒤로 밀어낸다. 이 학생이 연달아 2과에 담긴 정보를 쏟아붓는 대신 1과의 내용을 (그리고 자신을) 좀 쉬게 내버려두었더라면 1과는 훨씬 더 잘 정리되었을 것이다. 학술 용어로 이를 '역행억제'라고 하는데, 나중에 학습한 내용이 기존의 것을 회상하는 데 방해를 한다는 뜻이다.

그 반대 현상도 있다. 1과를 암기한 다음 2과를 공부

두 배 공부한다고
두 배 기억하는 것은
아니다.

하면 그날 2과만을 배웠을 때보다 기억하기가 훨씬 더 어렵다. 이때는 먼저 배운 내용이 나중에 공부한 내용을 밀어내기 때문이다. 이런 현상을 '순행억제'라고 부른다.

공부할 두 과가 서로 비슷할수록 '간섭'이 심하다. 상호간의 억제가 더 강해져서 기억도 더 강한 저지를 받는다. 먼저 수학을 한 과 공부하고 나서 라틴어를 한 과 공부하는 것이, 라틴어를 두 과 연달아 공부하거나 수학만 두 과 공부했을 때보다 훨씬 효과적이다. 이는 심리학에서 말하는 '유사억제'다.

학습은 잘못된 지식을 습득했을 때에 특히 더 어려워진다. 그런 경우 옳은 것을 배우기 위해서는 기존의 잘못된 지식을 '배워 없애야' 한다. 그러니까 일이 두 배로 늘어나는 셈이다. 잘못된 연상이 옳은 연상을 밀어내기 때문에 이를 '연상억제'라고 부른다.

공부에 관한 중요한 충고: 절대로 두 과를 한 번에 공부하지 마라. 중간에 다른 것을 공부하든가 바람이라도 쐬라

영어나 독일어를 하는 사람이 'caldo'라는 이탈리아어 단어를 배울 때, 불행하게도 연상억제와 유사억제가 결합된다. 'caldo'는 영어의 'cold'나 독일어의 'kalt'처럼 '차갑다'는 의미가 아니라 반대로 '뜨겁다'는 뜻이지만, 단어가 너무 비슷해서 한참 동안 연습해야 이런 틀린 의미가 지워진다. 기억을 방해하는 또 한 가지 중요한 장벽은 '정의적인 억제'다. 이 현상은 분노나 고통, 두려움이나 공포 같은 감정에서도 나타나지만 기쁨이 너무 커도 나타난다.

많은 억제와 장벽이 학습과 기억을 방해한다. 이 억제와 장벽들을 확실하게 파악해야만 이것들을 극복할 수 있다.

뇌의 '기능장애'

자동차 사고를 겪어본 사람은 쇼크 상태가 어떤 것인지를 안다. 똑똑한 사람들조차도 자신이 어느 회사의 자동차보험을 들었는지 알지 못하는가 하면, 어떤 사람들은 자기 집 전화번호조차도 기억해내지 못한다.

'전부 아니면 무의 법칙'으로 알려진 미국의 심리학자 거스리와 현대의 학습이론가들은 거의 모든 망각의 원인을 이러한 억제와 학습내용 상호간의 간섭과 기능장애에서 찾았다. 거스리는 간섭이나 학습내용들 사이에 적대적인 충돌이 없다면 망각도 없다고 주장했다.

자신감이 없어지고 신경이 예민해지면, 제대로 공부하고 행동하는 데 방해가 된다.

가끔 우리는 생각과 기억들이 서로 밀고 당기는 것을 느낄 수 있다. 예를 들어, 어떤 이름이 기억나지 않는데 비슷한 이름이 '길을 가로막고 있는' 경우다. 이럴 때 우리는 다른 이름이 튀어나와 신경회로를 딱 막고 앉아서 맞는 이름이 혀로 가지 못하도록 방해하는 것을 실감한다. 이런 경험을 하고 나면 자신감이 없어진다. 이런 불확실함은 예민한 사람의 신경을 상당히 날카롭게 만든다. 동물도 마찬가지다.

파블로프도 개에게 이런 불확실함을 경험하게 해 노이로제에 걸리도록 만들었다.

먼저 개에게 동시에 할 수 없는 서로 다른 두 가지의 행동을 학습시켰다. 고음의 종소리와 먹이를, 저음의 종소리와 매를 연합시켰더니, 나중에 먹이와 매를 제거해도 같은 행동을 했다. 즉, 고음의 종소리가 들리면 가까이 오고, 저음의 소리가 들리면 멀리 갔다. 그러자 파블로프는 두 종소리를 점점 서로 가까워지게 해서 결국 개가 이 두가지 음을 구별할 수 없도록 만들었다. 이제 개는 종소리가 들려와도 가까이 다가와야 할지 멀리 도망가야 할지 판단을 내리지 못했다. 개는 흥분상태가 되어 무슨 대단한 위험상태에 처한 듯 행동했다.

젊은 남성들이 낯선 여성들 앞에서 흔히 보이는 행동장애도 아마 비슷한 심리기제로 설명할 수 있을 것이다. 이때의 자극은 여성적인 자극들의 조합인데, 이 자극은 젊은 남성으로 하여금 두 가지 상반되는 반응을 불러온다. 즉, 그가 이 여자에게 가까이 가거나 피해가도록 만든다. 그중 가까이 가는 반응양식은 여성이라는 범주 안에서 우호적인 개체들을 접하면서 배웠을 것이고, 피해가는 반응양식은 덜 친절한 여성들에게서 배웠을 것이다. 그런데 그는 낯선 여성을 만났을 때에는 아직 어떻게 반응해야 할지 모른다. 그래서 그는 몹시 불안해하는데, 우리는 이 상태를 수줍음이라고 파악한다. 물론 인간은 실험 대상이 되었던 개와 달리 전혀 다른 반응을 보임으로써 이 고통에서 벗어날 수도 있다. 그가 그 여성에게 연애편지를 쓰거나 자신의 일에 몰두하여 나름대로 돌파구를 찾는 경우도 있다. 심리학에서는 이런 경우를 '충동의 승화'라고 한다.

젊은 남성의 딜레마!
이 여성에게
가까이 가야 할까,
아니면 피해야 할까?

갈등은 천재를 만들 수도,
범죄자를 만들 수도 있다.

'벼락'공부와 '나누어서 하는' 공부

우리는 공부를 많이 할 경우 잊어버리는 양도 훨씬 더 많다는 사실에 용기를 잃기 쉽다.

학생이 시험을 준비하는데, 앞에서 증명된 바에 의하면 공부를 많이 하면 나중에 외운 것이 앞에 공부한 내용을 '간섭하기' 때문에(역행억제) 하루에 한 시간, 많아도 두 시간 이상을 공부해서는 안 된다는 것을 알고 있다. 그는 또한 유사억제와 망각이 올 것이기 때문에, 시험과목'만' 공부하는 것도 역시 나쁜 학습법이라는 것을 알고 있다. 하지만 이런 깨달음이 그를 구제해주지는 않는다. 이와 상관없이 시험 날짜는 다가온다.

나쁜 학습법도
피할 길이 있다!

그럼, 어떻게 해야 좋을까? 시험과목 외에 시험과는 전혀 상관없는 다른 과목을 공부해야 할까? 중국어 문법이나 십이음 음악 같은 것? 아니면 적을수록 기억이 잘 된다니까 아예 조금만 공부할까?

학습은 망각이라는 장애물을 끊임없이 뛰어넘는 경기

학습의 법칙을 공부하다 보면 처음에는 무엇이 나쁜지에 관한 것만 배운다. 모든 학습은 학습을 가로막는 방해요소와의 싸움이기 때문이다. 그런데 여기서 다시 상기해야 할 것은 어떻게 해야 공부가 가장 잘될 것인가가 아니라 어떻게 해야 효율적으로 가장 큰 골칫거리인 '망각'을 막을 수 있느냐다.

우리의 실제 경험을 보면, 그렇게 하기 위해서는 연습과 반복이 필요하다. 파블로프와 동시대인인 미국의 심리학자 에드워드 E. 손다이크Edward E. Thorndike는 여러 가지 고양이 실험을 통해 얻어낸 결과를 '연습 법칙'으로 정리하고 이를 다시 '사용의 법칙'과 '비사용의 법칙'으로 나누었다. 이 법칙은 자극과 반응의 연합은 자주 연습할수록 굳어지고 연습을 적게 하거나 전혀 안 하면 약해진다는 내용을 담고 있다. 예를 들어, 우리가 이탈리아어 단어를 외우려고 한다면 되도록 자주 반복해야 한다는 것이다. 정말 단순한 지혜다. 그런데 사실 이건 지혜가 아니다. 왜냐하면, 손다이크의 법칙에 따라 학생이 같은 단어를 단번에 20번에서 30번 반복한다고 해서 여섯 번에서 일곱 번 반복한 학생보다 뇌리에 더 잘 박히지는 않기 때문이다.

반복은 대단히 중요하다.

이미 1900년경 여러 심리학자들이 장기간 여러 번에 걸쳐 복습했을 때가 한 번 벼락치기로 공부했을 때보다 학습내용을 더 잘 기억한다는 것을 실험을 통해 밝혀냈다.

문제는 얼마나 자주 해야 하느냐는 것이다.

그런데 과연 얼마나 반복을 해야 할까?

이에 대해 어느 누구도 속시원하게 대답해주지 못한다. 이 질문은 이른바 '과잉학습'이 도움이 되는가 하는 논쟁을 불러온다.

어떤 학생이 라틴어 단어 30개를 외우려고 한다면 이 단어들을 틀리지 않을 때까지 암기할 것이고, 이를 학습이라고 부른다. 하지만 그가 거기서 만족하지 않고 아주 확실하게 단어를 기억하려고 한다면 이미 배운 단어를 자꾸 반복할 것이다. 이것이 과잉학습이다. 이런 과잉학습, 지겨울 때까지 반복하는 훈련은 오랫동안 견고한 지식을 얻기 위한 최상의 학습방법으로 여겨왔다. 지난 세대의 학교 선생님들은 회초리만큼이나 이런 방법을 신뢰했다.

과잉학습에 대한 찬반 논쟁

오늘날 어떤 교육학자들은 과잉학습이 낟알이 없는 이삭을 타작하는 것처럼 무의미하다고 여긴다. 이 논쟁은 아직 끝나지 않았다. 하지만 단 한 번의 과잉학습이 도움이 되지 않는다는 점은 확실하다. 같은 내용을 같은 방법으로 시간 간격을 오래 두고 공부한다면 어쨌든 좀 더 암기가 잘될 것이다.

과잉학습에는 많은 시간과 강한 인내심이 요구된다. 그러니까 정말 특별하게 중요한 내용을 암기할 때에는 유익할 수도 있다. 그러나 이것은 결코 합리적인 학습방법이 아니다.

지루한 체계

그럼 어떻게 할까? 공부하고 공부하고 또 공부할까? 아무 체계도 없이 뜻도 모르면서 무작정 공부하다 보면 무언가는 기억에 남으리라고 믿어야 할까?

모든 내용을 반복해야 한다.

여기 학습의 체계를 세우는 데 도움이 될 몇 가지 제안이 있다. 제안마다 중요도는 다르지만 이들 모두 공부할 내용을 정해진 시간 안에서 규칙적으로 반복해야 한다는 것을 전제로 한다.

단어를 외우기 위해서는 주마다 단어장의 10쪽을, 즉 매달 40쪽을, 석 달 후에는 단어장 전체를 복습하라고 한다. 복습할 때 기억이 나지 않는 단어들은 단어장의 마지막 페이지에 다시 적고, 새로운 단원의 단어처럼 다시 공부한다. 단어장의 한 페이지를 틀리지 않고 다섯 번 반복한 다음에는 그 페이지를 지워버린다. 그 페이지는 이제 반복 주기에서 제외시킨다. 같은 방법으로 수학 공식이나 역사상의 연대, 개념의 정의 등을 공부하는 것이다.

이런 체제는 학생이 시간 계획을 정확하게 지킨다면

제대로 활용될 수 있다. 그러나 생각보다 훨씬 더 많은 끈기와 인내를 요구한다. 이 일이 힘든 까닭은 소모되는 시간 때문이 아니라 지루함, 신경을 지치게 만드는 단조로움 때문인데, 특히 젊은 사람들이 항상 똑같은 자료를 가지고 같은 순서로 동일한 단어, 동일한 글자 모양, 동일한 페이지를 되새김질할 때 그 갑갑함은 배가 될 수 있다.

심리학적으로 보면 이런 방식은 학습자에게 유익하지 않다. 내용 자체가 이미 친숙하기 때문에 학습의 가장 중요한 동기인 호기심을 만족시킬 수가 없기 때문이다. 이미 배운 단어들을 반복하는 일은 재미없다. 그 단어들과 옛 친구들을 만났을 때처럼 반갑게, 수다를 떨면서 뭔가를 할 수 있었으면 좋겠지만 실은 그렇지 않기 때문이다.

학생은 널따란 쓰레기장에서 자기가 잊어버린 단어가 어디에 있는지를 찾는다. 이것이 이 모든 수고의 목적이다. 잊어버렸던 단어를 찾고 나면, 그 단어를 찾았기 때문에 벌을 받는다. 게다가 그는 스스로를 벌해야 하기 때문에 더 나쁘다. 그는 이렇게 힘들게 찾아내고 옮겨 적은 단어들을 다시 한 번 공부한다. 게다가 일주일 후에는 또다시 이런 자아학대의 날이 돌아온다는 사실을 알고 있다. 얼마나 끔찍한 일인가?

옛날식 학교 선생님들은 노력 없이 되는 일이 없다고 목소리를 높인다. 그리고 바로 이런 노력이 좋은 학생과 나쁜 학생, 진지하게 정신노동을 하는 사람과 경박하고 엄살만 부리는 밥벌레를 구별짓는다고 말한다. 이렇게 해서 학습의욕은 자아학대와 동일시되고, 이런 자아학대를 해낼 능력이 없는 사람들은 실패자로 낙인찍힌다. 그런

되새김질하는 동물

뇌 속을 잘 정리해야 기억할 수 있다.

실패의 책임은
학생에게 있지 않다.
결함은 교수방법에 있다.

데 이 방법에는 심각한 결함이 있다. 즉, 학생이 이 방법으로 단어를 다 배웠다고 생각했는데, 놀랍게도 아주 불완전하게 기억하고 있음을 발견하게 되는 것이다.

왜 그럴까? 그는 단어들을 정해진 순서대로 공부했고 그 순서대로 복습을 했기 때문에, 이 단어들은 그 '순서대로'라면 쉽게 재현될 수 있지만 순서를 조금만 흩뜨려도 가장 중요한 단어들조차 떠오르지 않는 것이다. 줄을 맞추어 행진하는 것만을 배운 군인이 혼자가 되면 어쩔 줄 모르듯이.

단어를 언제나
같은 순서대로 공부하면
문맥이 조금만 바뀌어도
말이 막히기 시작한다.

좀더 진보적인 교육학자들은 이런 훈련은 별로 중요하지 않다며 통찰이나 이해를 칭송하기도 한다. 그러나 그들은 이성만으로 배울 수 있는 것이 아주 적으며, 통찰만으로는 기억력이 좋아지지 않는다는 사실을 간과하고 있다.

이성만으로
훌륭한 기억력이
생기지는 않는다.

일주일 후에도 남는 기억은 겨우 20퍼센트

이렇게 심리학과 교육학이라는 두 선생님들은 점잔만 빼면서 아직도 우리의 망각을 어떻게 저지할 수 있는지, 필요 없는 일을 반복하지 않으면서 필요한 것을 반복할 수 있는지를 설명해주지 않았다.

독일의 심리학자인 헤르만 에빙하우스Hermann Ebbinghaus는 파블로프와 거의 같은 시기에 학습의 신비를 파헤쳤다. 그는 동물실험 대신 바로 자기 자신을 대상으로 실험했다.

그의 실험은 학습 현장을 위해 매우 중요하기 때문에,

잠시 귀 기울여보자.

에빙하우스는 자신의 일생 중 많은 시간동안 무의미한 음절('팝', '펩', '밉' 같은 것들)을 외우고 이것들이 얼마나 오랫동안 기억에 남아 있는지 실험했다. 그가 의미있고 쓸모 있는 내용을 공부하는 대신 이런 일로 자신을 괴롭힌 데에는 다 이유가 있다. 사람의 기억력은 무의미한 자료를 다룰 때에 더 중립적이기 때문이다. 글자나 숫자의 연속성에 조금이라도 의미가 있다면 더 잘 기억하게 된다. 에빙하우스가 밝힌 바에 의하면 열 배는 더 쉽게, 그리고 열 배는 더 오래 기억된다.

에빙하우스의 자기 실험

의미가 있으면
기억하기가 쉽다.

그 사실은 학습이론을 위해서는 대단히 흥미로운 발견이었다. 뜻이 담겨 있는 것, 의미가 있고 이해할 수 있는 것은 다른 것들보다 더 빨리, 더 강하게 기억 속에 자리잡는다! 에빙하우스의 실험은 아래와 같이 진행되었다.

그는 무의미한 음절의 연속체를 외우고 30분, 하루, 일주일, 한 달을 쉬었다가 다시 그 연속체를 기억해 보았다. 그것이 잘 안 되면 그는 손에 시계를 들고 정확히 말할 수 있을 때까지 외웠다. 그랬더니 두 번째 공부할 때에는 처음 외울 때보다 시간이 적게 걸렸다. 다시 외울 때에는 시간이 덜 소모되었다. 그는 이때 얼마나 시간이 절약되는가를 이 음절들을 처음 외울 때에 걸리는 시간에 대한 비율로 표시했다. 처음 음절을 공부하는 데 한 시간이 걸렸는데 다시 외우는 데 30분만 걸렸다면 '학습의 절약'은 50퍼센트다. 하지만 같은 내용을 다시 공부하는 데 45분이 걸렸다면 '학습 절약'은 25퍼센트밖에 되지 않는다.

다시 외우는 데는
시간이 덜 든다.

그는 기억의 상실량을 측정했다. 학습했던 내용이 일

정 시간이 지난 후 얼마나 남아 있고 얼마나 사라졌는지 확인했다. 에빙하우스의 학습 절약은 학습자의 기억에 남은 양, 아직 잊혀지지 않은 것과 동일시할 수 있다. 그런데 에빙하우스의 실험은 뇌라는 저금통에 구멍이 숭숭 뚫려 있다는 사실을 확인시켜주었다. 20분이 지난 후에는 학습 내용의 42퍼센트가 이미 사라지고 없었다. 58퍼센트만이 '학습 절약'되었던 것이다. 한 시간 후에는 학습 절약의 양이 44퍼센트밖에 되지 않았다. 하루가 지난 다음에는 66퍼센트가 기억 속에서 사라졌고 34퍼센트만이 남았다. 6일이 지나고 나자 25퍼센트만이 남았고, 4분의 3은 이미 잊혀졌다. 단 20퍼센트만이 영구적으로 기억되었다.

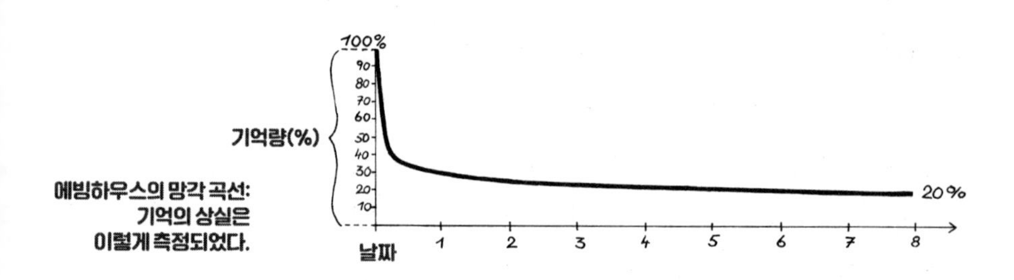

에빙하우스의 망각 곡선: 기억의 상실은 이렇게 측정되었다.

위의 그림은 에빙하우스의 실험 결과를 그래프로 표시한 것이다. 이 인간의 망각을 나타내는 곡선을 보면 너무나 암울해져서 당장 학습을 영원히 그만두고 싶어질 정도다. 특히 처음 한 시간에 얼마나 많은 기억을 잃어버리는가를 보면 절망감은 더욱 깊어진다. 마치 사기꾼에게 속아서 주식을 산 것 같은 기분까지 든다. 최종 결과 역시 절망적이다. 그렇게 공들여 외운 내용의 20퍼센트만이 일주일 이상 기억에 남아 있다니!

공부한 내용의 20퍼센트 정도만 시간이 한참 지나도 잊혀지지 않는다.

그러나 다행스럽게 이런 암담한 수치는 무의미한 자료로 실험했을 때의 결과이고, 내용이 있는 학습내용은 이렇게까지 쉽게 기억의 구멍으로 빠져나가지 않는다. 그렇다고 해도 크게 위로가 되지는 않는다. 왜냐하면 실험기간을 보다 길게 잡으면 '에빙하우스의 망각 곡선'은 의미있는 학습자료에도 그대로 적용되기 때문이다. 우리는 내용과 의미가 있는 기억들조차 시간이 좀 더 걸리기는 해도 똑같은 방식으로 잊어버리게 된다. 앞 그래프의 날짜를 주일의 수로 바꾼다면, 분명한 학습내용도 어떤 속도로 기억의 구멍으로 새어나가는지 대충 짐작해볼 수 있다.

정말 안타깝지만, 의미있는 내용도 시간이 흐르면 잊혀진다.

여기에는 증거가 필요 없다. 어른이 된 사람에게 그가 수십 년 전 좋은 성적으로 통과했던 고등학교 졸업시험을 다시 보게 한다면, 아마 기껏해야 20퍼센트밖에 풀지 못할 것이다.

20퍼센트의 기억을 잡아라

이제 충격적인 진실을 보았으니 우리는 파산당한 기억 중에서 무엇을 건져야 좋을지, 그리고 어떤 방법으로 건질 수 있는지 생각해봐야 한다.

기억에 남는 비율은 겨우 20퍼센트다. 그나마 얼마나 다행인가? 그런데 남아 있는 그 20퍼센트가 무엇인지 정확하게 아는 일은 대단히 중요하다. 그 20퍼센트를 확실하게 모셔두고 나머지 안전하지 못한 80퍼센트를 다시 공부하면 될 테니까. 그러고는 또다시 이 80퍼센트 중 20

퍼센트를 확실하게 저장할 수 있을 것이고, 이 과정을 여러 번 반복하다 보면 결국 공부할 내용을 거의 100퍼센트 정복할 수 있게 될 것이다.

그런데 무슨 수로 더 이상 잊혀지지 않을 20퍼센트를 알아내는가? 이를 알기 위해서 우리는 무의미한 자료의 경우에는 몇 주일, 의미있는 자료의 경우에는 몇 달 혹은 몇 년을 기다려야 할지도 모른다. 그 다음에야 어떤 정보가 영구적으로 저장되었고 어떤 정보가 사라졌는지 확인할 수 있을 테니까. 그러나 이런 방식으로라면 박사과정 학생은 몇 년이 아니라 수십 년 동안 공부해야 할 것이다.

잃어버린 기억을 정확하게 아는지 분명히 하기 위해 몇 년을 기다릴 사람이 과연 있을까?

우리는 양극 사이의 타협안을 생각해내야 한다. 바꾸어 말하면, 모든 내용을 고지식하게 매번 새로 공부하며 지치게 만드는 체제와 시간은 많이 들지만 노력은 적게 드는 방법, 즉 공부할 정보 중에서 확실하게 외운 20퍼센트를 불확실한 80퍼센트에서 반년마다 골라내는 방법을 절충하는 절차가 있어야 한다.

에빙하우스의 망각곡선을 다시 한 번 잘 들여다보면 어떤 방법이 좋을지 떠오른다. 이 곡선은 의미 없는 자료의 경우 처음 몇 시간 동안, 의미있는 자료의 경우는(우리가 배우려고 하는 것은 바로 이것이다) 처음 며칠 동안 급격히 하강한다. 이는 처음 며칠 동안은 내용을 여러 번 반복해야 한다는 뜻이다. 나중에는 곡선이 점점 완만해진다. 그러니까 그 다음 몇 주일 동안은 반복 횟수를 줄여가다가 어느 날에는 아주 끝을 내도 좋다는 의미다.

그러므로 우리는 첫날에도 나중에도 모든 내용을 똑

같은 횟수로 반복하는 일을 피해갈 수 있다. 기억에 잘 저장되지 않는 정보만을 자주 반복하고, 다른 것들은 가끔씩 공부하거나 꼭 필요한 확인을 위해서만 반복할 수 있는 것이다.

이러한 묘기를 가능하게 하는 것이 바로 내가 제안하려는 '공비카드(학습카드)'법이다. 이 '공비카드'는 한마디로 '모든 사람을 위한 학습기계'다.

공비카드 만들기

카드를 만들기 위해서 A4용지 크기의 종이 한 묶음을 준비한다. 종이가 너무 얇으면 좋지 않다. 이 종이는 앞으로 고생을 많이 할 테니까.

이제 그 종이를(아예 여러 장을 한 번에 하면 좋다) 한 번, 두 번, 세 번 접은 다음 자른다. 그러면 세로 7센티미터, 가로 10.5센티미터 정도의 쪽지가 생긴다. 나는 이제 이 쪽지들을 공비카드로 사용할 예정이다.

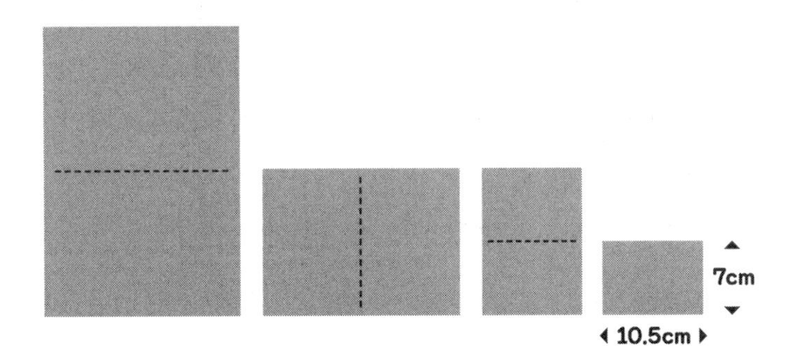

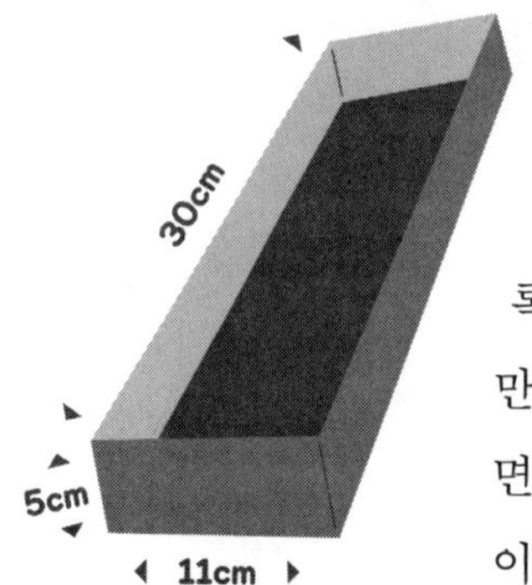

공비카드 상자의 기본형

그럼 이제 이 카드가 들어갈 카드 상자를 만들자. 상자는 길이가 30센티미터 정도에 폭이 11센티미터 정도면 좋다. 옆벽의 높이는 카드가 밖에서 보이도록 5센티미터 정도로 만든다. 하지만 이 상자를 나무로 만들거나 풀칠을 할 필요는 없다. 얇지만 단단한 마분지면 충분하고, 옆면은 작은 스테이플러로 고정하면 그만이다.

상자를 다 만들었다면 같은 재료를 가지고 상자의 칸을 만든다. 첫 번째 칸은 가장 작게 만든다. 옆에서 보면 폭이 1센티미터밖에 되지 않는다. 두 번째 칸은 폭이 2센티미터 정도, 세 번째 칸은 5센티미터, 네 번째 칸은 8센티미터 정도로 만든다. 가장 뒤의 다섯 번째 칸은 15센티미터 정도 폭이 될 것이다.

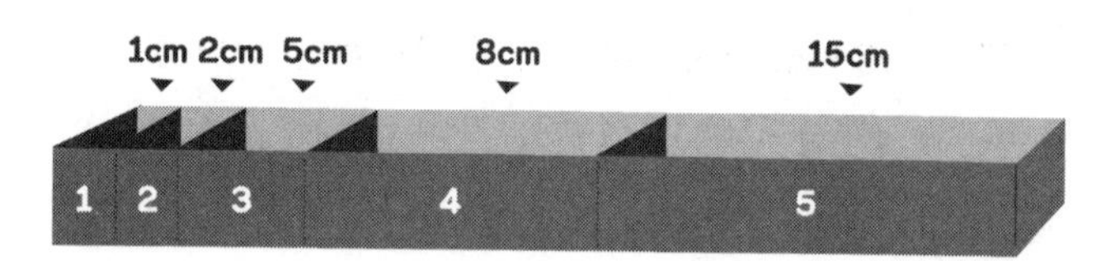

그리고 이렇게 칸을 나눈다.

이제 본격적인 일이 시작된다. 예를 들어 이탈리아어를 배운다고 치자. 교재도 한 권 샀다면 이 교재의 1과에 나오는 단어와 숙어를 공비카드에 적는다. 카드 한 장에는 한 단어 또는 한 문장만 적는다. 카드의 앞면에는 우리말을 적고 뒷면에는 이탈리아어를 적는다.

어머니	걷다	극장에 가다
la madere	andare	vado al cinema

카드를 30개나 40개 쓴 다음에는 그 다발을 우리가 만든 상자의 가장 좁은 첫 번째 칸에 넣는다. 이때, 우리말이 쓰인 앞면이 앞으로 오게 한다.

이제 가장 앞에 들어 있는 카드들을 꺼낸다. 그러고는 우리말을 보고 거기 해당하는 이탈리아어 단어를 기억해본다.

이렇게 되면 여러분은 이미 학습과정 속에 들어가 있는 것이다. 공부가 중노동이라고 생각하는 어리석은 사람들은 비웃겠지만, 바로 이렇게 간단한 일이 공부다. 공부에 쏟아붓는 노력의 양이 학습 성과를 좌우한다거나, 공부할 때는 심각하고 고통스럽게 해야 한다는 편견을 버리자. 우리는 힘든 노동이나 근육운동을 하려는 것이 아니다. 게다가 뇌에는 근육이 없다. 그래서 우리는 두통을 겪지 않고도 머리를 훈련시킬 수 있다.

카드를 이용한 암기의 기술

단어나 다른 뭔가가 생각나지 않는다고 해서 억지로 머리를 쥐어짤 필요도 없다. 우리말에 해당하는 이탈리아어 단어를 기억해내기 위해 2, 3초 생각을 하기는 한다.

하지만 고통스럽게 애쓸 필요는 없다.

우리가 무엇을 기억하지 못한다고 해서 큰일이 나는 건 아니다. 그냥 카드를 뒤집어서 거기 적힌 단어를 읽으면 답을 알 수 있는데, 왜 자신을 괴롭히는가?

단어가 생각나지 않는가? 별 일 아니다.

그러고 난 뒤 우리는 기억이 나지 않았던 이 카드를 그대로 첫 번째 칸에 넣되, 카드의 맨 뒤에 넣기로 한다. 절대로 실망하거나 속상해하지 말라. 대신 첫 번째 카드가 된 두 번째 카드를 앞으로 꺼내서 다시 그 단어를 기억하려고 해보라.

중요한 원칙: 속상해하지 말 것

이번에는 단어가 생각난다. 그러면 카드를 뒤집어서 맞는지를 확인한다. 정확하게 기억했으면 그 카드를 상자의 두 번째 칸에 넣고 한동안 이 단어는 잊는다. 그게 아니면 답을 확인한 뒤에 다시 첫 번째 칸의 맨 뒤에 넣어둔다.

공비카드를 이용하면 시간을 절약하고 수고를 훨씬 줄일 수 있다.

간단하다. 이런 식으로 첫 번째 칸의 카드를 모두 공부한다. 단어를 알면 그 카드는 두 번째 칸에 넣고, 모르는 단어는 첫 번째 칸의 뒤쪽에 넣는다.

이렇게 해서 우리는 단어를 적는 동안 외운 단어들을 즉시 뒤로 미루어놓을 수가 있다. 이 단어들은 두 번째 칸에 조용히 들어가 있으니 당분간 복습할 필요가 없다. 우리가 의도하는 바가 바로 이것이다. 필요 없는 반복을 줄이는 일이다.

그러면 첫 번째 칸에는 1회 때 기억하지 못한 카드들만 남는다. 그 다음에는 다시 처음부터 시작해서 같은 절차를 반복한다. 이때 기억하는 단어들의 카드는 두 번째 칸으로 옮겨간다. 아직도 기억이 안 나면 첫 번째 칸의 맨 뒤쪽에 넣어둔다.

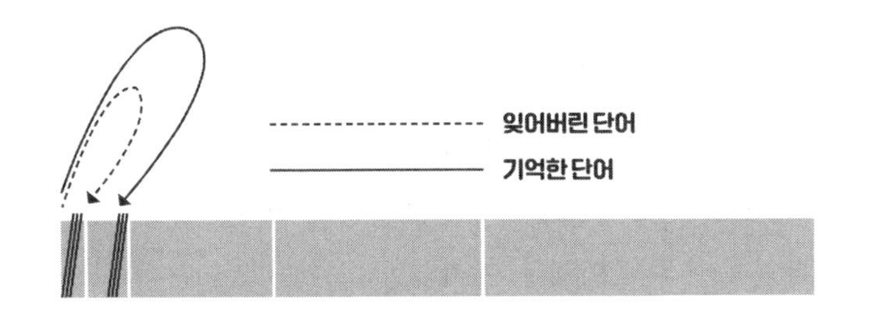

이것이 우리가 공부한 내용들이 가는 길이다.

이제 여러분은 이 방법이 지닌 두 가지 장점을 분명하게 알았을 것이다.

첫 번째 장점은, 쓸데없는 반복을 줄인다는 것이다. 두 번째는, 바로 기억해내지 못하는 단어는 기억할 수 있을 때까지 여러 번 반복할 수 있다는 점이다. 이렇게 하면 아주 어려운 단어는 세 번이나 네 번, 어쩌면 열 번도 넘게 반복을 하게 되고, 금방 소화할 수 있는 쉬운 내용은 한두 번에 끝난다.

이런 절차를 30~40개의 단어 중에서 첫 번째 칸에 서너 개만 남을 때까지 계속한다. 아직 남겨진 것들은 아마 개선의 여지가 없는 단어들일 것이다. 이 단어들은 두 번째 칸으로 조기 은퇴할 자격이 없고, 계속 첫 번째 칸에 머물러 있어야 한다.

공부하기 어려운 내용은 자동적으로 여러 번 반복하게 된다.

2과 역시 이런 식으로 공비카드를 만들어 공부할 수 있다. 전날 어려웠던 단어들은 다시 한 번 이 기계 속으로 들어간다. 이 단어들도 쉬워지면 두 번째 칸으로 자리를 옮긴다.

'좋은 것만 그릇에 담아라'

이런 식으로 세 과나 네 과를 공부하고 나면, 지금까지 말 잘 듣는 단어들이 평화롭게 휴가를 보내고 있는 둘째 칸이 너무 비좁아진다. 이제는 카드 하나 들어갈 자리도 없다.

바로 우리가 기다렸던 결과다. 이탈리아어 단어를 한 번 공부하기는 했지만 망각이라는 저주는 피해갈 수 없기 때문이다. 이 단어들은 저항이 좀 생겼을 수는 있지만 망각에 대해 면역성이 있는 것은 결코 아니다. 이 단어들은 여전히 잊어버릴 가능성이 많다.

에빙하우스의 실험에서 우리는 망각이 오랜 시간에 걸쳐 일어난다는 것을 보았다. 우리는 한 언어의 여러 단어들을 공부했으므로, 역행억제가 생겨나 이미 배운 내용의 일부를 잊어버린다.

그래서 나는 둘째 칸의 폭을 2센티미터밖에 안 되도록 만들었다. 이번에는 두 번째 칸에서 맨 앞에 들어 있는 카드들을 꺼내 그 단어들을 제대로 기억하고 있는지 확인해본다. 단어가 생각나면 그 카드는 이제 세 번째 칸으로 들어간다. 그 칸은 두 번째 칸보다 훨씬 크다. 한번 들어간 카드는 더욱 푹, 어쩌면 몇 주일 동안 쉴 수도 있다. 그 기간은 우리가 공부하는 속도에 달려 있다. 만약 모르는 단어가 나오면 그 카드들은 다시 첫 번째 칸으로, 거기서 쉬고 있는 카드들의 맨 뒤에 넣는다.

이렇게 해서 두 번째 칸도, 카드가 손가락 두께 정도로 남을 때까지 처음부터 끝까지 공부한다.

완벽주의에 빠져서 한 칸을 완전히 비워버리는 일은

좋지 않다. 그렇게 하면 지속적으로 확인하고 또 확인하는 흐름이 깨지게 된다.

지금은 완벽주의가 필요할 때가 아니다.

●다음의 사항들은 중요하기 때문에 다시 한 번 짚고 넘어가자.

● 둘째 칸의 카드는 더 이상 들어갈 자리가 없을 때에만 꺼낸다.

● 둘째 칸을 손가락 두께 정도가 남을 때까지만 비운다.

● 둘째 칸의 단어 중에서 아직도 잘 기억하는 것들은 셋째 칸으로 옮긴다.

● 그 사이에 잊어버린 단어는 둘째 칸에서 다시 첫째 칸으로 옮긴다.

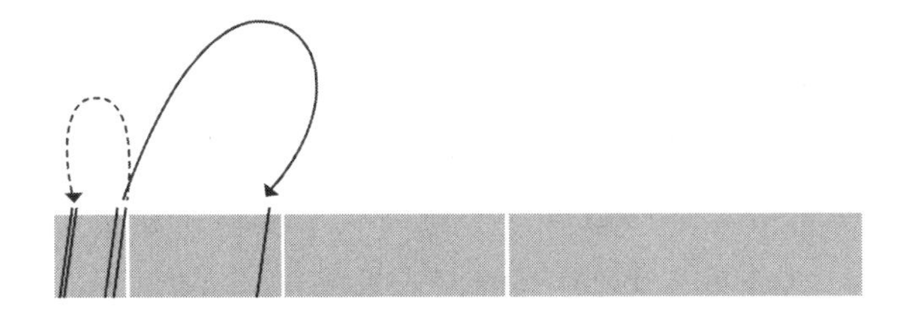

공비카드는 계속 이동한다. 기억이 나면 뒷 칸으로, 기억이 나지 않으면 첫째 칸으로

두 번째 칸에 자리가 넉넉해지면, 다시 첫째 칸에 새로운 단어를 채워넣고 아까와 같은 방식으로 공부하면 된다. 둘째 칸이 다시 차면 앞에서 말한 절차대로 또 자리를 낸다.

아마 1주일이나 그 이상이 지나고 나면 세 번째 칸도 채워질 것이다. 그러면 똑같은 일이 반복된다. 둘째 칸에서 했던 것과 같은 방식으로 그 칸에도 다시 자리를 낸다. 잊어버린 단어의 카드는 첫째 칸에 넣고, 아직도 기억나는 단어들은 넷째 칸에 넣는다. 셋째 칸 역시 손가락 두께만큼만 남겨놓는다는 규칙이 적용된다. 그리고 나중에 -여러 달이 흐를 수도 있는데- 네 번째 칸과 다섯 번째 칸도 꽉 차면 같은 절차를 반복한다. 이제 공비카드 사용법을 확실히 배웠을 것이다.

- **잘 아는 단어는 언제나 바로 그 다음 칸에 넣는다.**
- **전혀 모르거나 확실하게 알지 못하는 단어는 첫 번째 칸에 그대로 있거나 첫 번째 칸으로 되돌린다.**

공식과 연도,
'질병의 증상과 교통규칙'
–이 모든 것을 카드를
이용해 공부할 수 있다.

이 놀이는 어떻게 보면 보드게임과 비슷하다. 사실 규칙은 오히려 더 간단한데, 실수를 하면 카드는 첫 칸으로 돌아오고, 맞으면 그 다음 칸으로 한 걸음씩 나아갈 뿐이다.

마지막 다섯 번째 칸도 꽉 차고 다시 (이번에도 손가락 두께만큼을 남겨놓고) 비워야 할 때가 되면, 거기 들어 있는 단어 카드 중에서 이미 알고 있는 것은 과감히 버리자. 이 카드들은 몇 달을 거치면서 여러 번 시험을 보았고 합격했다. 그러므로 그렇게 쉽게 잊혀지지 않는다.

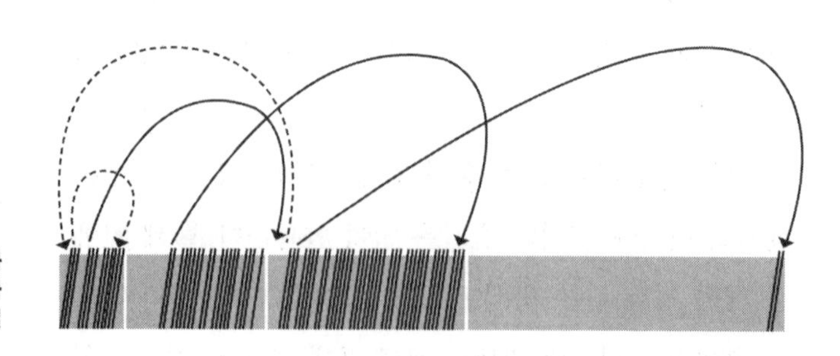

외운 단어(→)와 잊어버린 단어(⇠)가 가는 길

공비카드의 장점

이 공비카드는 외국어의 정확한 발음과 억양을 알려주지는 못한다. 외국어 발음의 기초는 읽어서 배우는 것이 아니라 듣고 말하면서 배운다. 거기에는 교사나 음반이나 녹음 테이프가 필요하다. 하지만 일단 외국어를 귀로 듣고 혀로 발음할 수 있다면, 그리고 따라해야 할 발음을 이미 충분히 들었다면, 공비카드가 개별 단어의 정확한 발음을 기억하는 데에도 커다란 도움이 된다. 단어의 발음은 사전에 음성부호로 표기되어 있으므로, 필요하다면 카드 뒷장의 외국어 옆에 적어놓을 수도 있다.

다섯 번째 칸까지 간 단어들은 기억에 단단히 저장된다.

열성적인 선생님들은 어쩌면 우리의 공비카드가 문법을 무시하고 있다고 말할지도 모른다. 그렇지만 이 카드 상자는 단어만 외울 수 있는 것이 아니라 모든 정보, 글로 쓴 질문에 글로 대답할 수 있는 것이라면 무엇이든지 공부할 수 있다. 화학이나 수학 공식, 질병의 증상, 전쟁이나 군주 살해가 일어난 연도, 교통규칙이나 달로 가는 우주선, 무당벌레 다리의 개수와 종류, 이 모든 것이 다 가능하다. 문법 규칙도 마찬가지다. 문법 규칙들도 질문에 대한 대답일 뿐이다. 그렇지 않다면 학생들에게 문법 시험을 보게 한 일은 없을 것이다. 그러나 나는 문법 규칙을 지나치게 공부하지 말라고 경고하고 싶다. 문법 규칙은 그 자체가 목적이 아니라 그 규칙의 도움으로 올바른 단어와 문장을 쉽고 빠르게 찾아낼 때 비로소 의미가 있기 때문이다. 문법 규칙이라는 우회로는 장애물일 때가 많고, 문법을 전혀 모르면서도 외국어를 아주 잘하는 사람들이 많다. 단어와 문장을 많이 외우다 보면 저도 모르는 사이에 문법을 배우게 되는 것이다. 문법에 통달했다고 해서 단어와 문장을 자기 것으로 만들 수는 없다.

그래도 문법은 학교에서 시험을 칠 때에는 대단히 중요하다. 학교에서는 학생이 열등하다는 것을 증명하는 게 목적이라도 되는 듯이 이러한 권위로 학생을 평가하고 있다.

어린 시절을 영국에서 보낸 젊은이가 독일에 돌아와 영어 수업을 듣는 것을 보면 이 사실이 분명히 드러나는데, 그것은 정말로 우습다. 이 학생은 영어를 유창하게 구사하지만 영어 성적은 그저 보통이다. 문법을 모르기 때문이다. 그런 처지의 학생들에게는 문법을 배우기 위한 공비카드를 추천한다.

학교에서는 문법이 가장 중요하다.

우리는 앞에서 이 카드를 '모든 사람을 위한 학습기계'라고 불렀다. 이 카드에는 여러 가지 장점이 있다.

- **공부할 내용을 작은 부분들로 나눌 수 있다.**
- **좋은 교재가 있다면, 공부할 작은 단위 하나하나를(학습기계에서는 '프레임'이라고 불린다) 내용에 따라 논리적으로 서로 연결시킬 수 있다.**
- **학습 속도와 반복 횟수를 학생의 지능과 노력에 맞출 수 있다.**
- **분명하게 기억한 내용을 확인하며 복습하는 횟수는 많아야 다섯 번을 넘지 않는다.**
- **반면에 잊어버린 내용은 필요한 만큼 반복한다.**
- **이렇게 해서 학생들은 공부에서 가장 지긋지긋한 짐, 즉 이미 알고 있고 따라서 흥미도 없는 내용을 복습해야 하는 지옥에서 해방된다.**

- 학생이 학습과정을 몇 주일 동안 중단했더라도 어디에서 다시 시작해야 할지 찾는 게 아주 쉽다. 공부할 단어들은 다시 공부할 순서대로 카드 상자에 그대로 들어 있다.
- 누구나 자신의 카드를 스스로 만들 수 있다.
- 공비카드는 돈이 거의 들지 않는다.

이 모든 장점들에도 불구하고 공비카드 역시 학습기계가 받았던 공격을 피하지는 못할 것이다. 학습기계가 너무 기계적인데다 이해를 도외시한다는 점에서 그러하다. 이어서 학생들을 내용 안으로 생동감 있게 끌어들여 통찰을 가능하게 하는 일은 생생한 수업과 살아 있는 인간, 즉 교사만이 할 수 있다는 비판이 고개를 든다.

암기에 대한 선입견

이 모든 비판의 바탕에는 '암기'라는 것에 대한 반감이 숨어 있다. 이것은 하나의 선입견으로, 말하자면 '진보적인' 선입견이다(진보적인 선입견도 있다니!). 또한 이것은 교육학자들이 이성적인 사고보다는 그들의 심리에 깊이 뿌리박힌 감정적인 자세, 미움과 사랑이 섞인 감정을 드러내는 주장이다.

많은 보수적인 교사들은 암기를 세상의 유일한 학습 방법인 양 중시해왔다. 그밖에 스스로 진보적이라고 생각하는 교사들은 역시 그들만큼이나 교조적으로 이해와 통찰을 통한 학습법을 추종하는데, '그렇기 때문에' 그들

암기는 정말 쓸데없는 고문인가?

은 암기를 혐오한다.

사실 그들 모두 문제도 아닌 문제를 두고 다투고 있는 것이다. 여기서 문제는 학생이 '통찰하며' 배우느냐, '외우면서' 배우냐가 중요한 것이 아니다. 학생이 그 내용을 배우는가, 배운다면 어떻게 배우는가, 그리고 나중에도 그 내용을 정말로 기억하는가가 가장 중요하다.

그런데 '외웠다'는 것은 무엇인가? 학생이 시험에 응하거나 자기 자신을 시험하는 데에는 여러 가지 방법이 있을 수 있다. 그는 무엇을 정말로 할 줄 알거나, 어느 정도 할 줄 알거나, 잘 못하거나 전혀 못한다. 그러나 무엇을 '외워서' 할 수 있다는 말은 아주 잘하거나 아니면 적어도 잘할 수 있다는 의미다.

모든 학습의 목표는 학생이 배운 것에 통달하는 것이다. 그렇다면 암기를 하는 것, 결과적으로는 외워서 잘하는 것에 반대할 이유가 대체 무엇이란 말인가?

모든 학습의 목표는 그 내용에 통달하는 것이다.

암기를 반대하는 이유 중 첫 번째는 그 방법인데, 암기를 위한 훈련은 영혼을 죽이는 야만적인 폭력이라고들 떠든다. 훈련은 학생에게 지나친 부담을 주고 그의 부드러운 마음을 상하게 하며, 단순무식한 중노동인 것처럼 멸시당한다. 하지만 그들은 명백한 증거를 혼동하고 있다. 사실 그들이 흥분하는 것은 학교가 학생들에게 주입하는 내용이 거의 대부분 아무 쓸모가 없기 때문인데, 그렇다고 해서 암기를 반대하는 태도는 엉뚱한 데에 분풀이를 하는 꼴이다. 그렇게 주장하려면 아예 공부를 교과과정에서 빼버려야 할 것이다.

다만 공부하는 방법에 대해 의견 차이가 있을 뿐이다.

이해해도 잊어버릴 수 있다

두 번째 반대 이유는 암기가 통찰이나 깊이 있는 이해능력을 길러주지 못한다는 점이다. 이런 말을 하는 사람들은 수고스러운 암기에 종지부를 찍는 다른 학습방법을 찬양한다. 즉, 통찰과 이해야말로 학습에 큰 도움이 되기 때문에 더 이상 암기가 필요 없다는 주장이다.

'통찰'만으로 만사가 해결되지 않는다.

이 말은 반은 맞고 반은 틀리다. 이러한 주장을 하는 동기가 고귀하기는 해도, 사실에 대한 왜곡과 논리적인 오류가 포함되어 있다. 우선 수많은 고등학생들이 교사들의 생생한 수업을 받아도 단순히 암기하는 것만큼의 통찰을 얻지 못할 때가 많다는 사실이다.

우리들은 아주 간단한 테스트로 그들의 주장을 시험해볼 수 있다. 고등학교 졸업생 중 아무나 붙잡고 십진로그가 무엇인지를 물어보라.

정답: 로그는 10을 어떤 수만큼 거듭제곱하면 정해진 수와 같아지는 거듭제곱 수다. 이를 공식으로 나타내면 $n=10^{\log n}$이다. $10=10^1$이고 $100=10^2$이고 $1000=10^3$이니까, 로그 10은 1이고, 로그 100은 2이고, 로그 1000은 3이다.

답을 맞혔다면 그 사람은 아마 여러 해 동안 로그표를 공부했을 것이다. 하지만 학생의 반수 이상이 정답을 모른다고 내기를 걸어도 좋다. 고등학교 수학 선생님들이 학생들에게 로그의 개념조차 설명해주지 않았을 리는 만무하다. 하지만 이 지식은 충분한 연습을 거치지 않은 다른 모든 지식들처럼 잊혀졌다. 이 학생은 학교 다닐 때 로그가 무엇인지 이해했지만 이제 더 이상 기억하지 못한다.

모든 고등학교 수학 선생님들이 나쁘지는 않다. 학생들은 그저 잊어버렸을 뿐이다.

이 간단한 예는 진보적인 교육학자들이 간과한 것이

무엇인지를 보여준다. 통찰이라는 것도 정보다. 그것도 특별히 중요한 정보다. 이 정보는 다른 정보들보다 수명이 길기는 하지만 그렇다고 해서 절대로 잊히지 않는 것은 아니다. 통찰도 언젠가는 잊어버린다. 학생은 언젠가 무엇인가를 이해했다는 것을 알지만, 무엇을 어떻게 이해했는지는 더 이상 기억하지 못한다.

'통찰'도 정보다.
시간이 흐르면 잊혀진다.

그리고 이런 통찰의 내용은 살아 있는 교사의 입이 아닌 다른 매체, 예를 들어 공비카드나 학습기계를 통해서도 충분히 전달될 수 있다. 더구나 사람이 가르치는 것이 책보다 낫다는 주장은 결국 많은 교재들의 질이 나쁘다는 것을 증명하는 말이다. 학습기계보다 교사가 더 낫다는 주장은 대개 학습기계가 잘못 설계되었을 때 나오는 말이다. 이제 정리를 해보자.

- **비록 사람들이 나쁜 방식으로 암기를 하고 있다고 해서 암기 자체가 나쁜 것은 아니다. 암기와 다른 방식과의 차이는 우선 그 성과, 즉 무엇인가를 외워서 할 수 있다는 차이다. 이 목적에 도달하는 데 너무 많은 시간과 지나친 노력이 필요하다면 그 방법이 나쁠 뿐이다.**
- **통찰을 통해 이루어진 학습의 결과는 그렇지 않은 경우보다 오래 지속되지만 영원히 유지되지는 않는다. 통찰이 기억을 대신할 수는 없다.**

피할 도리가 없다.
공부는 어차피 해야 한다.

- **암기가 이해를 방해한다는 말은 사실이 아니다. 오히려 그 반대다. 기억해야 이해할 수 있다.**
- **통찰한 내용도 연도나 수치와 마찬가지로 공부하고 기억해야 한다. 즉, 외워야 한다. 그렇지 않으면 아무것도 남지 않는다.**

주변의 자극도 함께 암기된다!

우리는 이제 학습에는 반복이 중요하다는 것을 잘 알게 되었고, 필요한 복습을 경제적으로 조직할 수 있으므로 소모를 최소한으로 줄이면서 체계적으로 공부할 수 있게 되었다.

하지만 복습은 이성적이고 경제적으로 조직할 수 있다.

하지만 학습이 무엇인지를 이해하려고 하는 부지런한 학생은 실제 경험에 정면으로 대치되는 두 가지 교육학적 입장과 충돌하게 된다. 하나는 자극과 반응 사이의 (그러니까 우리말 단어와 이탈리아어 단어 사이의) 연합이 온전히 존재하거나 전혀 없다고 보는 거스리의 '전부 아니면 무의 법칙'이며, 다른 하나는 장기 기억에 저장된 기록은 뇌의 분자 구조를 지속적으로 변화시키며 따라서 망각될 수 없다는 현대 뇌신경학의 발견(아니면 적어도 가설)이다.

그런데 왜 지속적이고 반복적인 학습이 필요한 것일까?

거스리에게는 자신의 주장을 정당화하는 한 가지 근거가 있었다. 그는 하나의 자극과 그에 딸린 반응은 한 토막으로 되어 있지 않고 수많은 부분들로 구성되어 있다고 주장했다. 바로 이런 하나하나의 부분들이 단번에 '전부 아니면 전혀 안' 배워진다는 것이다. 그런데 하나의 학습과정에는 이 많은 부분들 중에서 한 가지만 관여하기 때문에, 모든 부분들이 충분히 하나로 합쳐질 때까지 반복 연습이 필요하다.

여기까지는 거스리의 주장이다. 그런데 이 '부분들'이라는 것은 무엇일까?

에스테스W. K. Estes는 이런 모호한 개념을 학습에 대한 확률수학적인 사고모델로 발전시켰다. 그가 사용한 복잡한 공식은 생략하겠지만 그의 기본적인 생각은 다음과 같이 간단히 요약할 수 있다.

에스테스는 학습이 일어날 때 중요하지 않은 자극도 함께 기억된다고 가정한다. 예를 들어, 어떤 학생이 이탈리아어 단어를 배우는데 '칼-coltello'을 공부했다고 치자.

이 학생은 지나치게 난방이 된 공부방에 앉아 있다. 책상에는 불이 켜져 있지만 주위는 어둡다. 담배를 너무 피워 머리가 아프고, 입 안도 타는 듯하다. 마침 배가 출출한데 부엌에서 고기 굽는 냄새가 난다. 밖의 도로에서는 화물차가 지나간다. 그리고 텔레비전의 소음도 들려온다.

이 순간 학생은 카드 상자에서 앞면에 '칼'이라고 쓰인 카드를 꺼낸다. 그 카드를 뒤집어서 'coltello'라는 이탈리아어 단어를 읽고 '칼-coltello'를 외우려고 애쓴다. 몇 분 후 단어 몇십 개를 더 공부한 다음 다시 그 카드 차례가 왔다. 그는 답을 알아맞히자 기분이 좋아져서 카드를 둘째 칸에 넣는다. 그는 '전부 아니면 무의 법칙'을 생각하면서 그 단어를 완전히 익혔다고 생각한다. 하지만 다음 날 이탈리아어 수업 시간이 되었을 때는 그 단어가 전혀 기억나지 않는다.

부엌에서 나는 냄새와 길거리 소음도 '함께 암기가 된다.'

무슨 일이 일어난 것일까?

이 학생은 '칼'이라는 자극과 'coltello'라는 반응의 관계를 익히는 순간 다른 많은 자극들을 받았다. 열기, 타는 듯한 입 안, 허기, 두통, 고기 냄새, 화물차와 텔레비전의 소음 등이 함께 학습된 것이다. 이 모두가 무의미하며 우연히 거기에 있었던 것들이지만, 학습에 영향을 미치는 자극들인 것이다.

그 많은 자극 중 한 가지, '칼'이라는 단어만이 우연이 아니었고 사소하지 않았다. 하지만 이 자극요소에도 정해진 형태가 있었다. 어떤 정해진 모양의 사각형 종이에 정해진 사인펜으로 학생의 필체로 쓴 글씨가 책상 스탠드의 정해진 조명을 받고 있었다. 하지만 다음날, 이탈리아어 수업이 있는 교실에는 이런 자극요소들이 더 이상 없었다. '칼'이라고 쓴 카드조차도 없다. 선생님은 '칼'이 이탈리아어로 무엇인지 소리내어 묻지만, 학생은 대답을 하지 못한다.

이제 여러분은 왜 전날 저녁까지지도 분명히 알았던 것이 다음날에는 기억이 안 나는지 알게 되었다.

이제 'coltello'라는 정확한 반응을 불러낼 자극은 단 한 가지, 즉 칼을 생각하면 떠오르는 머릿속의 개념밖에는 없다. 하지만 지금 이 교실은 너무 좁아 보인다. 정확한 반응이 나오지 않는다. 정확한 반응은 일련의 자극들의 결과다. 지금은 기억에 처음 저장되었던 자극요소들 중에서 너무 조금만 남아 있다.

거스리의 법칙에 실망한 이 학생은 이제 '칼-coltello'라는 단어가 확실히 머릿속에 박힐 때까지 외우고 또 외워야 한다. 이렇게 복습하는 동안 대체 무슨 일이 일어나는 것일까?

그리스의 철학자 헤라클레이토스는 아무도 같은 강을 두 번 거슬러 올라갈 수 없다고 말했다. 마찬가지로, 누구도 똑같은 공부방에 두 번 앉아 있을 수는 없다. 자기 자신도 매번 다르다. 그때마다 주어지는 자극의 조합은 계속 변화한다. 이 학생이 같은 단어를 두 번, 세 번 공부한다면, 이번에는 창 밖에 화물차가 지나가지 않을 것이고, 배도 안 고플 것이고, '칼'이라고 쓴 카드도 지난번과는 다르게 손에 잡히며 달리 보일 것이다. 변하지 않는 것은 딱 한 가지다. 바로 칼이 무엇인가에 대한 자기만의 개념인데, 이 개념은 복습을 할 때마다 새롭게 'coltello'라는 단어와 연결된다.

우연히
그 자리에 있었던
자극들은
하나씩 떨어져나간다.
남는 것은 어휘뿐이다.

그밖의 모든 것들, 우연히 그 자리에 있었던 자극들은 '잊혀진다.' 그리고 하나씩 떨어져 나간다. '칼-coltello'라는 단어는 방해가 되는 주변 요소들의 마지막 껍질을, 마지막 베일이 사라질 때까지 하나씩 벗어 던진다.

사실 심리학자이자 수학자인 에스테스는 파블로프와 마찬가지로 증명되지 않은 공상을 적대시한 사람이므로 아마 자신의 이론이 이렇게 해석되는 것을 알면 깜짝 놀라서 펄쩍 뛸 것이다. 그는 자로 재거나 저울에 달아볼 수 없는 '개념', '기분', '생각' 등을 인정하지 않았다. 그러나 그렇다고 해서 우리가 그에게서 두 가지 유용한 제안을 얻지 못할 까닭이 없다.

학습을 위한 두 가지 제안

- **학습내용을 추상적으로, 즉 외적인 자극과의 관련을 모두 끊고 공부하면 절대로 안 된다. 글로 쓴 자료에서 눈을 떼고 잠시 개념을 머릿속에 그려보라. 여기서만은 잠깐 하늘을 우러러보는 일이 정당화된다. 개념은 글자모양보다 더 잘 기억된다.**
- **같은 내용을 반복할 때는 가급적이면 다른 환경에서, 기분과 상황이 지난번과는 다를 때에 하는 것이 좋다. 자극이 주어지는 상황을 바꿈으로써 애초에 원하지 않았던 무의미한 자극에 대한 반응을 분리해낼 수 있다.**

성공이라는 연료 03

다음과 같은 장면은 매일 반복된다. "그 옷 괜찮네. 새 거야?" 남편이 새삼스레 관심을 가지며 묻는다.

"이거? 벌써 반년째 입고 있잖아!" 부인이 기분이 상해서 말한다. 그녀는 남자들은 사랑 따위에는 관심이 없다고 실망한다.

경찰들은 미아 신고를 하면서도 자기 아이가 어떻게 생겼는지 제대로 설명하지 못하는 어리석은 아버지들을 자주 만난다. 우리는 매일, 매해 같은 길을 지나서 직장에 간다. 하지만 거기에 있는 가게의 순서와 이름을 제대로 말할 수 있는 사람은 거의 없다. 누구나 아내의 옷, 출근길의 가게와 아이들을 이미 수십 번 수백 번 넘게 보았지만 이런 한심한 일이 일어난다.

이 예가 증명하는 것은 우리가 반은 장님, 반은 귀머거리로 살고 있다는 사실이다.

이런 현상을 학습심리학 용어로 말하면, 어떤 학습내용이(옷, 색깔, 간판) 여러 차례 반복되었지만 의식되지 않았으므로 학습되지 않았다고 말한다.

손퍼드Sonford라는 신앙심 깊은 미국 학자는 성공회의 반복만 하고 끝나면 아무 소용이 없다.

아침 설교를 위한 기도문을 24시간마다, 20년 동안, 총 6천 번 이상 계속해서 들었다. 그럼에도 그는 글자 그대로 완벽하게 외워 말할 수가 없었다.

에빙하우스는 반복을 통해서만 학습이 가능하다고 말했다. 반복 연습을 할수록 자극과 반응의 연합이 그만큼 강해진다고 한 미국 학자 손다이크의 '연습의 법칙'도 이미 앞에서 다루었다. 하지만 이제 우리는 반복만으로는 부족하며 학습을 위해서는 다른 무엇, 앞으로 나아가게 만드는 연료가 필요함도 깨닫게 되었다. 학생에게는 공부를 해야 할 이유가 필요하다. 학생은 왜 이런 공부를 해야 하는지, 그리고 이 공부에 어떤 의의가 있는지 분명히 알아야 한다. 그러한 동기가 바로 학습의 추진력이기 때문이다.

배우는 데는 동기가 있어야 한다

성공적인 학습을 위해서 학생에게 충분한 동기가 필요하다.

공부의 의의에 대한 학자들의 논쟁은 분분하다. 이 논쟁에 사용되는 논거들은 너무나 뒤죽박죽이고 혼란스러워서, 마치 인생의 의미에 관한 철학 논문 같다. 그러나 어쨌든 대부분의 교사와 교육학자들의 의견은 한 가지 점에서는 일치한다. 성공적인 학습을 위해서는 충분한 동기가 있어야 한다는 점이다.

평생 라틴어를 한마디도 할 기회가 없는 많은 학생들이 시제의 일치를 공부한다. 이들의 '동기'는 크고 작은 시험에서의 좋은 성적이다. 또한 수학이나 물리시험에서도 좋은 성적을 따야 '하기 때문에' 적분과 열역학을 공부한다.

학습 동기는 여러 가지다.

동기는 언제나 충분하다. 그것은 단순히 집에서 야단맞을까 봐, 선생님 눈 밖에 나지 않기 위해, 장학금을 받기 위해, 혹은 그저 잡역부로 인생을 보내지 않기 위해서일 수도 있다.

어쨌든 공부를 하는 사람은 보상을 받고 공부를 하지 않는 사람은 인생에서 가혹한 벌을 받는다는 것!

이런 동기가 공부를 하게 만드는 연료로 작용한다면, 모든 학생들은 똑같이 열심히, 똑같이 성공적으로 공부하고 어느 정도는 똑같은 성과를 보일 것이다. 그런데 거의 그렇게 되지 않는다. 앞에서 말한 동기들은 학생들을 움직이게 만들지만, 대부분 거의 효과가 없다. 그 이유는 무엇일까?

……하지만 그중 대부분은 효과가 없다.

여기서 얻을 수 있는 결론은 단 한 가지다. 이 많은 '동인'들이 학생들에게 동등한 학습효과를 가져오지 못했다면, 이것들은 원인이 아닌 것이다. 다만 원인으로 오인되고 있을 뿐이다.

결국 우등생들이 운이 좋았던 이유에는 다른 요인이 있다. 그것은 학습과정과 직접적으로 관련이 있고 현재와 연관되어 있다.

빠른 사후효과가 있어야 한다

홀륭한 교육학자들은 자신들이 이 비법을 잘 알고 있다

고 생각한다.

그리고 이것을 '관심', '일 자체에서 얻는 기쁨'이라고 말한다. 이런 관심을 가지고 있는 사람에게는 돈이나 칭찬, 상이나 벌 같은 다른 동기가 필요 없다고 말한다.

선생님은 물구나무도 서고 온갖 재주를 다 피울 수 있다. 그래도 전혀 관심을 갖지 않는 학생들이 있다.

이런 선생님은 학생들이 공부할 내용에 대해 관심을 갖도록 만들 수만 있다면 모든 일이 저절로 해결된다는 생각을 갖고 있다. 그래서 선생님들은 이런 행복한 조건을 만들어내려고 온갖 노력을 다한다. 교육학의 10분의 9가 바로 이런 목적을 위해 존재한다. 그래서 색색의 교재와 영화, 슬라이드와 대단한 화술까지 동원하지만 늘 효과가 있는 것은 아니다. 경험 있는 선생님이 농담을 하며 익살을 부릴 수도 있고, 교탁 위에서 물구나무를 서거나 스트립쇼를 할 수도 있다. 그래도 여전히 따분해하며 무관심해하는 학생들이 더 많다.

학습 성과를 위해 '일 자체에서 오는 기쁨'을 대체 어떻게 확실하게 만들어낼 수 있는가?

그래서 관심과 일 자체에서 오는 기쁨이 학생의 '동기'라는 마법의 주문은 너무 빈말처럼 들린다.

여기에 약간의 빛을 던져준 사람이 미국의 손다이크였다. 그는 연습만으로는 통달에 이를 수 없고 단순한 반복만으로는 진보가 없음을 인식했다. 자신이 만들어낸 첫 번째 규칙인 '연습의 규칙'에 의혹을 가진 그는 그 법칙을 수정하고 새로운 법칙을 덧붙였다. 그것이 바로 '효과의 법칙'이다.

'효과의 법칙': 중요한 것은 성과다.

그 법칙에 의하면, 반응이 강화되는지 약화되는지를 결정하는 것은 효과, 결과, 반응이 유기체에 일으키는 반작용이다. 복잡하게 꼬인 심리학 용어로는 좀 복잡하게 들리겠지만 이는 우리 모두가 이미 알고 있는 사실에 지나지 않는다. 어떤 '반응'은 (거기에는 모든 행위가 다 들어가는데) 그 행동을 하는 사람에게 유쾌하거나 불쾌한 결과를 가져온다. 어떤 행위의 결과는 인간이나 동물에게 성공 또는 실패가 되고 긍정적이거나 부정적이다. 그래서 손다이크는 이들을 '긍정적인' 또는 '부정적인 사후결과'라고 부르는데, 그 '효과의 법칙'은 다음과 같다.

- **자극과 반응의 연합은 반응이 긍정적인 사후결과를 가져오면 강해진다.**
- **부정적인 사후결과이면 그 연합은 약해진다.**

'부정적인 사후효과'는 누구나 쓰라린 경험을 통해서 알고 있다.

사탕 한 알을 선물하면 아이에게는 '긍정적인 사후효과'가 된다. 할머니 할아버지들은 그런 경험을 자주 한다.

이것은 당연한 사실이다. 맨손으로 전류가 흐르는 전선을 잡아본 사람이라면 그 부정적인 사후효과를 경험으로 안다. 그리고 아마 다시는 그런 행동을 안 할 것이다. 달아오른 난로에 손을 댔던 아이는 다시는 난로에 손대지 않는다. 부정적인 사후결과의 교육적 효과는 의심할 여지가 없다.

그러나 긍정적인 사후효과는 이렇게 강력하지 않다.

결국 보상과 벌이 행동을 결정하고, 가장 빠른 학습을 가능하게 하며, 자극과 반응(공부에서는 질문과 대답) 사이의 연합을 지속적으로 만드는 것일까?

그렇다. 하지만 '상'이나 '벌'이 반응이 있은 후 가능한 한 빨리, 어쩌면 바로 그 순간에 주어질 때만 그렇다. 상이나 벌이 몇 시간이나 며칠, 몇 달이 흐른 뒤에 주어진다면 별다른 작용을 하지 못한다.

손다이크의 '사후효과'에서는 미래가 아니라 현재가 중

요하다. 동물(이나 인간)이 이리저리 방황하지 않고 바로 무엇을 배우기 위해서는 학습되어야 할 행동이 있은 직후 바로 그 효과가 주어져야 한다. 배우려는 내용이 그저 정확한 이탈리아어 단어를 말하는 것뿐일지라도!

상이나 벌은 몇 시간 후가 아니라 즉시 뒤따라야 한다.

사후효과가 늦게 오면 그 작용은 훨씬 약해지거나 거의 의미가 없어진다.

아기들은 '조작적으로' 행동한다

손다이크를 추종한 많은 심리학자들이 오랫동안 수많은 실험들을 했다. 그중 가장 성공을 거둔 사람은 역사상 최고의 동물조련사인 B. F. 스키너로, 그는 자신의 분야에서 가장 견고했던 편견 하나를 깨뜨렸다. 동물의 (그리고 인간의) 모든 행동은 자극과 반응, 외부에서 오는 자극에 대한 반응이라는 해묵은 오해를 없앴던 것이다.

스키너 이전에는 모두가 이러한 오해를 너무도 당연하게 받아들였다. 심리학의 이런 세계관 때문에, 인간을 포함한 모든 생명체들에게는 자극을 받아들이고 반응을 생산하는 아주 피동적인 역할밖에 주어지지 않았다. 마치 동전에 반응하는 자동판매기처럼 말이다. 그러나 스키너의 이론은 동물과 인간을 아주 새로운 관점에서 보고 있다. 스키너 자신은 '관찰' 또는 '기술'이라는 표현만을 사용한다.

인간은 자동판매기가 아니지 않은가!

그는 모든 고등동물은 자발적으로, 그리고 외부로부터 오는 별다른 자극이 없이도 스스로 무언가를 한다고 주장했다. 이런 종류의 행동과 행위, 자연적이고 우연한 활동을 그는 '조작적인 행위'라고 부른다. 스키너의 관점에 따르면 동물과 인간의 학습은 다음의 과정을 거친다.

- **우선 생명체가 무엇인가를 하는데, 이것은 자발적이고 우연하고 '조작적'인 행동이다. 어린아이들은 손에 닿는 모든 물건을 다 핥아본다. 스키너는 이러한 행동이 분명히 학습과정의 출발임에도 불구하고 '대답하는 행동' 또는 '뒤따르는 행동'이라는 의미의 '반응'이라는 말을 사용한다.**
- **이런 조작적인 행동이 어느 특수한 경우에 외적인 자극이라는 대답을 받는다.**
  구체적으로 말하면, 아이는 어쩌다 사탕을 입에 넣게 되고, 사탕은 다른 물건들과 맛이 다르다는 것을 알게 된다. 이 역시 지금까지 심리학자들이 생각해왔던 것과는 순서가 반대다.
  자극이 반응을 불러일으키는 것이 아니라, 반응을 뒤따라간다.
- **이 자극은 반응을 강화한다. 즉, 같은 반응이 반복될 확률을 높인다. 구체적으로 말하면, 사탕이 아이의 미각에 준 자극은 아이가 사탕을 점점 더 자주 손에 쥐게 만든다. 스키너는 이런 자극을 '강화자극', 또는 간단하게 '강화'라고 불렀다. '강화'는 반응이 있은 후에 주어지는 자극으로, 반응의 횟수를 증가시키게 되는데, 바꾸어 말하면 학습과정을 촉진시킨다. 이 경우에 '강화'는 사탕의 맛이다. 아이는 이 맛을 통해서 사탕 먹기를 배운다.**
- **하지만 반응 후에 강화자극이 뒤따르지 않는다면 그 행동은 점점 더 드물게 나타나고, 결국 소거를 거쳐 사라진다. 시간이 흐르면 이 아이는 맛이 없는 물건은 입에 넣지 않게 된다.**

아기들도 학습을 한다. 예를 들어, 사탕이 다른 것들보다 훨씬 맛있다는 사실을 배운다.

스키너의 춤추는 비둘기들

스키너의 '강화자극' 또는 '강화'가 손다이크의 '긍정적인 사후결과'와 거의 같은 것이라는 점은 이제 분명히 드러난다. 어느 쪽에서나 학습은 성공적인 결과를 통해서 이루어진다. 혹은 손다이크가 더 정확하게 표현했듯이 실험, 실수나 우연한 성공을 통해서 이루어진다.

학습은 언제나 성공을 통해서 이루어진다.

스키너는 '강화'의 엄청난 영향을 비둘기 실험을 통해서 증명했다. 그는 새장 안에 여러 사람이 찍힌 사진 한 장을 세워놓고 비둘기 한 마리를 가두었다. 스키너는 막대기를 눌러서 이 새장에 모이를 넣어주었다. 비둘기는 이 방향 저 방향으로 움직이며 여러 가지 방법으로 몸을 움직였다.

그 비둘기는 자신이 '자발적이고' '조작적인 행동'을 할 수 있다는 것을 증명했다.

스키너는 손을 모이가 나가게 만드는 막대에 얹고는, 비둘기가 사진을 향해서 갈 때까지 가만히 기다렸다. 그러고는 모이를 주었다. 이렇게 해서 첫 번째 '강화'가 작동되었다.

이 새가 사진 쪽으로 걸어가는 동작이 점점 늘어났다. 이 반응은 '강화'되었던 것이다. 비둘기가 우연하게 머리를 사진 쪽으로 움직이면 역시 모이 한 알을 받았다. 그런 식으로 계속 반복해나갔다.

몇 분 지나지 않아 스키너는 이 비둘기가 쉬지 않고 사진 쪽을, 그것도 어느 특정한 사람의 머리 부분을 쪼게 만들었다. 스키너는 이 비둘기에게 한 동작씩 차례대로 가르쳐서 결국은 자신이 원하는 순서대로 동작하게 만들었던 것이다. '점진적 접근'이라는 방법으로 스키너는 비둘기들이 정확하게 정해진 순서대로 걸음을 걷고 고개를 숙이고 일종의 행진을 배우도록 만들었다. 이 모든 과정이 불과 몇 분 사이에, 믿을 수 없어 하던 비판적인 청중들 앞에서 이루어졌다.

학습심리학에서 유명한 비둘기 실험.

스키너는 비둘기들의 이런 놀라운 행동변화를 비둘기가 모이를 얻기 위한 하나의 '방법', 하나의 '도구'로 보았다. 그래서 그는 이런 학습과 훈련 방법을 '도구적 강화' 또는 '도구적 조건화'라고 불렀다.

비둘기들이 못하는 일이란 없나보다.

이 개념은 세계적으로 널리 퍼졌다. 복합적인 과정을 조금씩 점진적으로 '강화시키는' 성공을 통해 단계별로 학습하는 것이 호응을 얻기 시작했던 것이다.

지연된 보상은 아무것도 변화시키지 않는다

물론 비둘기는 사람이 아니다. 그럼에도 불구하고 스키너는 인간의 학습도 이와 비슷하다고 믿었다. 그는 사람도 '조작적이며' 무질서한 행동을 하는데, 그 행동은 (의도되었거나 우연한) 보상을 통해 강화되며 보상이 없으면 점점 사라진다고 믿었다.

그런데 사람의 경우는 어떤가?

여기서 중요한 문제는 스키너의 도구적 강화가 우리가 공부하려고 들이는 노력을 강화시키고 거기에 동기를 부여할 수 있는가 하는 점이다.

비둘기에게 쓴 방법을 사람에게 쓸 수 없는 이유 중 하나는 사람은 계속 조금씩 먹는 게 아니라 한 번에 많이 먹는다는 것이다. 비둘기는 자유로운 상태에서 하루 종일 모이를 먹는다. 하지만 사람은 하루 세 끼 식사에 그친다.

물론 이 세 끼 식사를 노동의욕과 학습성취에 따라 조정할 수도 있다. 과거 러시아에서는 전쟁 포로를 대상으로 이와 비슷한 시도를 한 적이 있었다. 석탄을 수레에 빨리 실은 '작업반'은 좁쌀을 끓인 죽이나 생선수프를 좀 더 먹을 수 있었다. 그러나 포로들의 노동 성과는 정말 빈약했다. 포로들이 굶주림으로 몹시 쇠약해졌기 때문인지도 모르겠지만, 과외로 지급되는 음식이 노동을 촉진시키지는 못했다.

스키너식으로 표현하자면, 조금 더 먹을 수 있는 음식은 '강화'로 작용하지 못했다. 손다이크식 표현을 빌리자면 생선수프는 효과적인 '사후효과'가 되지 못했다. 저녁에 받게 될 좁쌀죽과 생선수프는 강화되어야 할 행동의 바로 직후에 뒤따르지 않았기 때문이다. 이것들은, 시험 합격이나 좋은 성적과 마찬가지로 너무 늦게 오는 보상이었다.

'실험' 하나는 실패했다. 생선수프가 나올 때까지 너무 오래 걸렸기 때문이다.

이런 규칙에도 사람에게만 나타나는 아주 중요한 예외가 하나 있다. 현재에도 미래를 그려볼 수 있는 것은 (어느 동물에도 없는) 인간만의 능력이므로 사람은 (할 수 있다면) 언제라도 이런 상상의 '그림'을 자신의 의식 내부에 불러일으킬 수 있다. 아름답고 기쁨이 넘치는 미래에 대한 생각이 현재의 고통스러운 사건들을 참을 만하고 달콤한 것으로 만들 수가 있다. 따라서 이를 악물고 외국어를 공부하는 학생은 한 페이지를 끝낼 때마다 통역사

자격증을 받는 행복한 순간을 눈앞에 그려볼 수 있다. 의대생은 훌륭한 의사가 되어 위엄 있게 병원을 걸어다니는 모습을 상상할 수 있고, 돌을 쪼는 죄수는 돌 하나를 깰 때마다 모범수가 되어 일찍 석방되는 순간을 그려볼 수 있다. 이런 식으로, 암울한 현재가 어떤 '조작적인 강화'를 제공하지 않더라도 인간은 누구나 '긍정적인 사후효과'를 마음속으로 그려볼 수 있다.

공부를 잘하는 학생들 중에는 즐거운 신기루의 덕을 보는 사람들이 많다.

하지만 이런 능력은 인간만이 가질 수 있는 예외지만 비교적 드물게 나타난다. 그리고 다른 어떤 능력보다도 쉽게 꺾인다. 이런 능력을 꾸준히 유지하는 사람은 행운아다. 그에게는 어떻게 하면 좋은 학생이 될 수 있을까 하는 조언이나 제안이 필요 없다. 그는 이미 좋은 학생이다. 언제나 먼 목표를 생생하게 눈앞에 그려볼 수 있는 그는 이미 앞으로 나아가고 있다.

다시 한 번 강조하는데, '강화'나 '긍정적인 사후효과'는 즉시 일어나야 학습자에게 의미가 있다.

그러나 대다수의 사람들은 즉시 효과가 오는 자극, 즉 행동 바로 직후에 오는 '사후효과' 또는 '강화'를 필요로 한다.

일차적 욕구와 이차적 욕구

문제가 무엇인지는 이제 꽤 분명해졌다. 보통사람인 우리에게는 너무 뒤늦게 오는 보상은 아무 의미가 없다는 결론이다. 비둘기들을 위해 곡식이 있듯이, 우리에게도 매 단계 성공을 거둘 때마다 받는 작은 선물자루가 필요하한 가지 확실한 점은 학습효과를 높이는 데는 작은 선물이 필요하다는 것이다.

다. 그렇지 않으면 거의 중도에서 포기하고 만다.

스키너의 모이가 비둘기들을 배부르게 만들었듯이, 이런 작은 선물들은 욕구가 채워지지 않은 긴장상태를 해소할 수 있어야 한다. 그런데 어떤 욕구를 충족시켜주어야 할까?

대체로 굶주림이나 목마름, 성욕, 추위를 피하고 온도가 적당한 곳을 찾으려는 욕구는 일차적인 욕구다. 스키너의 비둘기는 단계적으로 행동을 형성할 때 일차적인 욕구인 식욕에 따라 행동했다. 이론적으로는 사람도 같은 방법으로 학습하게 만들 수 있다.

단어 하나를 잘 외웠을 때마다 맛있는 것을 하나씩?

그러려면 음식이나 일차적 욕구를 충족시키는 모든 것들을 아주 작은 몫으로 나누어주면 될 것이다. 매 학습 단계를 완수할 때마다, 단어 하나를 기억해낼 때마다, 소시지 한 조각, 구운 고기 한 점, 캐비어 한 숟가락, 과자나 빵 한 조각, 키스 한 번, 얼음같이 찬 방에 잠깐 온기를 넣어준다고 상상해보자.

그렇게 하려면 모든 학생들을 (무언가를 배우는 성인들까지도) 전쟁포로처럼 잡아두어야 한다는 조건이 필요한데, 학습의 효과는커녕 엄청난 폭동을 불러올 방법이다. 사람은 비둘기가 아니다. 이 방법은 아이들에게도 효과가 없다. 아이들은 배가 고프면 더 말을 듣지 않는다. 성인은 말할 것도 없다.

굶주림, 식욕, 성욕을 만족시키는 것으로는 학습의욕을 만들어낼 수 없다.

그러니까 배고픔, 갈증, 성욕이라는 기본욕구는 이 문제에서 철저하게 제외되어야 한다. 남는 것은 이차적인 욕구다. 심리학에서는 이것들을 학습되고 교육된 동기, 즉 일차적인 욕구에서 파생된 부차적인 욕구로 본다. 일차적인 욕구가 없다면 이차적인 욕구가 생겨날 리 없다.

종소리만 들어도 침을 흘린 개의 '욕구'는 '이차적'이라고 말할 수 있다. 종소리와 음식이 미리 연합되지 않았더라면 이런 충동은 일어나지 않았을 것이다. 사람의 금전욕도 이차적이다. 돈 자체로는 식욕이나 갈증을 해소할 수 없다. 돈은 석탄 장사라는 우회로를 통해서 방을 따뜻하게 만들 수 있다. 여자들을 유혹할 수도 있다. 그리고 아주 강력한 강화로 작용할 수가 있다(85쪽 참조). 하지만 그 자체로는 아무런 가치가 없다.

이차적인 욕구충족이 학습능력을 강화한다.

사회적인 특권, 칭찬을 받고 인정을 받으려는 갈망 또한 이차적인 욕구로 여겨진다. 존경을 받는 사람은 천대받는 아웃사이더보다 배가 부를 확률이 높기 때문이다.

일차적인 동기와 이차적인 동기의 관계는 심리학에서 기관차와 열차 차량의 관계, 전원과 충전기의 관계처럼 묘사된다. 기관차가 기차를 움직이기 시작하면, 한동안 차량들은 저절로 움직인다. 한번 충전된 충전기는 한동안 스스로 전류를 내보낼 수 있다. 하지만 둘 다 영속성은 없다. 외부에서 새로운 힘이 주어지지 않으면 기차는 굴러가다 멈추고, 전지도 닳아버린다.

학습의욕을 고취시키는 동기도 점점 닳아 없어진다.

칭찬만큼 좋은 강화는 없다

현대 교육학은 이른바 이차적 욕구 중에서 한 가지, 사회적인 인정을 받으려는 욕구를 주로 이용한다. 좋은 교사는 인정과 칭찬의 효과를 안다. 비록 답이 옳았을 때 고

수업에서 칭찬은 게으른 사람도 움직이게 만들지만, 반면 자기 과시의 행동도 강화시킨다.

개를 한 번 끄덕여주는 것일 뿐이지만 목마른 사람에게 물 한 모금이나 배고픈 사람에게 빵 한 조각을 주는 것처럼 '강화하는' 효과가 있다는 것을 알고 있다.

그러나 이번에도 우리는 똑같은 딜레마에 빠지게 된다. 교사의 이런 강화는 수업 시간에만 도움이 될 뿐이라는 것이다. 혼자 집에서 공부할 때는 어쩔 셈인가?

사회적인 보상과 칭찬이 따르지 않는 공부는 다른 방법으로, 즉 스스로의 즉각적인 성공을 통해서 강화되어야 한다.

성공의 경험이 공부를 즐겁게 한다

성공하려는 시도, 자신을 증명하고자 하는 욕구, 어려운 일을 해낸 뒤의 기쁨은 누구에게나 있다. 이 사실은 따로 증명할 필요도 없다. 이는 인간의 기본적인 갈망으로 때론 식욕, 갈증이나 성욕보다도 강하다. 이것이 타고난 동기인 '일차적 욕구'인지, 아니면 학습된 '이차적 동기'인지는 별 상관이 없다. 이 욕구는 인간 내부에 존재하고 작용하며, 이것이 없다면 오히려 이상하다고 말할 수 있다.

성공하고 싶은 갈망은 다른 모든 욕구들과 마찬가지로 스스로 생겨나 움직인다. 성취욕이라는 자동차에는 처음부터 모터가 달려 있기 때문에 끌고 가는 기관차가 필요하지 않다. 성공을 경험한다고 해서 배가 부르는 것도 아니고 짝짓기가 되는 것도 아니지만, 성공은 그 자체로 만족을 준다. 그 사람이 지금 해낸 일이 무엇인가는 별로 중요하지 않다. 순간의 우연이 성공을 결정했을 수도 있으니까. 중요한 것은 지금 어떤 시도가 (아무리 작은 것이라도) 성공을 거두었다는 사실이다.

성공하려는 욕구는
그 자체가 모터와도 같다.

교육학자들도 성공의 이런 중요한 의미를 일찍부터 인식했다. 교사들은 흔히 "성공보다도 더 성공적인 것은 없다"고 말한다. 다만 교사들은 이 말을 하며 자신들이 성공이라고 여기는 것들, 즉 시험, 성적, 학위, 학사모, 교수 자격 시험을 마음속에 그린다. 그러나 학습을 강화시키는 성취감은 학습 자체에서, 그것도 학습과정의 매순간마다 새로 주어져야만 의미가 있다. 교사는 학생들에게 그것을 줄 수가 없다. 매순간 학생 옆에 있을 수 없기 때문이다.

그러니 비둘기가 아니라 인간의 학습을 장려하는 성공이라면 어떤 성격을 띠어야 할지는 자명해졌다. 언제나 반복되는 작은 만족이 성취되어야 수많은 작은 학습단계들이 성공으로 이어진다는 것!

이탈리아어 단어를 암기하는 학생에게 성공이란 그 단어가 반복될 때마다 그 의미를 안다는 것이다. 시험에 합격한다거나, 통역사 자격증을 받는다거나, 외국어를 하나 배웠다는 기분을 누리는 것은 나중의 일이고 지금으로선 별로 중요하지 않다.

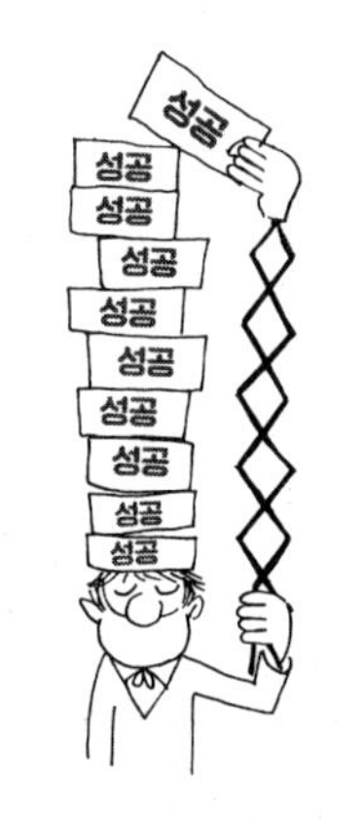

학습은 빠르고 많은 성공으로
보상을 제공해야 한다.

그러므로 학습은 짧은 간격을 두고 매번 성공을 경험하게 해줌으로써 보상을 제공해야 한다. 그렇게 함으로써 그 이상한 무엇, 알 수 없는 충동, '일 자체에서 오는 기쁨', 공부에 대한 흥미와 노동의 매력이 창출된다. 그리고 이런 것들이 재능, 소질, 나아가서는 천재성까지 만들어내게 된다.

공비카드가 주는 칭찬

이 새로운 통찰을 바탕으로, 단어장으로 외국어를 공부하는 방법과 공비카드를 사용하는 방법을 서로 비교해 보자.

두 가지 방법에 다 공부할 내용이 있고, 그 내용은 작은 부분들, 단어와 숙어로 나누어져 있다(그렇다면 벌써 어느 정도 공부가 진행되어 있는 것이다). 그러나 단어장에는 각각의 정보들이 고정되어 있지만, 공비카드에서는 정보들이 이동할 수 있어서 동적인 학습을 할 수 있다.

공비카드는 즉시 성공을 경험하게 해준다.

우리는 각각의 정보를 공부했을 때, 단어와 숙어 하나하나를 외웠을 때에야 비로소 우리가 필요로 하는 강화 자극이 생겨나, 긍정적인 사후효과를 얻을 수 있다. 이런 성공의 경험은 학생이 이를 실감할 때에만 작용한다. 그렇지 않으면 아무런 효과도 없다. 그런데 이런 성취감은 단어장만 갖고 공부할 때에는 절대로 경험할 수가 없다. 학생은 성취를 했지만 스스로 그 사실을 느끼지 못한다. 그는 아무 느낌없이 손가락으로 단어들을 스쳐 보고 있을 뿐이다. 어떤 표시등도 켜지지 않고, 어떤 종소리도 들리지 않고, 어떤 자극도 없다. 잠깐 무슨 생각이 나긴 하지만 이것이 자극으로 작동되기에는 너무나 미미하다. 움직임도 없고 생명도 없는 단어장은 정답을 알아맞혀도 눈 하나 깜짝하지 않는 무뚝뚝한 교사와 같다. 아무것도 변화시키지 않는 성공은 지각할 수 없다. 그래서 강화자극은 오지 않는다.

말이 없고 무뚝뚝한 단어장은 학생을 속여서 학습의 경험을 느끼지 못하게 한다.

학생이 기억하지 못한 단어만이 눈에 뜨인다. 이 단어들은 머릿속에서 종을 치게 만들지만 이 소리는 비상신호를 울리게 만드는 공포스러운 소리다. 종소리는 학생이 무언가를 잘못했고 공부를 제대로 안 했고 또 무언가를 잊어버렸다고 야단친다. 이렇게 해서 단어장은 긍정적인 사후효과를 제공하는 대신 부정적인 효과인 비판, 분노, 짜증, 절망만 안겨준다.

공비카드는 카드놀이처럼 재미있어서 공부할 의욕을 북돋아준다.

그러나 공비카드야말로 학생에게 호의적이다. 학생이 단어를 하나하나 알아맞힐 때마다 공비카드는 즉시 분명한 보상을 해준다. 학습단계가 성공할 때마다 그 성공을 경험하게 해주고, 더구나 그 결과를 스스로 집행하게 해준다. 학생은 아는 단어 카드를 마치 지폐를 지갑에 넣듯 다음 칸, 더 나은 칸으로 옮겨 넣는다. 학생은 작은 성과들이 점점 모여서 커지는 모습을, 앞 칸이 점점 비고 뒤 칸이 꽉 차는 모습을, 지식이라는 보물이 점점 축적되는 모습을 직접 볼 수 있다.

가장 작은 성과도 이제는 손에 잡고 쌓아놓을 수 있게 되었다. 물론 가끔씩은 카드가 첫째 칸으로 옮겨가기도 하지만 이러한 사실조차 별로 스트레스가 되지 않는다. 이 과정 전체가 놀이의 성격을 띠고 있기 때문이다. 늘 이기는 놀이는 재미없다.

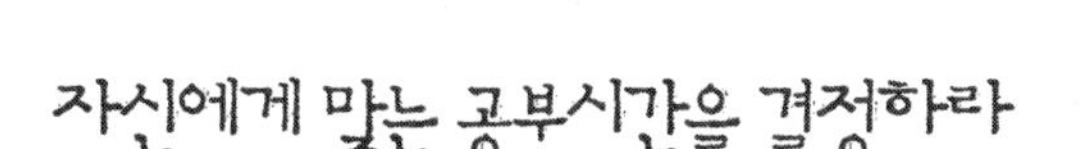

공부를 잘 못하는 사람은 시간과 사이가 좋지 않다. 시간은 종종 동기를 약화시킨다. 공부를 할 이유가 있고, 하겠다는 의지가 굳은데도, 거기에 드는 시간 때문에 공

많은 사람들이 한 시간을 참고
공부하지 못한다.

부를 포기하는 경우가 있다. 이런 일은 혼자 공부하는 사람들에게서 흔히 일어난다.

매일 한 시간씩 외국어 공부하기. 결심하기는 쉽다. 하지만 그 한 시간은 지루하기만 하다. 결국 뻔한 핑계로 공부를 점점 뒤로 미룬다. 핑계는 오죽 많은가. "오늘은 정말 공부할 기분이 아냐!"

공부를 할 수 없는 온갖 이유들.

이런 사람에게 아무 의미 없는 공회전으로 소모하는 시간이 하루에 얼마인지를 계산해서 보여주면 기절을 할 것이다. 그러나 그는 왜 자신이 결심한 바를 지키지 못하는지 자신에게조차 설명하지 못한다. 아마 그는 이미 자신이 정말 게을러빠진 인간으로, 끈기도 직업윤리도 진지함도 전혀 없는 존재라는 비난을 받아들일 준비가 되어 있을 것이다. 그런데 사실 그 이유는 매우 간단하다. 그는 스스로에게 너무 무리한 요구를 했던 것이다. 그가 매일 한 시간씩 공부하기로 결심한 것은 지나친 무리였다.

한 시간 동안 집중해서 한 가지 일을 하는 능력은 배우고 연습해야 가능하다. 이것은 대개 근면함이나 윤리적인 태도, 도덕적인 품성으로 칭송받지만 사실은 스키너의 비둘기처럼 훈련받아야 가능한 일이다. 한 걸음씩 조금씩 다가가면 할 수 있는 일이다. 한 주제에 집중해서 공부해야 하는 한 시간은 정말 길고 지루하다. 그 시간을 버텨내는 것은 누구나 저절로 되는 일이 아니다.

대부분의 사람이 지치지 않고 견딜 만한 학습시간은 보통 15분 정도다. 충분히 조건화가 되지 않은 상태에서 무리하게 애를 쓰면 순수한 동기, 그러니까 공부 자체에

집중적으로
공부하는 시간은 15분.
그 정도면 충분하다.

서 오는 기쁨조차 망쳐버리게 된다.

물론 이것은 개인마다 차이가 있다. 자신에게 알맞은 공부시간을 스스로 측정해보자. 제일 알맞은 도구는 부엌시계다. 외국어나 수학이나 역사상의 사실이나 풍뎅이의 해부학을 공부하려면, 공부를 시작하기 전에 미리 시계를 15분 후에 울리도록 해둔다. 그리고 일단 공부를 시작하면 시간에 신경쓰지 않는다. 15분이 지나기도 전에 앉은 자리가 불편하고 신경이 불안해진다면 좀 심각한 경우라고 생각해야 한다. 이런 사람에게는 15분조차도 너무 길어서 그 사이에 이미 동기를 상실하게 된다.

그렇다고 낙망할 필요는 없다. 이런 집중 부족은 도덕이나 지능 미달을 증명하는 것이 아니라 연습부족을 드러내는 것일 뿐이다. 이런 연습 부족은 혼자서도 얼마든지 개선할 수 있다. 부엌시계를 15분보다 짧은 시간으로 맞춰놓으면 된다.

시간을 작은 단위로 쪼개면
공부가 즐거워진다.

이때 저지르기 쉬운 가장 큰 실수는 공부가 하기 싫은데도 강제로 공부를 계속하도록 자신에게 폭력을 행사하는 행위다. 제발 스스로에게 강요하지 말자.

이에 대한 해결 방법은 정말 간단하다. 15분을 버티지 못하는 학생은 시계를 10분에 맞춘다. 그것도 너무 길다면 5분으로 해보자.

뮌헨의 심리학 연구소에서는 아주 심한 집중 부족을 다룬 적이 있다. 그 젊은이는 몇 분밖에 책을 읽을 수 없었다. 몇 분이 지나면 책에서 눈을 떼고 다른 생각에 빠졌으며, 그때까지 무엇을 읽었는지조차 새카맣게 잊어버렸다.

치료의 첫 단계에서는 의도적으로 1분씩만 책을 읽게 했다. 그러고는 읽기를 중단하고 일어나 걸으면서 심호흡을 하고 다른 생각을 하도록 권했다. 그 다음에도 그가 원한다면 책을 계속 읽도록 했다. 그런데 그는 언제나 그렇게 하기를 원했다. 며칠, 몇 주가 지나자 처음에는 몇 초, 그 다음에는 몇 분씩 점점 길어지더니 결국에는 한 시간 이상 집중해서 책을 읽을 수 있게 되었다.

집중해서 읽는 법을 연습하는 아주 간단한 방법.

이와 비슷한 시도들이 셀 수도 없이 많은데, 이 실험 역시 손다이크나 스키너가 말한 것과 같은 '성공을 통한 학습'이라는 원리에 뿌리를 두고 있다.

엉덩이가 무거운 사람은 복이 있다.

인위적으로 주어진 '쉬는 시간'도 '긍정적인 사후효과', 조금 전 학습한 것에 대한 보상이다. 글을 읽는다는 것은 쉬는 시간을 통해 강화되는데, 그래서 읽기 자체가 즐거움을 주게 되거나 아니면 적어도 긍정적인 동기가 부여된다.

부엌시계만 있으면 누구나 이런 방법을 활용해볼 수 있다. 그러려면 폐쇄공포증이나 도망치고 싶은 마음, 갑갑함이나 조여오는 느낌이 없어질 때까지 시간 단위를 줄여서 시작해야 한다. 반대로, 처음에 15분을 실험해도 의욕 부진이나 답답함을 느끼지 않는 사람은 다음번에는 시계를 20분에, 그러고도 불안하지 않다면 25분이나 그 이상에 맞춰 놓는다.

- **한 시간을 공부하기가 겁나는 사람은 이런 방식으로 자신이 얼마나 참고 공부할 수 있는지 쉽게 측정할 수 있다. 그러고 난 뒤, 한 번 공부하는 시간의 단위를 작게 쪼개서 불안감 없이 공부할**

공부할 시간 단위가 짧을수록 지겨운 마음이나 도망치고 싶은 생각이 줄어든다.

수 있도록 한다.

- **그 시간이 적당하다면, 공부를 방해하고 동기를 약화시키는 자극은 사라질 것이다.**
- **시계가 울리면 쉬는 시간을 가지거나 공부를 아주 그만두어도 된다. 쉬는 시간이 끝난 다음에도 하고 싶은 생각이 드는 경우에만 공부를 계속한다. 하지만 이번에도 스스로 허락하는 시간만큼만 공부한다.**
- **자신에게 알맞은 시간의 길이를 점차 조정해나간다. 그때 다시 도망치고 싶은 생각이 들거나 지겨움이 느껴진다면 다시 시간을 줄이도록 한다.**

공부할 시간의 단위, 시간의 길이를 늘려나가려면 점차적으로 해야 한다.

개와 가족 구성원들에게서 오는 위험

혼자 공부하는 학생들 중 얼마나 많은 사람들이 자신에게 적합한 시간을 몰라 실패했는지에 대한 정확한 통계는 없다. 그러나 아마 낙오자라고 불리는 사람들의 대부분이 거기에 속할 것이다.

적당한 시간의 길이는 학습효과에 결정적이다.

그런데(그 학생의 공부시간이 그렇게 짧다면) 5분이나 10분, 15분 동안 뭔가를 공부하는 것은 불가능해 보이지 않는가? 어려운 내용을 공부하려면 그 주제에 접근하는 데만도 아주 긴 시간이 필요하다. 어떤 경우에는 본격적인 공부에 앞서 자료를 찾고 맥락을 찾아내는 데만도 시간이 다 흘러가버린다.

이런 문제를 해결하는 데에도 공비카드가 도움이 된다. 이 카드는 우리가 공부할 내용을 아주 작은 단위로 쪼개게 만든다. 그렇게 안 하면 카드에 다 쓸 수 없으니 말이다(63쪽을 보라).

그렇게 하면 공부를 시작하는 데 걸리는 시간이 별도로 필요하지 않다. 카드상자를 가지고 공부하면 자신이 원하는 때에 원하는 곳에서 그만둘 수가 있다. 공부를 시작할 때 역시 아무 어려움 없이 언제든 다시 계속할 수 있다. 공부할 자료와 종이를 찾아 헤맬 필요도 없고, 방향을 잡는 어려움도 없으므로 거부감이 생기지 않는다. 공비카드는 학생이 그만둔 바로 그곳에서 기다리고 있다.

또한 공비카드는 시간을 절약하고 신경을 쉬게 해줌으로써 개인적인 공부시간의 양을 지키도록 도와준다. 참을성이 없는 사람일수록 공부를 시작도 하기 전에 책과 공책들 사이에서 무언가를 뒤적이고 찾아야 하는 일에 금세 신경이 날카로워진다.

그런데 책은 빌려주어도 되지만 공비카드는 절대로 빌려주어선 안 된다. 빌려주고 나면 카드는 전과 똑같지 않다. 그러니까 카드는 사생활만큼이나 소중히 지켜야 할 재산이다.

학습량을 배분해주고 도와주는 이 편리한 도구인 카드상자를 열린 채로 그냥 두는 것도 금물이다. 그동안 의미 있게 배열되고 정리된 카드들은 누군가의 무심한 장난으로 순서가 뒤바뀔 수도 있다. 물론 학생이 다시 이 카드를 가지고 공부하면, 어느새 다시 질서가 생긴다. 부당하게도 좋은 칸, '잘하는' 칸에 들어간 단어 카드들은 당장 바보칸인 첫째 칸으로 돌아갈 것이고, 나쁜 칸으로 잘못 들어간 카드는 다시 제자리를 찾을 것이다. 하지만 그런 이유로 무엇보다 소중한 시간을 잃어버리는 것은 피해야 한다.

이런 일을 막는 방법은 딱 하나뿐이다. 학습상자의 뚜껑을 닫은 뒤 소중하게 보관해야 한다.

자투리 시간을 이용한 미니 카드 활용법

치과의 대기실에서는 커다란 학습상자가 적당하지 않다.

공비카드의 가장 큰 장점 중 하나는 어쩔 수 없이 버리게 되는 지루한 시간까지 유용하게 만들어준다는 점이다. 하지만 치과의 대기실에서 이런 카드상자를 꺼내든다면 그다지 적절하지는 않다.

그러나 공비카드의 일부를 호주머니에 넣고 다니면서 남의 시선을 끌지 않고 사용할 수는 있다. 두세 칸이 비어 있는 지갑 하나만 준비하면 된다.

학생이 카드상자 첫 칸에 든 이탈리아어 단어를 공부하려 한다면 지갑에는 두 칸만 비어 있으면 된다. 치과에 가기 전에 그는 30개나 40개의 카드를 꺼내어 지갑의 빈 칸에 넣는다. 그는 대기시간을 이용해 지갑에서 카드를 한 장씩 꺼내어 공부할 수 있다. 과정은 언제나 똑같다. 제대로 기억이 나는 카드는 둘째 칸, 바로 지갑의 빈 칸으로 보낸다. 잊어버린 단어 카드는 앞 칸으로 돌아오는데, 이때 역시 카드의 맨 뒤로 보낸다.

옆에 대기 중인 다른 사람들이 처음에는 무엇을 하고 있나, 이상하게 여길지도 모르겠다. 하지만 카드는 지갑에서 나와서 지갑으로 돌아가기 때문에, 대기실의 여론은 품위 있고 돈 잘 버는 사업가가 그날의 수입을 세고 있다는 쪽으로 기울 것이다.

학생이 이런 식으로 첫째 칸의 단어를 외우지 않고 대신 넷째 칸의 단어를 확인하려 한다면, 지갑에서 세 칸을 비우면 된다. 첫째 칸은 우선 비워둔다. 이 칸은 상자의 첫째 칸, 그러니까 잊어버린 단어들이 들어갈 바보칸을 대신한다. 가운데 칸인 둘째 칸은 상자의 넷째 칸에서 확인하기 위해 꺼낸 카드로 채운다. 이 칸은 그러니까 넷째 칸이 된다.

마지막인 셋째 칸은 치과에 가는 길에는 비어 있는데, 바로 카드 상자의 다섯 번째 칸을 대신한다. 이 칸은 확실하게 외우고 있는 단어들이 넷째 칸을 떠나서 가는 칸이다. 이제 대기실의 학생은 공비카드 상자 전체를 눈앞에 가지고 있는 것과 마찬가지로 공부를 할 수 있다.

이 연습을 하다 보면 지루한 대기시간도 금방 지나간다. 간호사가 자신의 이름을 부르면 언제라도 중단할 수 있다. 자투리 시간도 공비카드를 이용해 이렇게 알뜰히 보낼 수 있는 것이다.

집에 돌아오면 지갑에 들어 있던 카드는 상자 속 제자리로 돌아간다. 이처럼 공비카드는 인내심을 요구하는 다른 상황, 예를 들면 번번히 시간을 잘 안 지키는 친구를 기다릴 때에도 추천할 만한 놀이도구다.

미니 카드는 대기시간을 짧게 해준다 (그리고 다른 환자들에게 깊은 인상을 남길지도 모른다).

상대방이 데이트 시간을 지키지 않아 기다리게 되는 시간도 유용하게 보낼 수 있는 미니 카드 활용법.

끊임없이 자신을 칭찬하라

우리는 짧은 시간 간격을 두고 작은 학습 성과를 거둠으로써 어떻게 공부에 대한 관심을 불러일으키고 자신에게 '동기를 부여할' 수 있는지 알아보았다. 그리고 게으름이나 집중력 부족, 공부에 대한 두려움을 어떻게 극복할 것인지에 대해서도 공부했다.

그러나 학생에게 동기를 부여하는 다른 과정이나 '사회적인 강화'같은 것은 별로 다루지 않았다. 사회적인 강화는 칭찬과 사랑, 인정과 설득, 모범과 교사의 뛰어난 인간성에서 우러나오는 매혹 등등이다. 이런 것들은 이 책에서 다루지 않는다. 여기서는 학생들이 어떻게 스스로를 도울 수 있는가 하는 조언만을 다룬다.

그럼에도 '칭찬'은 가장 중요한 강화자극이므로 약간 설명을 해야겠다. 다른 사람의 칭찬이 아니라 스스로 해주는 칭찬에 대해서 말이다. "자화자찬에서는 나쁜 냄새가 난다"는 속담이 있다. 그러나 무엇보다도 먼저 자화자찬을 좋지 않게 보는 편견을 버려야 한다. 자화자찬이 자신을 더 열심히 공부하게 만들어준다면 분명히 나쁜 일이 아니다. 칭찬은 우리가 자신에게 줄 수 있는 진정한 보상이므로, 이러한 칭찬에 인색해서는 안 된다. 성공적으로 학습을 하고자 한다면 스스로를 칭찬해야 한다. 작지만 성공적인 학습이 이루어졌을 때마다 매번!

성공하는 사람들의 공통점은 바로 자기 자신을 끊임없이 칭찬할 줄 안다는 것이다. 칭찬이야말로 성공 요인이다. 단어 하나를 성공적으로 배운 뒤 더 나은 칸으로 옮기는 손놀림, 하나의 학습단위를 끝마친 후의 짧은 휴식

시간, 한 번에 공부하는 시간이 좀더 길어졌을 때의 쾌감, 이 모두가 자신에 대해 칭찬해줄 거리다. 자신을 칭찬하지 않으면 자신을 강화할 수 없다. 자기 자신을 칭찬할 줄 아는 사람만이 자신감을 가지고 스스로의 결정을 믿을 수 있다. 물론 여기서 말하는 자화자찬은 남들 앞에서 자기를 과시하며 큰 소리로 칭찬하는 것과 구별된다.

이 세상의 위대한 사람들에게서 배워라. 그들은 시시때때로 자신의 어깨를 두드린다.

일에서 받는 기쁨도 학문처럼 학습될 수 있다. 부지런함이나 끈기가 학습되듯이 태도나 감정도 배울 수 있다. 작지만 성공적인 단계를 통한 연습은 심리학자들이 말하듯 자발적이고 새로운 동기로 '일반화되고', 마침내는 일차적인 충동보다도 더 강력해진다.

일은 본래 불쾌한 것이다. 그렇지 않다면 왜 그 대가로 돈을 받겠는가? 하지만 계속 반복해서 하는 일이 성공적으로 '강화되면' 새롭고 독자적인 충동이 생겨나는데, 이를 노동정신, 부지런함, 근면, 주의력, 일에 대한 충실이라고 부른다. 운동도 마찬가지다. 성공이 계속 강화를 시켜 뛰어난 운동선수를 만들어내기 전까지, 운동 자체는 근육에 고통을 주고 땀을 흘리게 하는 힘든 노동에 불과했다.

학습이 성공할 때마다 끊임없이 스스로 칭찬하는 사람은 자신감과 개인적인 자존심이라는 매우 가치 있는 태도를 배양시킨다. 자신에 대한 칭찬을 곱지 않게 바라보는 사람은 칭찬의 힘을 간과하는 것이다.

모든 것은 배울 수 있다. 일에서 오는 기쁨, 부지런함, 자신감이나 개인적인 자존심까지.

부정적인 사후효과

"눈에는 눈, 이에는 이!"
복수는 교육이 아니다.

스키너는 그의 비둘기들을 모이, 그러니까 긍정적인 강화인 보상으로 조건화했다. 그러나 사람들은 대개 비난이나 벌로써 다른 사람을 조건화하려고 한다.

이러한 부정적인 사후효과, 즉 벌의 효과에 대한 교육학 이론이나 이를 다룬 문헌들은 서로 상반되는 주장을 내세우고 있다. 다음은 교육방법이자 '교수'방법으로 여겨지는 벌의 본질 몇 가지다.

우선, 어떤 행동에 대한 벌이 즉시 뒤따르지 않는다면 '부정적인 사후효과'로서 효과가 없다는 점은 확실하다. 늦게 오는 보상과 마찬가지다. 나쁜 성적표와 그에 딸린 모든 불쾌한 일들은 공부할 동기를 거의 주지 않는다. 아침에 유리창을 깬 아이에게 저녁때 매질을 하는 것은 별로 효과적이지 않다.

칭찬과 마찬가지로
벌도 즉시 뒤따라야 한다.
그렇지 않으면
효과가 없다.

범죄적인 성향이 있는 사람을 감옥에 가두는 형벌로 선량한 시민으로 교화한다는 생각 역시 원시적이다. 범죄를 저지를 때와 그 이후의 처벌과정에서 어떤 행동형태가 강화되고 약화되는지를 살펴보면 분명히 알 수 있다.

어떤 범죄자가 가게에서 강도질을 한다. 그는 물건을 훔친 후 도망가는 데 성공할 수도 있다. 그것은 일단은 긍정적인 사후효과로서 강화가 된다. 그는 얼마 후에 체포된다. 그러나 이런 부정적인 사후효과가 이 도둑의 소유욕을 약화시키지는 않는다. 경찰 근처에 갈 마음이 약화될 뿐이다. 그는 재판을 받고 수감된다. 하지만 형벌은 그의 범죄적인 습관을 약화시키는 것이 아니라 기껏해야 (별 성과 없이) 법정에서 자신을 변호하는 방식을 약화시킬 뿐이다.

그는 몇 년 후 풀려난다. 석방은 매우 신나는 일이지만, 그의 준법정신을 강화시키기보다는 그저 교도소장의 말에 머리를 조아리는 비굴함을 강화시킬 뿐이다. '교정 시도'를 이미 여러 번 당한 전과자들은 감옥에서 아주 모범적으로 행동한다. 그러나 교정의 가능성은 거의 없다.

'게으름' 때문에 여러 번 벌을 받은 학생의 경우도 마찬가지다. 행동 직후에 즉시 오는 벌은 정말로 부정적인 사후효과가 있다. 이것은 그의 게으른 행동을 즉시, 그리고 급격하게 약화시킨다.

나쁜 행동 후 즉시 뒤따르는 벌도 언제나 좋은 것은 아니다.

부정적 사후효과에는 밖으로 삐져나온 전선을 만졌을 때 오는 전기충격, 뜨거운 냄비를 잡았을 때 생기는 화상물집, 말썽꾸러기가 나쁜 짓을 하다가 들켰을 때 바로 날아오는 따귀 같은 것들이 있다.

이것은 어떤 '위협'이 개체와 종의 생존에 대해 갖는 의미로 설명될 수도 있다. 생명체들이 어떤 해를 입었을 경우, 즉시 그런 고통을 피하는 법을 빨리 배우지 않는다면 생존 가능성이 매우 줄어든다는 얘기다. 그렇다면 체벌을 옹호하는 교육학자들이 옳단 말인가? 학생이 틀린 대답을 할 때마다 따귀를 때리고 전기충격을 주면 효과가 있을까?

학습의욕과 학문에 대한 갈망을 매질과 따귀로 불러일으킬 수 있을까?

이런 부정적인 사후효과에는 역설적인 특성이 있기 때문에, 오히려 그 반대가 맞다. 이러한 부정적인 사후효과는 전혀 도움이 되지 않는다.

여기에도 발생학적인 이유가 있다. 어떤 동물이 한 번 위험에 처해 상처를 입었다면 그 동물은 이후에 그 특정한 상황만이 아니라 그 고통을 겪었던 장소, 그때 경험했던 냄새와 소리, 그 당시의 모든 기억들을 피하게 된다. 그리고 이 동물은 그 위험을 일반화시킨다. 이 동물은 오히려 두려움과 공격성, 회피와 분노를 배우게 될 것이다.

벌이 너무 많으면
공부 생각이
모두 사라진다.

부정적인 사후효과의 반응은 공포와 증오

결론적으로 사람은 고통, 벌이나 부정적인 사후효과에 반응을 보이는데, 그 반응은 보상에 대한 반응보다 훨씬 더 강하다. 인류가 수백만 년에 걸쳐 진화하는 동안 이런 지나친 조심 또는 예방적인 적대감은 인간 종의 생존 가능성을 높인 것이 분명하다. 하지만 오늘날 학생의 답이 틀릴 때마다 빨리 때려주기만 한다면, 그 교사는 부정적인 사후효과의 원시적인 기제를 잘못 이해하고 있는 것이다.

그럴 경우 학생은 공부할 내용이 아니라 오히려 다른 것을 학습한다. 그는 즉시 도주 반응을 습득하고 때리는 교사 또는 학교가 보일 때마다 격렬하게 반응한다. 그리고 이러한 반감은 이런 상황을 제공한 공부에 대해서도 일어난다. 체벌뿐만 아니라 욕설과 모욕, 놀림과 비웃음도 마찬가지 효과를 가져온다. 언어는 행동만큼 효과가 있어서, 사랑의 언어는 입맞춤처럼, 욕설은 발로 몸을 차는 것처럼 작용한다.

매질과 욕설에는
한 가지 효과밖에 없다.
학생은 학교와 교사를
피하게 된다.

교사가 학생을 매와 야단으로 벌한다면, 그는 학생을 공부하도록 조건화하는 대신 부정적인 감정을 갖도록 조건화하는 것이다. 이때 학생은 공부에서 오는 기쁨, 자신감이나 자존심을 강화시키는 대신, 공부와 관련된 것이라면 무엇이든지 적대감과 공격성을 강화시키게 된다.

얼마나 많은 낙오자와 범죄자들이 훌륭한 교육적 의도와 상관없이 이런 방식으로 생겨났는지 생각해볼 일이다.

04 의미와 무의미

학부모와 교사의 면담이 있는 날, 한 어머니가 아들이 수학을 못 따라오고 프랑스어 어휘가 매우 빈약하며 지리는 세상을 모르는 오발탄이나 다름없다는 이야기를 듣고 집으로 돌아온다. 이제 바통은 엄격한 아버지에게 넘어간다.

한 시간 동안 프랑스어 단어를 한 과 외우고, 한 시간 동안 원과 포물선과 쌍곡선에 대한 방정식을 풀고, 다음 한 시간 동안은 오스트레일리아의 주요 도시와 그 위치를 공부하라는 아버지의 불호령이 떨어지고 아이는 방에 갇힌다. 공부가 끝나면 아버지가 직접 검사할 것이라는 엄포까지 내린다.

그 결과는 암울하다. 겁에 질린 소년은 세 시간 동안 꼼짝하지 않고 공부를 하기는 했다. 어머니가 검사를 할 때까지만 해도 다 외우고 있었다. 하지만 아버지가 묻자, 프랑스어 단어 30개 중에서 다섯 개를 잊어버렸고, 쌍곡선의 공식도, 오스트레일리아의 수도 이름도 모두 다 잊어버렸다.

드디어 아버지의 화가 폭발한다. 그는 어린 아들을 바보, 낙오자라고 부르고, 아들이 부랑자로서 인생을 마감할 것이며 기껏해야 수영장의 인명 구조원 조수밖에는 되지 않을 것이라고 야단친다. 그는 자기 아들이 멍청한 바보라고 결론내린다.

잊어버렸다고 화를 내는 아버지들이 많다. 그런데 이는 아주 부당한 일이다.

날마다 이런 작은 비극들이 학생의 주변에서 일어나고 있다. 수천 명의 어린이들이 '머리는 뒀다 어디다 쓰는지 모르겠다'며 야단을 맞고 모욕을 받으며, 어떤 때에는 맞아야 정신이 든다는 끔찍한 원칙에 따라 체벌을 받기도 한다. 하지만 에빙하우스는 100년도 더 전에 이러한 아버지들의 생각이 얼마나 잘못된 것이며, 이 때문에 아이들이 얼마나 부당한 처사를 받고 있는지, 아버지들의 걱정과 비난이 학습에 대한 적절한 지식과 얼마나 배치되는지를 밝혀냈다.

자신의 아이를 바보, 낙오자라고 생각하는 아버지들이 얼마나 많은지!

다시 기억을 더듬어보자. 에빙하우스는 스스로를 대상으로 한 실험에서, 외웠던 내용 중에서 40퍼센트 이상을 20분 만에 잊어버렸다(58쪽 참조). 그는 분명히 머리가 있으나마나 한 낙오자가 아니다. 제대로 공부했던 내용을 잊어버리는 것은 언제나 생길 수 있는 일이다. 망각은 규칙적이고 필연적으로 일어나는 현상으로, 자연법칙과도 같다.

안타깝지만 망각은 예외가 아니라 규칙이다.

그리고 우리는 망각되는 양의 비율도 처음 한 시간 후가 가장 크다는 것도 알고 있다. 망각은 지능 미달이나 무능력을 보여주는 증상이 아니다. 지극히 정상이다. 따라서 어떤 아버지도 자신의 아들이 단어 몇 개나 공식,

도시 이름을 금세 잊어버렸다고 해서 분노할 일이 아니다. 그 반대가 오히려 이상한 일이기 때문이다.

암기하려면 의미를 갖다붙여라

어떻게 무의미한 것을
기억하겠니?
넌 게으름뱅이가 아냐.

그런데 에빙하우스의 실험이 보여주었듯이 사람은 의미 없는 것을 외울 때 열 배의 시간이 더 필요하지만, 열 배나 더 빨리 잊어버린다. 바꾸어 말하면, 사람은 공부할 내용을 이미 알고 있거나 전에 배운 자료와 연결시킬 때 더 쉽고 빠르게 학습할 수 있다.

그래서 교육학은 공부를 할 때 이해와 통찰이 필요하다고 주장하는데, 그 말은 새로 학습할 내용은 기존의 지식과 의미있게 연결되어야 한다는 뜻이다. 하지만 도저히 연결할 수 없을 때는, 인공적인 교량과 목발을 이용하는 암기법이 도움을 준다.

저 아가씨의 이름은 랑크인데, 그녀는 젊고 날씬하다('rank'는 '늘씬한, 길게 뻗은'이라는 뜻-옮긴이)는 식으로 인위적인 암기법으로 기억하는 것이다. 그 아가씨가 실제로 젊거나 날씬한지는 상관이 없다. 중요한 것은 랑크라는 이름을 잊어버리지 않는다는 데에 있다.

숫자 외우기에도 요령이 있다

이해도 암기법도 도움이 되지 않을 때도 있다. 복잡할 뿐 아니라 이미 알려진 다른 정보와 연결하기가 정말 어려운 것들도 있기 때문이다.

예를 들면 전혀 모르는 외국어의 단어나 전화번호 같은 숫자들이다. 헝가리어를 배우기 시작하는 사람은 'mozgóképszínház(영화관)'이라는 단어를 외우는 데 아무런 도움을 찾아내지 못할 것이다. 오스트리아 빈의 특허청 전화번호가 521858이라는 것을 기억하려는 사람은 어쩌면 각 숫자 사이에서 어떤 인위적인 관계를 찾아낼 수도 있다. 하지만 전화번호 전체는 그냥 외울 수밖에 없다.

전화번호 이야기를 계속하자. 전화번호는 숫자에 대한 기억력이 아주 뛰어난 사람이 아니라면 에빙하우스의 무의미한 음절만큼이나 외우기 어렵고 또 그만큼 빨리 잊혀진다.

아무 전화번호나
다 외우고 싶은가?
그것도 별일이 아니다.

누군가 공비카드를 가지고 전화번호를 외우려 한다고 생각해보자. 그는 단어를 외울 때처럼 카드 30개를 쓸 것이다. 앞에는 이름을, 뒤에는 전화번호를 쓴 다음 상자의 첫째 칸에 넣는다. 그리고 단어를 공부할 때처럼 해나간다. 첫 번째 카드를 꺼내서 이름과 번호를 보고, 번호를 머릿속에서 반복해보고, 그 카드를 카드뭉치의 맨 뒤에 넣고, 두 번째 카드를 꺼내 또 그렇게 계속한다.

그는 얼마 지나지 않아, 여섯 자리나 일곱 자리 숫자를 외우기가 단어나 숙어를 외우는 것보다 어렵다는 것을 깨닫게 된다. 30개의 카드를 모두 공부하고 나서 보면 맨 처음에 보았던 첫 번째 전화번호는 이미 기억에서 사라진 지 오래고 두 번째, 세 번째도 마찬가지일 것이다. 카드뭉치를 네 번, 다섯 번 반복해도 별 차이가 없을 것이다. 전화번호 30개 중에서 기껏해야 네다섯 개가 기억

숫자는 단어를 기억하는 것보다 더 어렵다.

에 남아 있을 뿐이고, 그것도 특별히 단순한 번호이거나 그에게 특별한 의미가 있는 숫자들을 포함하고 있었을 때 뿐일 것이다.

또 그는 거의 신체적인 고통을 겪으며 '역행억제'와 '순행억제'를 느낄 것이다. 즉, 짧은 간격을 두고 암기한 비슷한 정보들이 서로 억제를 하는 것이다. 마지막에 가서는 그 많은 숫자들 때문에 머릿속이 어지러워질 것이고, 강철 같은 의지가 없는 한 포기할 수밖에 없게 된다. 그는 이제 이렇게 많은 번호를 외우기란 불가능하다고 믿는다. 하지만 이것도 너무 성급한 결론이다. 전화번호 30개도 한 번에 외울 수 있다. 수많은 전화번호를 한 번에 삼켜버리려고 시도하지 않으면 된다. 이렇게 질긴 재료는 작은 조각으로 잘라 더 조심스럽게 씹어야 한다.

이때는 작게 조각내어 공부하는 게 좋다.

외교관의 암기법 따라하기

수에 대한 천재가 아니고서는 30개의 여섯 자리 숫자를 서로 구별하기가, 심리학 용어로는 '차별화하기'가 매우 힘들기 때문에, 학생이 열 번이나 스무 번을 연속해서 반복한다고 하더라도 이 숫자들은 계속 서로 뒤섞일 것이다. 그의 처지는 리셉션에서 30명의 낯선 사람을 줄줄이 소개받는 외교관과 비슷하다. 그는 30개의 낯선 이름 중에서 다만 몇 개라도 기억하려고 애쓸 것이다.

학생이—그리고 외교관이—이 문제를 해결하는 가장 쉬운 방법은 공부할 양을 최소한으로 줄이는 것이다. 그런 다음 한 단계씩 늘려나가는 것이다.

노련한 외교관들은 이럴 때 한 번에 세 사람씩하고만 대화를 나누고 대화 중에 그들의 이름을 하나씩 부르는 방식으로 문제에 접근한다. 얼굴 셋, 이름 셋, 그 정도는 기억할 수 있다. 대화 중에 외교관은 어떤 얼굴이 어떤 이름과 짝인가만을 외우지 않는다. 그는 세 사람의 얼굴과 이름이 서로 섞이지 않도록 경계를 긋는다. 이런 리셉션에서의 일반적인 의례에 따르면 잠시 후 네 번째, 다섯 번째 사람이 새로 나타나고, 함께 있던 사람이 자리를 옮겨갈 것이다. 이미 세 사람의 이름을 불렀고 그들을 구별할 수 있게 된 외교관은 이제 암기와 차별화라는 과정을 네 번째, 다섯 번째 사람에게로 확장한다. 그리고 그는 새로 끼어든 사람들의 얼굴과 이름을 지금까지의 대화 상대자들의 얼굴, 이름과 구별하는 것을 배운다. 이렇게 해서 그는 하루 저녁 동안 리셉션의 모든 손님들을 '배운다.'

수많은 얼굴과 이름을 기억하기가 어렵다. '외교관들의 수법'을 사용하지 않는다면.

그는 이 모든 사람들의 차이점과 공통점을 하나씩 배워나간다. 학습 심리학의 용어를 빌리자면, 그는 이렇게 새롭고 많은 양의 비슷한 정보가 주어졌을 때 생기는 정보 상호간의 저지, 방해, 억제, 혼동을 차단하는 법을 배운다. 그렇게 하려면 한 번에 하나씩만 비교해야 한다. 대중을 차별화할 수는 없다. 전화번호 외우기 같은 비슷한 정보를 다룰 때, 학생은 자신이 배워야 하는 다량의 정보를 가능한 한 작은 조각으로 쪼개야 한다. 그런 다음 하나씩 배워나가면 된다.

공부할 내용을 작은 단위로 쪼개면 학습성과에 큰 도움이 된다.

고난도의 공부는 페이션스 게임으로

이때 가장 좋은 방법은 페이션스 게임과 흡사하기 때문에 '공부 페이션스 게임'이라고 부르도록 한다. 이 방법은 앞의 외교관이 사용한 수법을 체계적으로 정교하게 만든 것이다.

공비카드 상자의 첫 번째 칸에서 헛수고만 들이고 외울 수 없었던 전화번호 카드 30개를 꺼내는 것으로 이 게임을 시작한다.

카드 세 개를(세 개만!) 이름이 써진 쪽을 위로 가게 해서 책상에 나란히 놓는다. 전화번호가 써진 뒷면은 감추어져 있다.

여기서는 전화번호처럼 외우기 어려운 정보를 공부하기 위한 공부 페이션스 게임을 소개한다.

이제 학생은 맨 왼쪽 카드에 써진 전화번호(이 경우에는 특허청의 전화번호)가 몇 번인지 몇 초 동안 생각해본다. 물론 생각나지 않을 것이다. 그러면 카드를 뒤집어서 번호를 읽고, 암기해본다.

이제는 그 카드를 이 줄의 반대쪽 끝에 놓고는 카드 세 개를 모두 왼쪽으로 한 칸씩 민다. 그러면 카드들은 아까처럼 놓여 있지만 순서는 바뀐다.

학생은 이제 똑같은 방식으로 지금은 맨 왼쪽에 놓여 있는 두 번째 카드, 그러니까 슈타이너 박사의 카드를 본

특허청	슈타이너 박사	한스 마이어
슈타이너 박사	한스 마이어	특허청

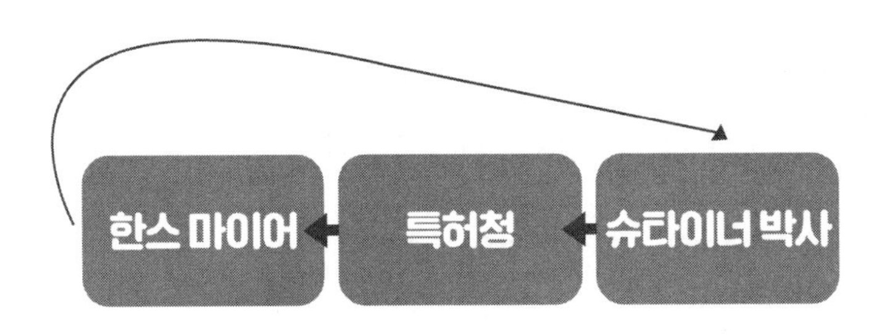

다. 이 전화번호도 생각이 안 난다. 이 카드를 다시 오른쪽에 놓고, 카드 전체를 다시 한 번 왼쪽으로 한 칸씩 민다.

세 개의 전화번호 중에 하나를 완전히 기억할 때까지 이 과정을 반복한다. 친구인 한스 마이어의 전화번호를 외웠다고 하자. 이 카드는 이제 이 줄의 오른쪽 줄에 놓는 것이 아니라 그 위층, 새로 만드는 둘째 줄의 첫 번째 카드로 놓는다. 이 새 줄에는 아직 별 관심을 기울이지 않아도 된다.

첫째 줄의 오른쪽 끝에 네 번째 전화번호가 써진 네 번째 카드를 놓는다. 이번에는 게르티 바이젤의 전화번호다. 이제 다시 카드 세 장이 나란히 놓여 있다.

이런 식으로 계속 하는 것이다. 첫째 줄의 전화번호 중에서 하나를 암기했으면 그 번호는 즉시 둘째 줄로 보낸다. 둘째 줄에 카드 다섯 장이 모일 때까지 한다. 그 줄에는 다섯 장 이상이 모이면 안 된다.

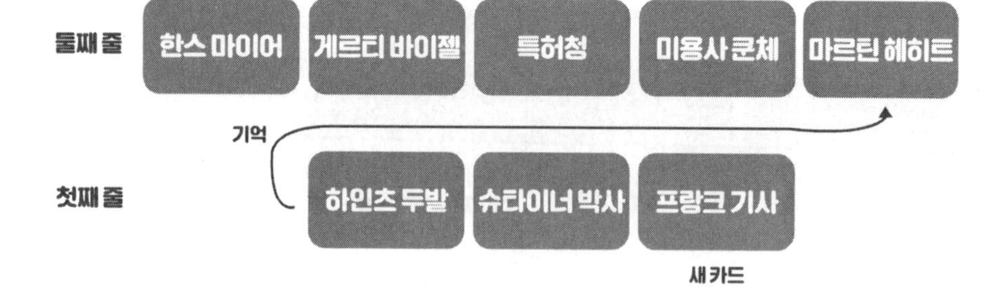

이제 요점을 이해했을 것이다. 학생이 한 번이라도 제대로 기억한 전화번호들은 일단 '2층'에서 쉰다. 전혀 기억나지 않는 번호들은(이 경우에는 슈타이너 박사의 전화번호) 계속 '1층'에 있고, 학생은 그 번호들을 매번 새로 암기한다.

이제 첫째 줄의 카드를 다시 뒤집는 과정에서 둘째 줄에 여섯 번째 카드가 생기면, 학생은 둘째 줄의 가장 왼쪽에 놓인 카드를 확인해서 그것을 치워버려야 한다.

고분고분해지지 않는 어려운 내용들은 자동으로 여러 번 차례가 돌아온다.

확인해보니 그 전화번호를 아직도 기억하고 있다.

그렇다면 그 카드를 다시 한 층 위로 올려서, 그 다음에 오는 셋째 줄의 초석을 삼는다. 아니라면 그 카드는 다시 첫째 줄의 오른쪽 끝으로 돌아온다. 이때 첫째 줄에서 둘째 줄로 올라가는 여섯 번째 카드에는 하인츠 두발의 전화번호가 적혀 있다. 이제는 '2층'에 카드가 벌써 여섯 장 있으니, 예정된 것보다 하나 더 많은 셈이다. 그러므로 학생은 카드 하나를 없애야 하는데, 한스 마이어의 카드를 치운다. 아직도 그 번호를 외우고 있다면 이 카드는 한 층 위로 올라가 셋째 줄로 들어간다. 그 단어를 잊어버렸다면 한스 마이어는 '1층'으로 돌아와야 한다.

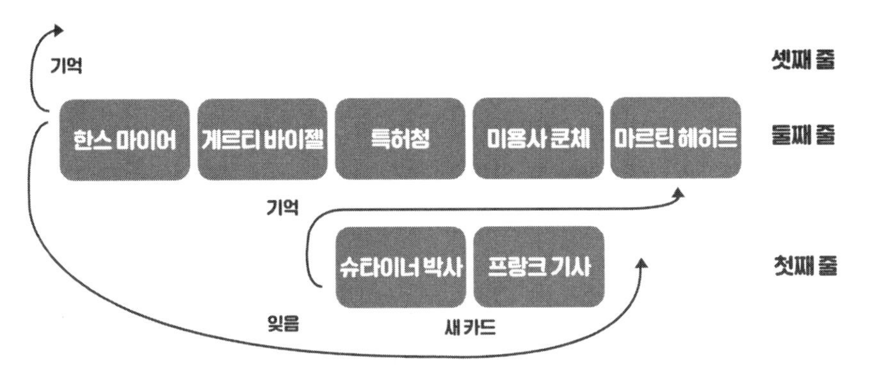

이렇게 해서 한 층씩 올라가면서 삼각형의 꼭지 위에 물구나무를 선 건물, 각 층이 한 줄의 카드로 구성된 4층 건물을 만들어 나간다. 1층은 카드 세 장, 2층과 3층은 다섯 장, 4층은 일곱 장의 카드가 나란히 있다. 모두 합하면 카드는 20장이다.

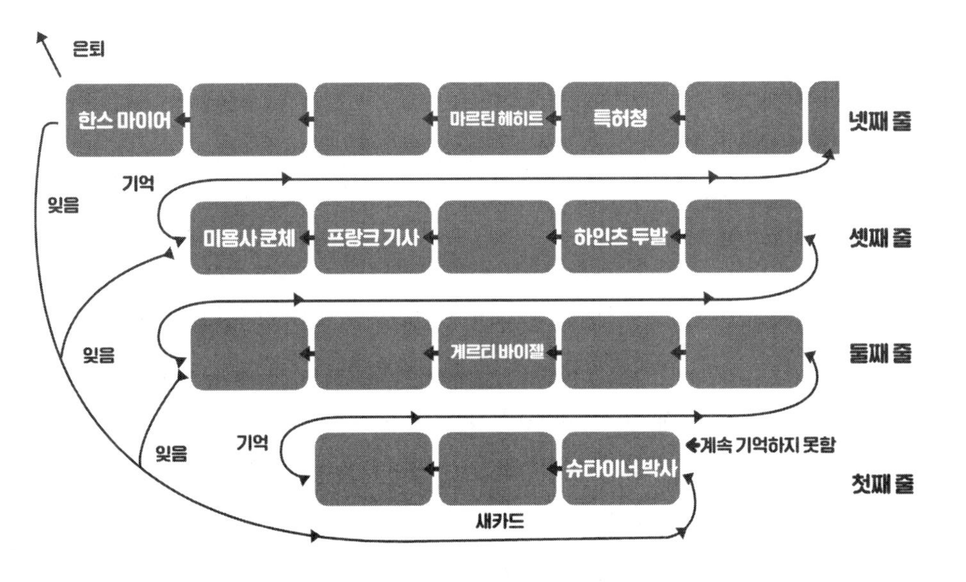

위의 그림은 네 층이 모두 찼을 때의 공부 페이션스 게임의 모습이다. 금방 암기한 전화번호들은 다른 카드들

두려워하지 마라.
공부 페이션스 게임은
첫눈에만 복잡하게
보일 뿐이다.
실제로는 간단한
카드 게임만큼
이해하기 쉽다.

보다 빨리 위로 올라간다. 중간에 잊어버린 단어들은 다시 아래층으로 내려와 다시 올라가도록 시도한다.

화살표들은 기억을 했거나 못한 전화번호들이 이동한 길을 나타낸다.

이 경우에는 세 개의 전화번호 중('한스 마이어', '특허청', '게르티 바이젤') 마이어의 번호가 가장 기억하기 쉬웠던 것으로 드러났다. 이 카드는 넷째 줄 맨 왼쪽의 가장 좋은 자리에 있다.

그 줄의 카드 일곱 장에 한 장이 더 추가된다면 '한스 마이어' 카드는 마지막 시험을 치러야 한다. 이 시험을 통과한다면 그 카드는 당분간 게임을 떠나 공비카드 상자의 첫째 칸으로 은퇴한다. 시험을 통과하지 못한다면 다시 첫째 줄로 돌아와야 한다. 마이어의 위치에 비해서 '게르티 바이젤' 카드는 꽤 안 좋은 둘째 줄에 자리잡고 있다. 학생은 이 전화번호를 여러 번 반복해야 했다. '슈타이너 박사'는 가장 열악한 상태다. 한 번도 제대로 기억하지 못했거나 자꾸 잊는 바람에 그 자리로 돌아와야 했다.

페이션스 게임을
한 번 하는 데는
카드 20장이면 충분하다.
카드가 이보다 많아지면
힘들어진다.

페이션스 게임이 꽉 찼으면, 즉 앞의 그림에서처럼 카드 20장이 책상 위에 펼쳐졌으면, 너무 힘들어지기 전에 게임을 정리하는 것이 좋다.

게임을 정리하려면 학생은 첫째 줄에 더 이상 카드를 새로 놓지 않아야 한다. 카드들이 점차 4층에서의 마지막 시험에 합격하면서 첫째 줄 혹은 더 위 칸에 빈자리가 생기더라도 더 이상 새 카드를 채워넣지 않는다.

이제는 남아 있는 카드들, 점점 수가 줄어드는 카드들

을 가지고, 마지막 전화번호까지 외워서 카드를 상자에 넣을 때까지 게임을 계속한다.

이제 게임규칙을 다시 한 번 정리해보자.

- **페이션스 게임의 맨 아래층인 첫 줄에는 카드가 세 장 있다. 왼쪽에서 오른쪽으로 이 카드들을 차례로 공부하는데, 학생이 기억해낸 카드는 바로 위층인 둘째 줄에 놓는다. 첫째 줄에 세 장의 카드가 놓이도록 새로운 카드를 채워넣는다.**
- **페이션스 게임의 2층인 둘째 줄에는 카드가 다섯 장 있다. 여섯 번째 카드가 추가되면 맨 왼쪽에 있는 카드를 시험해야 한다. 거기 써진 정보를 떠올렸다면 이 카드를 셋째 줄, 바로 위의 3층에 놓는다. 이 정보를 잊어버렸다면 카드를 다시 첫째 줄에 놓는다.**
- **셋째 줄에도 마찬가지로 카드가 다섯 장 있다. 이 카드들은 둘째 줄에서 성공적으로 위로 올라온 카드들이다. 셋째 줄이 가득 차서 넘치면 둘째 줄에서와 같은 방식으로 계속한다. 맨 왼쪽의 카드를 시험해서 넷째 줄로 올리거나 첫째 줄로 돌려보낸다.**
- **넷째 줄, 4층에 나란히 놓인 일곱 장의 카드도 같은 과정을 겪는다. 이 줄의 카드를 확인할 때는 거기 적힌 정보를 제대로 기억한 카드는 5층이 아니라 카드상자의 첫 번째 칸에 다시 넣는다.**
- **이런 식으로 끈기 있게 모든 줄을 다 공부하고 나면 아래 줄부터 비기 시작해서 마지막에는 페이션스의 가장 위인 4층의 카드들까지 카드상자의 첫 칸으로 사라진다. 이런 식으로 하면, 처음에는 불가능하게 여겨졌던 일도 해낼 수 있다. 한 번에 전화번호 20개를 외운 것이다.**

전화번호 20개
한번에 외우기.
가능하다!

이런 일을 해내는 데는 대개 한 시간이나 두 시간 정도 걸린다. 페이션스 게임을 이용하면 전화번호뿐만 아니라 어떤 정보라도 외울 수 있다. 가령 역사상의 연도, 화학이나 수학 공식 등 기억하기 어려운 것들을 암기하는 데 효과적이다. 하지만 페이션스 게임을 한 번 했다고 해서 이런 정보를 영원히 기억하리라는 희망과 믿음은 경계해야 한다. 페이션스 게임은 특별히 어려운 자료를 공비카드로 공부하기 위해 준비하는 것일 뿐이다.

이 공비카드들을 페이션스 게임처럼 책상 위에 늘어놓는 대신 상자에 넣은 채 공부하는 방법도 생각해볼 수 있다. 그 상자의 첫째 칸에는 카드가 세 장, 둘째 칸과 셋째 칸에는 다섯 장이, 넷째 칸에는 일곱 장까지 들어갈 수 있다. 그러니까 공부 페이션스 게임은 아주 작은 규모의 공비카드로, 공간적인 배열이 좀 다를 뿐이다. 외우기 어려운 전화번호의 경우에는 우리의 기억력이 소화할 수 있을 때까지 열 번, 스무 번 반복한다. 반면에 아무런 저항 없이 기억하기 쉬운 전화번호들은 네 번만 반복한다. 정보를 처리하고 반복하고 기억한다는 원리는 공비카드에서와 똑같다. 불필요한 반복은 피하지만 필요한 경우에는 충분히 반복한다.

그런데 페이션스 게임으로 하는 학습은 이와는 성격이 약간 다르다. 이것은 불모지를 개척하거나 아주 낯선 분야에 발을 들여놓는 일, 아주 낯설고 기댈 곳 없는 자료와의 첫 만남이라고 할 수 있다.

모르는 것은 '무의미'하다

이 과정 중에 학습 심리학적으로 무슨 일이 일어나는지 알아보자. 우선 여기에서 우리는 짧은 시간 간격을 두고 계속되는 반복을 통해 에빙하우스의 망각곡선(58쪽)의 시작 부분에 있는 날카로운 정점을 무디고 편편하게 만들었다. 그런 날카롭고 거의 수직적인 기억력의 상실, 이렇게 빠른 망각은 에빙하우스가 암기하려고 했던 음절들처럼 의미가 없는 자료나 앞서 예를 든 전화번호처럼 별 뜻이 없는 정보의 경우에만 나타난다. 의미가 있는 정보는 다행히 훨씬 천천히 잊혀지기 때문에, 공부 페이션스 게임에서처럼 자주 반복할 필요가 없다.

그런데 무엇이 의미가 있고 무엇이 의미가 없을까? 우리는 이 단어들에 일상적인 의미를 부여해서는 안 된다. 학습 심리학에서 말하는 '의미'는 반드시 진리나 분명함, 논리적인 관계를 뜻하는 것이 아니다. 아인슈타인의 이론이 물리학자에게는 아무리 옳고 분명하고 논리적이더라도, 물리학을 모르면서 배우려는 일반인에게는 일단 무의미한 자료다. 스페인어를 못하는 사람이 스페인어로 된 시를 암기하려 한다면, 그 시를 구성하고 있는 단어들을 모르기 때문에 대단히 어렵다. 이 단어들은 그에게 무의미하다. 그가 어떤 책에서 이런 시 하나를 외우는 데에 성공했다면, 그것은 다만 이 단어들의 문자라도 배웠기 때문이다. 이 문자들은 그에게 의미가 있다. 그러나 그가 한자를 모른다면, 중국어로 쓴 시를 외우는 일은 거의 불가능하다. 전문가라면 한 번만 보고도 새 라디오의 회로도를 암기할 수 있다. 그는 이런 회로도를 구성하고 있는 부분들을 알기 때문이다. 이것들은 그에게 의미 있는 자료다. 전문가가 아닌 사람은 그 그림을 전혀 암기할 수가 없는데, 그에게는 이것들이 아무런 의미가 없기 때문이다.

중국어로 된 시를 외우기 위해서는 먼저 중국어를 알아야 한다.

학습 심리학적으로 의미있는 자료와 무의미한 자료의 차이는 황새로 변한 칼리프의 동화가 잘 설명해준다.

정보의 의미는 매우 중요하다. '황새가 된 칼리프'를 읽어보라.

칼리프는 다시 사람이 되게 해줄 'Mutabor'라는 주문을 잊어버렸기 때문에 황새로 살아간다. 물론 그에게 이 단어는 아무런 의미가 없고 따라서 아주 외우기 힘든 정보다. 그는 라틴어를 배운 적이 없기 때문이다. 'Mutabor'가 바로 '나는 변할 것이다'라는 말임을 몰랐던 것이다. 김나지움(독일의 전통적 중등 교육 기관. 수업 연한은 9년으로 대학 준비 교육 기관이다. -편집자 주)에 다니는 학생이라면 칼리프 같은 일을 당하지는 않았을 것이다. 'Mutabor'는 이미 배웠기 때문에 의미가 있어 기억하기 쉬운 정보였을 것이다.

이탈리아어로 숫양의 뜻을 지닌 'montone'라는 단어를 예로 들어보자. 이제 갓 이탈리아어를 배우기 시작했고 라틴어도 영어도 모르는 사람은 이 단어를 외우려면 여러 번 암기해야 한다. 하지만 산이 라틴어로 'mons'이고 이탈리아어로 'monte'라는 것을 알고 있으며 양들이 산의 목초지에 산다는 것을 생각한다면 이 단어를 외우기가 훨씬 더 쉬워진다. 그리고 양을 뜻하는 영어 단어 'mutton'까지 아는 사람이라면 'montone'라는 단어는 아주 쉽게 기억할 것이다. 게다가 이 두 단어는 어간도 같다. 이 단어는 더 이상 무의미한 정보가 아니다.

학습 심리학적으로 의미있는 정보와 무의미한 정보, 배우기 쉬운 정보와 배우기 어려운 정보를 구별하는 차이는 논리나 진리와 전혀 상관이 없다. 기억과 학습을 위해서는 이 정보 중에서 얼마나 많은 부분을 (아무리 지루하고 단순한 내용이라도) 알고 있고 이미 학습되어 있는가가 중요하다. 그러니까 전에 한 번 배웠던 것은 의미가 있고 기억하기 쉽지만 전혀 모르는 것은 '무의미'한 것이다. 따라서 의미가 있는 자료를 공부하는 데에는 시간이 적게 든다는 말은 실제로는 착각이다. 이 내용을 의미있게 만들기 위해서 이미 과거에 시간을 들였다는 사실을 기억하라.

'의미있는' 자료는 전에 이미 한 번 배웠던 것이다.

그런데 그 자료들을 공부하지 않았던 사람은 지금부터 새로 시작해야 하므로 그만큼 시간이 더 필요한 것이다. 그는 먼저 수고스럽고 지루한 반복을 통해서 아무런 뜻이 없는 내용을 암기함으로써 거기에 '의미'를 부여한다.

이렇게 해서 '무의미한' 자료가 '유의미'해진다. 처음부터 시작해야 한다.

그리고 페이션스 게임으로 이 외우기 힘든 정보들을 공부하는 것이다. 이 과정을 자주, 그리고 빨리 반복할수록 친숙해진 정보들은 더 깊이 기억에 저장된다.

공부를 시작하기는 힘들다

학습에 대한 이런 여러 가지 측면들은 이 책을 읽는 학생들에게 공부를 시작하기는 매우 어렵다는 성급한 결론을 내리게 할 수도 있다.

그러나 그것은 '공부'를 어떻게 정의하느냐에 달려 있다.

나는 공부를 특정한 질문에 대한 특정한 대답이라고 생각한다. 내가 어떤 단어를 이탈리아어로 옮기거나, 원의 표면적을 묻는 질문에 $r^2\pi$라고 대답한다면 나는 무언가를 공부했다. 그런데 학교에서는 이런 식의 대답을 주지 않는 다른 형태의 학습은 무의미한 것으로 지탄받는다. 시험에 합격하는 데에 아무런 도움도 되지 않기 때문이다.

하지만 그런 생각은 학습 심리학적으로 가장 중요한 학습의 첫 단계, 재인식의 단계를 무시하는 오류를 범하는 일이다. 인간은 기억 사다리의 가장 아랫단계인 재인식을 놀랄 만큼 쉽게 해낸다. 미국 학자인 랠프 노먼 헤이버Haber는 로체스터 대학에서 일련의 실험들을 통해 이를 증명했다.

학습의 시작은 재인식이다.

헤이버는 여러 날 동안 피험자들에게 2,560개의 서로 다른 사진들을 각각 10초 동안 보여주었다. 그 다음 그는 피험자들에게 280쌍의 그림을 보여주었다. 그 그림 중 하나만이 전에 보여준 2,560개의 그림 중 하나와 똑같은 것이었다. 헤이버는 피험자들에게 두 개의 그림 중에서 전에 본 그림을 찾아내보라고 말했다.

재인식을 하는 인간의 능력은 거의 기적에 가깝다.

그러자 놀라운 결과가 나왔다. 85에서 95퍼센트의 피험자들이 옳은 사진, 즉 실험의 첫 단계에서 10초 동안 보여준 2,560개의 사진 중 하나를 찾아냈던 것이다. 결국 한 번 본 물건이나 그림을 기억하는 사람의 능력에는 거의 한계가 없었던 것이다. 이 능력은 거의 기적에 가깝다.

이 실험의 두 번째 단계에서는 헤이버가 피험자들에게 그들이 이미 보았던 그림들을 보여주면서 각각의 그림에서 잘려나간 부분을 그려보라고 했다. 그 그림들은 부분적으로 잘려나가 있었다.

그런데 이번에는 결과가 훨씬 좋지 않았다. 첫 번째 실험에서는 아무런 어려움을 겪지 않았던 피험자들도 몇몇 그림에서 더 이상 과제를 해결할 수 없었다. 헤이버에게 이 결과는 어떤 규칙성보다는 우연의 결과처럼 보였다. 그림 전체를 다시 알아보는 실험에서는 거의 완벽한 성공을 거두었는데 왜 부분 묘사에서는 실패했을까? 그 차이를 설명하기는 쉽다.

사람은 10초 사이에 그림의 모든 부분을 다 기억하지는 못한다. 그는 이 짧은 시간에 그림의 일부만을 기억에 저장했다. 이때 무엇을 기억하는가는 우연에 달려 있지만 관찰자의 주의와 관심, 즉 어떤 부분이 그의 관심을 끄는가 하는 것에도 달려 있다. 미술사학자는 그림에서 물리학자보다 훨씬 더 많은 세부를 기억할 것이고, 반면 물리학자는 기술 분야의 도면에서 미술사학자보다 더 많은 부분을 기억할 것이다.

어쨌든, 부분만 기억해도 그 그림을 다시 알아보는 것은 가능하다. 하지만 피험자가 그림 전체를 머릿속에서 재구성해야 한다면 이런 단편적인 부분들만 가지고는 거의 불가능하다. 피험자는 훨씬 더 많은 것을 알아야 한다. 한두 구석이 아니라 모든 세부를 기억해내야 한다.

재인식은 쉽지만 머릿속에서 재구성하기는 어렵다는 사실은 거스리와 에스테스의 '동질적인 요소'라는 이론이 옳았음을 증명한다. 어떤 그림이나 단어, 문장이나 수를 암기할 때에도, 모든 부분이 한 번에 학습되지 않고 몇몇 세부들이 먼저 학습된다는 것이다.

관심은 성공적인 학습을 도와준다.

재인식은 쉽지만 어려운 정보를 재구성하려면 여러 번의 반복 학습이 필요하다.

학습된 세부의 숫자는 반복할 때마다 증가한다. 재인식을 하기 위해서는 세부를 조금만 아는 것으로도 충분하지만 복잡한 정보 전체를 기억에 의존해 재구성하려면 많은 정보가 필요하고, 그런 만큼 여러 번의 반복이 필요하다. 그래서 외국어를 배우려 할 때, 질문에 해당하는 우리말을 카드 앞쪽에 쓰고 그 답인 외국어를 뒤에 쓴다. 결코 그 반대로 하지 않는다. 그렇게 하지 않으면 외국어를 재인식하기만을 배울 테고 우리가 원하는 순간 그 단어를 정확히 불러내지 못하게 된다.

초단기기억

그런데 우리가 공부하는 동안에 기억된 정보는 그 수만 아니라 저장되는 방식도 변한다. 여기에는 세 가지 저장 방식이 있는데 초단기기억, 단기기억, 장기기억이다.

기억에는 세 가지 종류가 있다.

조지 스펄링Sperling은 벨 전화회사의 실험실에서 저장 방식의 차이를 연구했다. 그는 잠깐씩 이미지를 보여주는 기계를 특별히 제작해 피험자들에게 각각 세 글자를 포함한 세 줄의 문자열을 보여주었다.

첫째 줄	GAT
둘째 줄	RBK
셋째 줄	MKT

피험자들은 이 문자열들을 0.015초 동안 볼 수 있었다.

글자들이 다시 사라지자 먼저 이 아홉 개의 문자를 모두 기억하는 것이 가능한지 실험해보았다. 그것은 불가능했다.

스펄링은 혹시 실험 과정이 잘못된 것은 아닌가 하고 의심했다. 그는 피험자들이 글자를 적는 시간이 너무 오래 걸려서 쓰는 도중에 몇 글자를 잊어버렸을지 모른다고 생각했다. 그래서 그는 자신의 도구에 한 가지 부가장치를 덧붙임으로써 그 의심이 옳았음을 증명했다. 그는 이 기계에 글자가 투영된 다음, 문자열이 사라지자마자 각각 높거나 보통이거나 낮은 소리를 내는 신호장치를 하나 매달았다.

높은 음은 피험자가 맨 위에 있는 첫째 줄을 적어야 한다는 표시이고, 중간 음은 가운데(둘째) 줄을 적어야 한다는 표시이고, 낮은 음은 마지막 셋째 줄을 적으라는 표시였다.

시사점이 많은 스펄링의 글자놀이

그러자 모든 피험자들이 아홉 글자로 되어 있는 세 개의 문자열 모두를 1초까지는 눈앞에 보듯 시각적으로 기억하고 있음이 드러났다. 글자를 쓰는 시간 때문에 일어났던 실험상의 오류는 제거되었다. 피험자들은 (물론 겨우 1초 동안이기는 하지만) 그 줄을 쓰라는 신호가 들리는 동안은 모든 문자열을 기억했다.

이처럼 시각적이고 찰나적인 기억이 바로 '초단기기억'이다. 영상은 이미 사라졌지만, 그래도 1초 동안은 눈에 '보이는 것이다.'

초단기기억: 방금 사라진 것이 '눈앞에 보인다.'

단기기억

그 다음 스펄링은 피험자들에게 문자열을 즉시 쓰게 하지 않는 방향으로 실험을 확장시켰다. 피험자들은 글을 쓰기 전에, 두 번째 신호가 올 때까지 기다려야 했다.

실험은 우선 0.015초 동안 세 줄의 문자열이 투영되었다. 그리고는 1초 이내에 높거나 보통이거나 낮은 음의 신호로 어느 문자열을 적어야 할지 알려주었다. 하지만 피험자들이 그 문자열을 쓰도록 허락하는 두 번째 신호는 10초나 20초가 지난 다음 들려주었다.

이 실험은 두 가지의 결과를 보여주었다. 우선, 어떤 피험자도 그렇게 오랫동안 세 줄의 문자열 모두를 기억하지는 못했다. 그러나 피험자들은 중간에 방해를 받지 않았다면 20초나 그 이상의 시간이 지난 다음까지도 앞서 보여주었던 문자열 중 하나를 종이에 적었다.

이러한 저장양식을 '단기기억'이라고 부른다. 단기기억은 '눈에 보는 듯한' 기억이 아니라 '말을 하는' 기억이라고 할 수 있다. 피험자는 이 세 문자를 계속 웅얼거림으로써 기억한다. RBK, RBK, RBK……. 이때 입 밖으로 소리를 낼 필요는 없다.

단기기억은 방해를 받지 않는 한 지속된다.

이런 식의 소리 없는 암송은 누구나 경험으로 알고 있다. 전화번호부에서 전화번호를 찾은 다음 전화를 걸기 위해 다른 방으로 갈 때까지 우리는 머릿속으로 이 번호를 가지고 탁구를 친다.

전화번호부에서 전화를 걸기까지: 번호를 가지고 탁구치기.

이런 단기기억은 똑같은 것을 쉬지 않고 계속 웅얼거릴 때에만 성공적으로 작용한다. 방해를 받거나 잠깐 중단되면 단기기억은 사라진다. 스펄링의 실험이 이를 증명한다. 피험자들이 끝없이 돌아가는 카세트테이프처럼 반복을 하고 있는 도중에 예를 들어 100부터 거꾸로 숫자를 세도록 명령하면(99, 98, 97……) 단기기억에 저장된 것은 순식간에 사라진다. 문자열은 금세 잊혀진다.

단기기억이 청각적인 저장창고일 것이라는 예측은 서식스 대학의 알란 배들리Baddeley가 확인해주었다. 그는 이런 주문들의 저장창고에서 어떤 단어들이 가장 쉽게 혼동되는가를 밝혀냈다. 그것은 철자나 의미가 비슷한 단어들이 아니라 대체로 발음이 같거나 비슷한 단어들이었다. 그러니까 단기기억은 '거리', '고리', '구리' 같은 발음이 비슷한 단어들을 쉽게 혼동한다.

장기기억

기억력의 가장 높은 마지막 형태는 끊임없이 암송을 하지 않아도 견고한 저장창고, 장기기억이다. 단기기억의 저장창고에서 그곳으로 올라가는 정보들은 또 한 번의 형태변화를 거친다. 장기기억에서 이 정보들은 더 이상 음향으로서가 아니라 그 단어가 의미하는 개념으로 저장된다.

가장 중요하고 지속적인 이 저장창고에서는 단어들이 더 이상 발음이 똑같거나 비슷해서 혼동되는 일이 없다. 그러나 철자나 발음에 상관없이, 그 의미가 유사하면 혼동이 올 수는 있다.

우리는 학습 심리학이라는 학문을 훔쳐와서 실제 학

습을 위한 유용한 도움말들을 집으로 가져왔다. 그동안 우리는 몇 가지 이론적인 지식을 접했으며, 이 지식들은 학습과 기억의 단계들을 분명히 보여준다.

장기기억에 한번 들어가면 '장기수'가 된다.

- **초단기기억은 일종의 시각적인 영상으로, 어두운 곳에서 촛불을 바라보았을 때 망막에 잔상으로 남는 음화와 비슷하다. 그리고 이런 시각적인 초단기기억은 대부분 1초 이상 지속되지 않는다.**
- **단기기억은 그곳에 저장된 단어를 소리 없이 쉬지 않고 암송하기 때문에, 즉 정보를 끝없이 말로 반복하기 때문에 작동하는 언어적인 기억이다.**
- **장기기억은 영상이나 단어가 아니라 개념과 의미로 저장되어 있다.**

장기기억은 개념과 의미를 저장한다.

인간의 기억방식에는 세 가지 종류가 있고 이들은 학습과 기억의 단계들을 반영한다.

오래 기억하려면 영상을 말로 옮겨라

이 모든 이야기들은 학술적으로는 가치가 있지만 현실적으로는 아무런 의미도 없는 것처럼 보인다. 그러나 이렇게 지루해 보이는 인식에도 보물이 감추어져 있다.

이 보물은 공부한 내용이 초단기기억에서 단기기억으로, 단기기억에서 장기기억으로 어떻게 상승할 수 있는지 생각해보면 비로소 보이기 시작한다.

우선 첫 번째 상승은 수초 내에 사라지는 시각적인 초단기기억에서 청각적이고 끊임없이 웅얼거리는 단기기억으로 가는 것이다. 만일 어떤 풍경화를 기억하려고 한다면, 그림을 보고 그 그림을 말로 옮겨보는 것이 가장 효과적이다. 그렇게 하지 않으면 그림은 사라지고 그중에 극히 일부만 기억에 남아 있게 된다. 나중에 그림을 다시 알아볼 수는 있지만 그 그림을 묘사하거나 다시 그리기에는 기억이 가물가물하다.

형사들이 목격자들에게서 범인의 인상착의를 얻어내려고 할 때 거의 대부분의 경우 절망하는 이유가 바로 여기에 있다.

그러나 이 목격자가 의식적이건 무의식적이건 시각적으로 본 것을 즉시 언어로 표현하는 습관을 가지고 있을 경우, 그에 의해 생생한 몽타주가 완성된다. 그의 이런 습관은 대단히 중요하다. 이 습관은 다른 도움이 없이도 학습을 할 수 있는 가장 기본적인 전제조건이다. 또한 이것은 기억력이 좋은 사람과 나쁜 사람을 구별하는 특징들 중 하나다.

이런 사람이 차나 집이나 여성을 볼 때는 단지 보는 것으로 끝나지 않는다. 그는 자동적으로 말하기 시작한다. 자동차-시트로엥-마르세유의 세관번호. 4층집-시멘트-쇠로 된 창틀. 금발머리-날씬하고-모직 치마에-아름답다.

그는 스스로 의식하지 않았지만 그래도 아주 빨리 말하고 있다. 사람들은 이처럼 정확하게 묘사하는 그를 보고 기억술의 천재라고 말한다. 하지만 그는 기회가 있을 때마다 연습을 하는 '머리재주'를 익힌 것뿐이다.

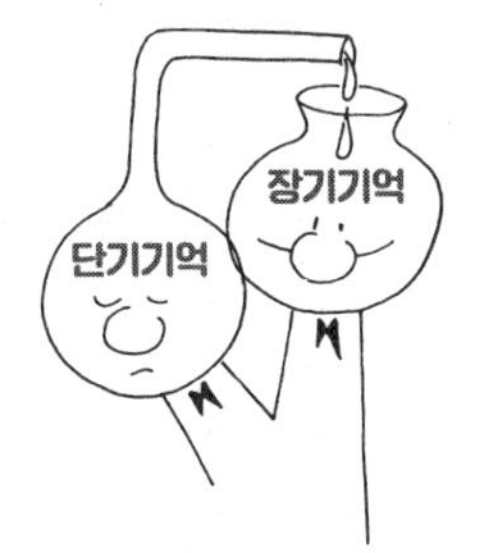

실제 용도를 위해서는 단기기억에서 장기기억으로의 상승이 어떻게 이루어지는가를 아는 것이 중요하다.

그림을 보고 그 인상을 말로 표현하는 사람은 훨씬 더 기억을 잘한다.

기억력 훈련을 하기 위한 기본적인 전제조건 한 가지가 여기에 있다.

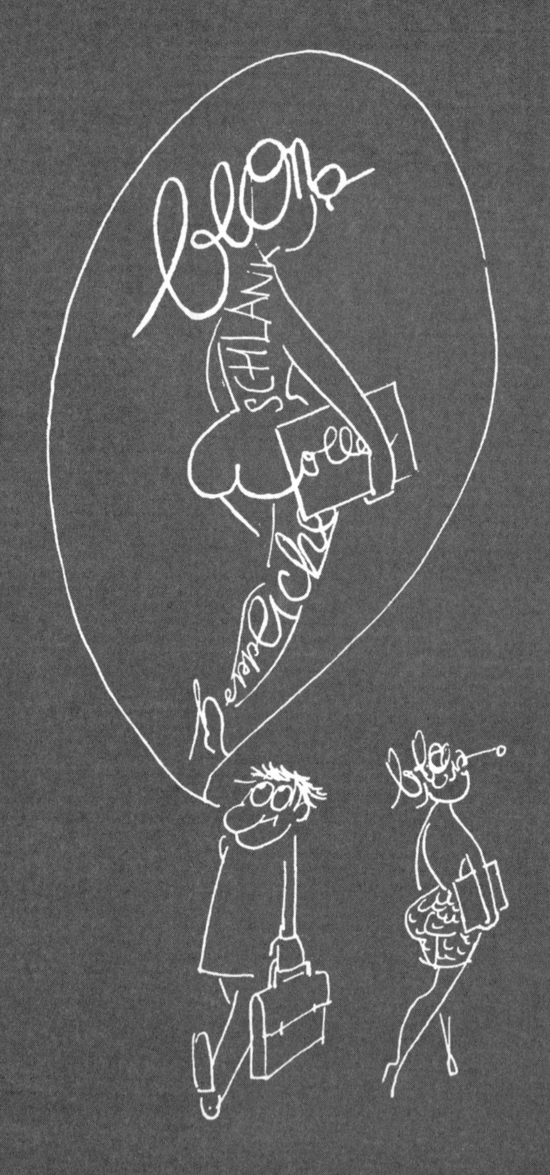

이 남자는 기억술의 천재가 아니다.
그는 유용한 '기술'을 가지고 있을 뿐이다.

머리로만 하는 공부의 비법

'머리재주'라니, 이제 우리는 이 책의 핵심인 공부 기술을 배우는 데 가장 큰 어려움을 주는 문제와 마주쳤다.

손재주나 손놀림은 아무리 복잡해 보이더라도 비교적 쉽게 배울 수 있다. 이것들은 해보일 수도 있고 따라할 수도 있다. 필요하다면 학생이 더 잘 관찰할 수 있도록 손을 어떻게 놀리는지 천천히 움직여 보여줄 수도 있고 작은 단계들로 나누어 보여줄 수도 있다. 학생이 그 손놀림을 따라하면 교사는 잘못된 부분을 고쳐줄 수도 있다. 그렇게 해서 운전을 배우고 스키 타는 법을 배우고 수영, 춤, 펜싱, 유도를 배우며, 어느 정도까지는 '정신적인' 활동, 예를 들어서 더하기, 곱하기, 나누기나 외국어 번역도 배운다.

하지만 어떤 활동에 '정신', 즉 생각만으로 하는 활동이 많이 요구될수록 교사는 한 단계 한 단계를 보여주기가 어려워지는데, 학생들 역시 모방을 통해서 연습하기가 어려워진다. 뇌 안에서 일어나는 활동, 즉 '정신적인' 과정은 결코 눈에 보이지 않는다. 공부의 기술과 재주는 손재주가 아닌 한 시범을 보이기가 매우 곤란하다.

생각만으로 하는 활동은 보여줄 수도 없고 따라할 수도 없다.

누구나 '암산'이 무엇인지는 안다. 그리고 대부분의 사람들이 이런 계산을 매우 힘들어 하며 쉽사리 배우지 못한다는 것도 안다. 그래서 암산은 특별한 소질이 필요한 기능이라고까지 생각한다. 그러나 사실 이 계산법의 어려운 점은 계산하는 사람의 머리 안에서 진행되는 단계들을 보여줄 수가 없다는 데에 있을 뿐이다. 이것이 손재주가 아니라 '머리재주'이기 때문이다.

암산을 잘하는 사람에게는 숨겨진 비법들이 있다.

모든 학습이 다 마찬가지다.

암산하는 사람에게는 종이와 연필이 필요 없는 비법이 있듯이, 공부에 필요한 반복, 연습과 암기도 물리적이고 기계적인 도움 없이 조작할 수가 있다. 이런 종류의 공부를 여기서는 '머리로만 하는 공부'라고 부를 것이다. 암산과 마찬가지로, 머리로만 공부를 한다면 메모지와 공책이 필요 없어진다. 그러고도 자신이 원하는 바를 달성할 수 있다.

어느 마사지사는 맹인이지만 수많은 고객들의 전화번호를 다 외우고 있다. 미국의 어느 판사는 시력을 잃고도 자신의 위치를 지키며 수년 동안 모든 판결과 발언을 기억해내 재판을 진행했다. 그는 겉으로는 언제나 속기록을 뒤적이는 척 행동했다. 글을 읽을 수 없는 사람들이 읽고 쓸 수 있는 사람들보다 일반적으로 기억력이 더 뛰어나다는 것은 이미 잘 알려진 사실이다. 그들은 기록을 할 수가 없기 때문에 대신 다른 능력을 키운 것이다.

글을 읽을 수 없는 사람들은 기억력이 더 뛰어나다.

어쨌든 모든 종류의 학습에는 여러 가지 '머리재주'가 필요한데, 이런 것은 간접적으로만 설명할 수 있다. 스펄링의 실험은 그런 '머리기술'의 하나를 보여준다. 시각적인 인상을 언어로 옮기는 것이다. 좋은 교사라면 학생들에게 이미 오래 전부터 이런 '기술'을 가르치고 있을 것이다. 교사들은 이 기술을 '그림 묘사하기'라고 표현한다.

학교에서 연습을 많이 하는 지루한 '그림 묘사하기'는 사실 기억을 돕는 훌륭한 방법이다.

그림 묘사하기를 할 때에 교사는 학생에게 그림을 하나 보여준다. 학생은 그 그림을 한동안 바라본다. 곧 교사는 그 그림을 치우는데, 학생은 그 그림을 묘사해야 한다. 스펄링이 증명한 바와 같이, 그림을 보는 동안, 아무리 늦어도 1초 후에는 그림을 묘사할 말을 선택하여 그 단어들을 실제로 말할 때까지 소리내지 않고 암송해야 한다. 즉, 단기기억의 테이프를 계속 돌려줘야 한다.

이러한 그림 묘사하기에 능숙해지면 실제로 기억력 훈련이 아주 잘된다. 이 연습은 학습의 첫 단계에서 꼭 필요로 하는 사고활동을 도와준다.

그러나 학생들에게 이런 유용한 연습을 시키는 교사들 중 대부분은 이때 일어나는 사건을 잘못 이해하고 있는 경우가 많다. 교사는 이런 연습을 통해서 자신이 얼핏 본 것을 사진판처럼 순간적으로 기억했다가 나중에 음화에서 사진을 뽑아내듯이 모든 세부사항을 재구성하는 능력이 훈련된다고 믿는다. 이런 능력을 가지고 있는 사람들은 지금 실제 눈앞에 보듯이 영상을 묘사한다는 주장들도 있다. 하지만 대부분의 경우 그들은 자신을 속이고 있다. 자신이 그런 능력을 가졌다고 생각하고, 교사들에게서도 그런 대접을 받는 학생들도, 실제로는 그런 능력을 가지고 있는 경우란 거의 없다.

실제로 자신이 본 것을 모두 재구성하는 능력을 가진 사람은 드물다.

'사진같이' 기억된 영상이 아무리 생생하고 세밀하게 생각나더라도, 실제로는 사실 그대로가 아니다. 이들이 기억에서 불러내는 '복제'는 정확한 재구성이라기보다는 풍부한 상상력의 산물이다. 이런 '직관적 기억'을 가진 사람들이 남들보다 더 잘 기억하는 것은 이들이 소리없이 암송하는 기술을 더 잘 익혔고, 자신들도 의식하지 못할 만큼 이에 통달했기 때문이다.

인간의 정상적인 뇌는 결코 사진기처럼 작동하지 않는다. 그럼에도 불구하고 직관적 기억을 가진 특별한 사람들이 극소수 있다는 것은 인정해야 하지만, 이 책에서 우리가 다루는 주제와는 거의 상관이 없다. 그런 사람들은 대단히 드문데다, 몇 초 사이에 두 개의 여섯 자리 수를 암산으로 곱할 수 있는 '똑똑한 바보'만큼이나 희귀하다. 그런데다가 이런 특수한 재능을 소유한 자들은 대부분 지능이 떨어지고 경우에 따라서는 정신박약인 경우가 많다.

결론적으로 우리가 스펄링의 실험에서 얻을 수 있는 첫 번째 교훈은 '머리재주'인데, 시각적인 인상과 그림을 기억하고자 하는 사람이라면 우선 본 것을 즉시 말로 옮기는 습관을 들여야 머리재주를 익힐 수 있다. 이렇게 충분히 연습하면 기억력은 눈에 띄게 좋아질 것이다.

장기기억을 위한 소리 없는 암송

이제, 어떤 방법으로 다음 단계인 단기기억에서 장기기억으로 올라갈 수 있는지 생각해보자.

그 해결책은 두 기억의 서로 다른 저장방식을 생각해보면 저절로 풀린다. 단기기억은 같은 정보를 카세트테이프처럼 암기할 때 생긴다. 바늘이 걸리는 레코드판처럼, 똑같은 음악을 자꾸 반복하는 것이다. 그러나 반복되는 것은 그저 몇 마디다. 단기기억의 용량은 매우 적다. 전화번호를 알아내 전화를 걸려고 옆방으로 가는 동안 전화번호를 두 개나 세 개 동시에 기억하려고 해보라. 그것은 거의 불가능하다. 여러 개의 구슬을 공중에 번갈아 던지지만 연습이 부족한 마술사처럼 그중 적어도 두 개

단기기억의 용량은 상당히 제한되어 있다.

는 놓칠 것이다.

그런데 이때 소리 없이 언어를 사용하는 이 반복은, 우리가 그 정보를 소리내어 말할 때보다 훨씬 빨리 진행된다.

'반복.'

이 단어는 에빙하우스의 곡선을 기억나게 한다. 또한 지금까지 배운 공비카드와 페이션스 게임도 생각난다.

우리는 에빙하우스의 망각곡선이 처음 한 시간 동안 특히 급하게, 거의 수직적으로 하강하는데 기억을 유지하기 위해서는 이 한 시간 동안의 반복이 가장 필요하다는 사실을 알고 있다. 그리고 차츰 반복 횟수를 줄여도 괜찮다는 것까지도 알고 있다.

반복하지 않으면 인간의 기억은 급격한 속도로 소실된다.

그런데 새롭고 낯선 정보와 처음 몇 초 동안 접촉한 다음 이 정보를 바로 잊어버리지 않으려면 얼마만큼의 시간 간격을 두고 대체 몇 번이나 반복해야 좋을까? 에빙하우스도 그런 연구는 하지 않았다. 하지만 우리는 정보의 손실을 막기 위해 이 몇 초 동안 필요한 반복 횟수는 대단히 엄청날 것이라는 것을 이미 짐작하고 있다. 그리고 반복 횟수가 너무나 많기 때문에 아주 단순한 단어나 생각만을 반복할 수밖에 없다. 너무 길어지거나 복잡해지면 도저히 외울 수 없으니까.

이 여성은 부자다.
그녀는 호화로운 집이 있고
그녀의 아버지는
나의 직장상사다.

적은 양의 정보를 자꾸 반복하면 기억 상실을 막는다.

단기기억은 바로 이런 것이다. 단기기억은 정보 예닐곱 개를 계속 돌린다. 이런 바쁜 회전이 기억상실의 뾰족한 부분을 무디게 만드는 유일한 방법이다.

사실 단기기억과 장기기억 사이의 차이는 어쩌면 그렇게 크지 않은지도 모르겠다. 오히려 이 두 가지 형태의 기억은 하나의 연속체를 구성하고 있는 것 같다. 정보가 단기기억에서 자주 반복될수록 점점 많은 요소들이 하나씩 장기기억으로 건너가며, 이들에게 필요한 반복 횟수가 점점 줄어들기 때문이다. 누구나 이런 과정을 경험으로 알고 있다. 기억하려는 전화번호는 처음 적어도 몇 초 동안 여러 번 반복한다. 그런 다음에는 가끔 기억에서 꺼내보아도 충분하다.

단기기억에서 장기기억으로 넘어가는 일은 조정이 가능하다.

이렇게 해서 우리는 학습에 결정적으로 중요한 새로운 '머리재주' 하나를 발견했다. 기억하려고 하는 모든 새로운 정보는 머릿속에서 즉시 말로 옮겨야 할 뿐만 아니라 같은 말로 즉시 여러 번 반복하고 소리 없이 암송해야 한다는 것! 그럴 때만 단기기억에서 장기기억으로 올라갈 수 있다는 것! 그리고 이것 역시 학습되는 하나의 습관이며 연습이 필요한 머리기술이라는 사실 말이다. 교사나 심리학자들은 이것을 '집중'이라고 말한다. 사람은 '집중'할 때 다른 것은 생각하지 않고 오로지 학습에 중요한 정보만을 생각한다. 지금 기억하고 싶은 바로 '이것'을 외울 때까지 생각한다는 의미다.

이제야 여러분은 '집중'이 무엇을 뜻하는지를 알게 된다.

의미있는 정보는 오래 기억된다

공부할 내용의 일부를 단기기억에서 장기기억으로 올려보내는 방법은 집중 이외에도 또 있다. 배들리가 보여주었듯, 공부할 내용은 그 형태가 변화되어야 한다. 단어와 수는 말, 개념, 의미가 되어야 한다. 그래야만 기억에 오래 남는다. 여기서 '개념'이라는 말은 "원은 한 점에서 같은 거리만큼 떨어져 있는 점들의 기하학적인 위치다"라는 식의 정의를 뜻하는 것이 아니다. 우리의 장기기억에 기억되는 '개념'과 '의미'는 우리가 '붙들거나' 손가락으로 '가리킬' 수 있는 물리적인 사물이 아니며 시각, 청각, 미각, 후각, 촉각을 통해 주관적으로 수용하는 감각도 아니다.

우리의 정보를 장기저장고에 붙여두는 접착제는 지극히 개인적인 '의미', 즉 우리의 개인적인 의도, 목표실현, 필요충족을 위해 우리의 감정과 의지의 하인으로서 가지는 순수한 의미다.

바로 여기서 순환의 고리가 맞물린다. 우리는 동기가 모든 학습의 원동력이며 거기에 필요한 연료는 순간적인 성공이라는 사실로, 손다이크의 '긍정적인 사후효과'나 스키너의 '강화자극'이라는 깨달음으로 되돌아오게 된다.

그리고 이제 우리는 여기에서 단기기억과 장기기억의 경계를 뛰어넘는 '머리재주'를 하나 더 배웠다. 이 재주는 새로운 정보를 처음 접하고 소리 없이 암송하는 첫 단계에서 '개인적인 의미'를 부여해야 한다는 사실이다. 그리고 그 의미는 순수하게 자의적으로 만들어내는 것이라는 깨달음이다.

05 결정적인 0.5초의 법칙

결정적인 0.5초를 잡아라

미국 서부의 먼지투성이 길, 술집이나 비겁한 보안관이 닫아놓은 사무실 앞에서 두 남자가 다리를 벌리고 마주 보면서 권총 손잡이에 손을 대고 있다. 한쪽은 착한 사람이고 다른 한쪽은 악당이다.

먼저 총을 빼는 사람은 규칙을 어기는 악당이다. 나중에 총을 빼지만 상대를 쏘아 맞히는 사람은 좋은 사람이다. 그가 총을 쏜 것은 정당방위이기 때문에 교수형을 당하지 않는다. 하지만 이에 성공하려면 그의 행동은 몇 분의 일 초 안에, 최대한 짧은 반응시간 안에 일어나야 한다.

서부 이야기의 행동방식은 학습 심리학적인 관심을 끈다. 상대방이 총을 뽑게 되면 1초도 중요해진다.

상대편의 손이 총으로 가면, 움직여도 좋다는 신호다. 학습 심리학적으로 말하자면 이것은 반응이 뒤따라야 하는 자극이고, 반응이 뒤따라도 되는 유일한 자극이다. 하지만 이 반응은 상대방의 행동을 따라잡고 추월할 만큼 빨라야 한다. 그러려면 '총 뽑기'를 연습해야 하고 실제로 총을 쏘건 안 쏘건 수백 수천 번 반복해서 훈련해야 한다.

일본 사무라이의 전통에서도 비슷한 조건화를 훈련한다. 어떤 유명한 사무라이가 제자와 함께 산속 외딴집에 살고 있었다. 제자는 여러 주일 동안 장작을 패고 물을 긷고 오두막을 청소하고 음식을 준비하는 허드렛일만 했다.

자동적인 반응은 생각도 하기 전에 바로 나온다. 하지만 여기에도 연습이 필요하다.

그러던 어느 날 제자는 스승에게 검도를 가르쳐주십사고 청했다. 노스승은 그에게 여태 손에 칼자루 한 번 잡아보지 못하게 했다. 노스승은 제자가 우물 위로 허리를 굽힐 때나, 말에 먹이를 줄 때나, 낙엽을 긁어모을 때나, 시도 때도 없이 갑자기 나타나 대나무 막대기로 제자의 머리를 내리칠 뿐이었다.

옳은 답을 대는 것만으로 충분하지 않다. '총알같이' 대답해야 한다.

이런 일이 반복되자 제자는 잠을 잘 때조차도 마음을 놓지 못했다. 이것이 제자가 가장 먼저 배운 공부였다. 즉, 어떤 상황에서 어떤 공격이 있더라도 즉각적인 대응으로 공격을 막아내는 일이었다. 빗자루나 신발 닦는 솔, 냄비 뚜껑을 이용해도 상관없었다.

미국 서부에서나 옛 일본에서나, 이런 훈련의 목표는 의식적인 사고 없이 이루어지는 순간적이고 자동적인 반응이다. 비록 평화로운 학습목표를 위해서이긴 하지만, 지금도 이런 조건화 방법을 선호하는 교사들이 있다. 이들은 학생들이 옳게 대답하는 것만으로 만족하지 않는다. 이 선생님들은 학생들이 카우보이가 총을 뽑을 때나 검도를 배우는 제자가 스승의 공격에 대응하듯, 생각하는 시간을 거치지 않고 즉각적으로 '총알같이' 대답하기를 요구한다.

그리고 그런 이유로 쓸데없이 학생을 괴롭힌다고 배척당한다.

이 선생님들은 학생이 '자다가도 대답할 수 있어야' 한다고 말한다. 배운 내용을 재생산하기 위해 시간과 정신적인 노력에 의지해서는 안 된다는 주장이다. 그러나 오늘날의 학생들이나 교사들, 교육학자들은 이런 요구를 비교육적이며 무의미한 고통이라고 비난한다.

구식이라고 하는 반복연습을 시키는 학교선생님들이 옳을지도 모른다.

그러나 현대적인 학습 심리학의 관점에서 보면, 두 가지의 정신적 사건인 신호와 행동, 자극과 반응, 질문과 대답을 묶는 '연상'은 서로 맺어지는 두 부분이 0.5초 사이의 간격을 두고 이어질 때 가장 잘 연결된다는 사실을 알아야 한다. 이런 면에서 구식 선생님들이 옳다.

이 진리는 동물과 인간을 대상으로 한 수많은 실험을 통해서 얻어졌다. 이것은 학습에 관한 한 확고부동한 법칙이다.

모든 인생의 중심축

이 0.5초는 행동과 사고의 기준이 되는 최소 시간의 길이다. 학습 시간의 원자인 것이다. 인간이나 고등동물의 뇌에서 두 가지 사건이나 상징이 하나의 과정으로 연결되어야 할 때면, 즉 '연상'으로 이어져야 할 때면 이 시간은 변하지 않는 상수처럼 계속 나타난다.

- **우선 고전적 조건화에서 조건 자극과 무조건 자극이 연결될 때 그렇다. 파블로프의 실험에서처럼, 개들이 종소리(조건 자극)를 가장 빨리 학습하는 것은 무조건 자극인 고기가 종소리 이후**

0.5초 후에 주어졌을 때다.

- **'도구적' 조건화도 마찬가지다. 스키너의 경우에서처럼, 비둘기들이 실험자가 의도했던 행동을 가장 빨리 배우는 것은 이들이 0.5초 후에 모이로 보상을 받았을 때다.**
- **이 0.5초를 흔히 '눈 돌릴 사이'라고 말한다. 움직임을 눈으로 따라가는 데에 그 정도의 시간이 걸리기 때문이다.**
- **자동차 운전자가 장애물이 나타났을 때 브레이크를 밟는 데에 걸리는 반응 시간도 0.5초다.**
- **끝으로 0.5초는 모든 인생의 중심축이다. 인간이 '현재'라고 느끼는 시간의 길이, 어두운 미래와 희미해진 과거 사이의 유일하고 짧은 광명이다.**

눈 돌릴 사이의 일이다.

연상이라는 개념은 심리학의 다른 많은 개념들과 마찬가지로 분명하게 정의되지 않았으므로, 따라서 구체적으로 무엇이 연결되고 맺어지는지 말하기는 어렵다. 내용, 사고, 개념이나 어쩌면 행동까지도 여기에 포함될 것이다.

인간은 생각하는 동안에만, 그러니까 지금 이 순간인 0.5초 동안에만 생각을 할 수가 있다. 이 0.5초 후에는 한 생각에서 다른 생각으로, 생각에서 행동으로 넘어간다. 그러므로 가장 길고 복잡한 생각이나 행동의 흐름도 0.5초 단위의 사슬이 고리처럼 서로 연결되어 있을 때만 전체적인 맥락을 얻는다.

학습 심리학 분야에서 이 0.5초라는 결정적인 시간은 더 이상 부정할 수 없는 것이다. 0.5초 사이에 학습되지 않는다면 우회로를 통해 잘못 학습되거나 학습되지 않는다.

0.5초 사이에
학습되지 않는다면
잘못 학습되거나
학습되지 않는다.

0.5초의 결정적인 시간은
대답을 할 때보다
공부할 때 더 중요하다.

이 사실을
깨닫지 못하는 사람은
공부할 때 시간과 노력을
절약할 기회를 놓친다.

그러나 빠른 대답을 요구했던 '구식의' 선생님들이 이 사실을 이해했던 것은 아니다. 그들에게는 시험을 위한 0.5초가 중요했을 뿐이지, 학습을 위한 중요도를 이해했던 것은 아니다. 그들은 오래된 전통을 따랐을 뿐이다. 그랬기 때문에 시간과 노력을 절약할 수 있는 기회를 놓치고 말았다.

결론적으로 개와 고양이, 쥐와 비둘기 등의 '실험동물들'은 효과적으로 조건화가 되었지만 인간은 거기에 끼이지 못하게 되었다.

이해와 반복연습

학습 현장에서 이렇게도 중요한 기회를 놓친 데에는 이유가 있다. 그중 하나는 교육학 내에서의 유행이다. 단순한 암기가 수백 년을 지배해왔기 때문에 그 후로는 그 반발로 통찰과 이해를 통한 학습이 크게 유행하고 있다. 그 결과 추론하는 이해력을 사용하지 않는 모든 학습은 비현대적이고 고리타분한 것으로 치부되었다. 학생들과 교사들 사이에서 암기, 반복 연습과 암송에 대한 반감이 점점 높아졌다.

여러 가지 이유가 있기는 해도
암기에 대한 반감은
어리석다.

또 다른 이유는 지식의 폭발이다. 끊임없이 확장되는 연구에서 얻어지는 지식은 매 10년마다 거의 두 배로 증가하기 때문에, 보편적인 교양이라는 이상은 완전히 파괴되었다. 아무리 부지런한 사람이라도 생전에 모든 분야에 통달하리라는 희망은 이룰 수 없게 되었다.

여기서 나오는 결론은 두 가지다.

오늘날에는 보편적인 교양이란 존재하지 않는다.

- **어떤 사람들은 아이들에게 무엇보다도 생각과 성찰, 통찰력과 이해력, 새롭고 낯선 자료를 조직하고 분류하고 개관하는 정신적인 기능을 가르쳐야 한다고 말한다.**
- **또 어떤 사람들은 너무 많은 정보를 자신의 것으로 만드는 공부는 아무런 의미가 없다고 말한다.**

계산기와 컴퓨터가 있는데 왜 계산을 배운단 말인가? 법전이 있는데 왜 법 조항을 외운단 말인가? 이들은 암기가 쓸데없는 일이라고 말한다. 사람은(교육받은 사람이라도) 원하는 정보를 책이나 서고, 인터넷에서 찾는 방법만 알면 된다고 말한다. 그리고 사람의 이성으로 이것을 이용해 필요한 정보를 재구성할 수 있다고들 말한다.

법전이 존재한다는 사실은 학생에게 도움이 되지 않는다. 학생은 그 내용을 공부해야 한다.

첫 번째 결론은 옳다. 하지만 이것은 어제오늘의 일이 아니다. 백 년 전이나 3백 년 전에도 통찰력 있는 이성이 우매한 책벌레들보다는 우위에 있었다. 하지만 두 번째 결론은 틀렸다. 아는 것이 없어도 성공적으로 생각하고 이해하고 통찰할 수 있다는 아주 잘못된 전제조건을 바탕으로 하고 있기 때문이다.

이 오류는 외국어 학습과 같은 단순한 일을 시험해보면 분명히 알 수 있다. 문법 규칙이 모두 들어 있고 정리가 잘되어 있는 교재와 모든 단어가 수록된 사전을 소유하는 것만으로 외국어를 배울 수 있을까? 그리고 이것을 사용하는 방법을 익힌 사람이 외국어로 쓴 글을 모국어로, 또 그 반대로 번역할 수 있을까? 글쎄, 가능하긴 하

단어를 모르고도
'번역'을 할 수는 있다.
하지만 시간이 오래 걸린다.

모든 것을 책에서
찾아봐야 하는 의사를
어떻게 신뢰하겠는가?

아무것도 공부를
대신할 수는 없다.

겠다. 그러나 거기에는 상상하지 못할 만큼의 시간과 노력이 들게 되어, 처절한 절망감에 빠지게 될 것이다.

이 방법은 그 지역을 잘 모르는 택시 기사가 승객을 태울 때마다 나침반과 지도와 지명색인을 찾아봐야 하는 경우와 같다. 질병의 증상과 치료법이 모두 책에 들어 있고 언제라도 찾아볼 수 있기 때문에 암기를 거부하는 의사가 환자를 치료할 수 있을까?

이해와 통찰이 있으면 부족한 정보를 기존의 다른 정보에서 도출해낼 수 있는 것은 사실이지만, 결코 공부를 대신 할 수는 없다.

독자적으로 사고할 수 있는 수학자도 수학의 법칙과 공식을 외워야 한다. 그가 언제나 모든 것을 만들어내고 재구성할 수 있는 것은 아니다. 버트런드 러셀이 '수학의 원리'에서 증명한 바와 같이, 실제로 수학은 모든 것이 다 수리논리학의 법칙에서 추론될 수 있고, 이 법칙들은 최종적으로 모두 단 하나의 법칙, 즉 어떤 주장은 동시에 참이면서 거짓일 수 없다는 배타원리에서 나온다. 하지만 이 추론이 완성되기까지는 수세대에 걸친 천재적인 수학자와 논리학자들의 공헌이 있었다.

그들의 어깨 위에 서 있지 않은 외톨이 천재는 마치 10년 전, 오지에서 초등교육만을 받고 미분을 스스로 생각해낸 광부의 아들과 비슷한 처지에 놓이게 될 것이다. 그는 자신이 깨달은 바를 가까운 대학에 제공하기 위해 자랑스럽게 마을로 내려왔지만, 이미 3백 년 전에 라이프니츠와 뉴턴이라는 사람들이 미분을 발견했다는 말을 전해듣고 몹시 실망했다.

기억 속의 쇠갈고리

학습에 대한 적대감이 점점 더 유행하고 있다. 그러나 나는 학습이 학생에게 '불필요한 부담'이라는 말에는 반대한다. 오늘날 학교에서 가르치는 것 중, 상당 부분이 쓸모가 없는 것들임은 분명하여 이렇다 할 목적도 없으며 인생에도 도움이 되지 않는 정보들이지만, 학습 자체를 비난하는 이러한 생각은 학습을 방해하고 망각을 돕는 심리적 기제에 대한 그릇된 판단에서 비롯된 것이다.

'불필요한 학습'과의 싸움은 오해에서 비롯되었다.

앞(47-49쪽)에서 보았듯이, 모든 망각은 역행적이거나 순행적인 억제, 즉 새로 학습된 정보들 사이의 양방향적인 억제 때문에 일어난다.

한 번에 많은 양의 정보를 학습할수록 그만큼 많이 잊어버리는 것은 당연하다. 그러나 '학습의 과중부담'과 싸우기 위해 출정하는 사람들은 공부를 했거나 해야 할 모든 정보들이 서로 방해를 한다고 생각하는데, 이는 오류다. 이들은 사람의 뇌가 그 용량 제한이 있어서 너무 많은 양을 넣으면 물통처럼 넘친다고 생각한다.

사실은 그 반대다. 새로 학습된 내용이 지나치게 많은 것이 문제가 아니라 그것들이 기억 속에 단단하게 자리잡지 않았을 때에만 서로 섞이게 되는 것이다. 기존의 지식이 기억 속에 안정적으로 자리잡고 있다면 새로 더해지는 학습내용에 아무런 피해도 주지 않는다. 그런 기존 지식은 억제도 혼동도 일으키지 않는다. 도리어 이들은 단단하고 잘 박힌 쇠갈고리 같은 역할을 하기 때문에, 학생은 새로 배운 것을 여기에 걸 수 있다.

한번 잘 배운 것은 든든하게 '들어앉아서', 새로운 학습내용을 방해하지 않는다.

4장의 예를 다시 생각해보자. 거기서 학생이 'montone(숫양)'라는 이탈리아어 단어를 그렇게 쉽게 배운 것은 그가 이미 다른 비슷한 단어, 그러니까 산이라는 뜻의 라틴어 'mons', 이탈리아어 'monte', 영어에서 숫양을 나타내는 'mutton'을 알고 있었기 때문이다. 이런 단어들 모두가 기억의 쇠갈고리가 되어 거기에 'montone'라는 단어를 고정시키게 되는 것이다.

만일 이 표현들을 몰랐다면 어땠을까? 만약에 mons, monte, mutton, montone를 한 과에서 한 시간에 다 배워야 했다면? 그랬다면 한동안 상당한 혼동과 오류, 유사억제의 모든 증상들과 싸워야 했을 것이다. 외국어를 배울 때, 이미 굳어진 어휘가 많을수록 새로운 어휘를 더 쉽게 기억하며 더 많이 저장할 수 있다.

외국어 어휘를 많이 알수록 새 단어를 배우기가 쉽다.

이는 언어뿐만 아니라 모든 정보에 해당되는 말이다. 인간의 기억을 물통과 비교하는 것이야말로 근본적인 오류다. 기억은 오히려 미끄러운 암벽에 붙은 쇠갈고리 시스템과 비슷하다. 갈고리가 많을수록 등반가가 이들을 붙잡고 쉽게 새로운 고리를 박을 수 있다. 열 배를 더 아는 사람은 백 배를 더 배울 수 있다. 갈고리 백 개를 한 번 박아놓은 사람은 어렵지 않게 다시 1천 개를 박을 수 있다.

이렇게 해서 벌리츠는 50개 언어를 배우는 데 성공했다.

세계에 널리 알려진 '벌리츠 학원'의 창시자인 미국인 막시밀리언 D. 벌리츠*Berlitz*는 1921년 숨을 거둘 때까지 50개 언어에 통달했다. 그의 손자는 지금까지 20개 언어'밖에' 못하지만 할아버지를 능가하겠다고 벼르고 있다.

이들은 어떻게 그런 일을 해냈을까? 너무 많은 지식이 '불필요한 부담이 된다'는 생각을 믿지 않았음이 확실하다. 이들의 방법은 아주 단순하다. 외국어 하나를 배운 사람은 두 번째 언어도 훨씬 쉽게 배운다. 두 개를 하는 사람은 네 개를 배우기도 쉽다. 네 개를 하는 사람은 여덟 개도 그리 어렵지 않게 배울 수 있다.

아는 것이 전혀 없거나 거의 없는 사람에게만 공부가 짐이 된다.

아는 것이
너무 적은 사람에게
공부는 짐이 된다.

움직이지 않으면 배울 수 없다

벌리츠는 결정적인 0.5초를 잘 이용한 몇 안 되는 사람들 중 한 명이었다. 이 시간은 효과적인 학습을 보장하는 핵심 단위다. 아마 그는 학술적으로 정확하게 이 시간을 알고서 이용한 것이 아니라 무의식적으로 행했을 것이다.

이 이상적인 시간을 학교에서 배운 것을 암기하는 데에 사용하기란 쉽지 않다. 자극은 반응을, 그러니까 대답은 질문을, 외국어 표현은 번역을, 그리고 번역은 외국어 표현을 0.5초 이내에 뒤따라와야 한다.

대답은 질문 후
0.5초 안에 나와야 한다.

이제 우리의 수업 현장으로 나가보자. 교사는 학생들에게 '나는 창문으로 갑니다'가 영어로는 'I go to the window'라는 것을 가르치고자 한다. 그러한 목적으로 교사는 두 가지 표현을 연달아 말한다. "나는 창문으로 갑니다. I go to the window."

"나는 창문으로 갑니다"라고 말한 교사는 일부러 잠깐 쉰다. 그리고 학생들을 의미심장하게 바라본다. 마치 긴장을 고조시키려는 듯 다시 교사는 "I go to the window"라고 말한다. 아마 그 두 문장 사이의 시간은 1.5초에서 3초 사이일 것이다. 이 시간은 결정적인 0.5초보다 길다. 그래서 도움이 되기보다는 방해가 된다. 두 문장 사이의 시간이 길수록 이때 학습되어야 할 연합, 연결, 연상은 약해진다.

수업 중의 '쉬는 시간'은 도움이 되기보다는 방해가 된다.

글로 쓰는 것도 마찬가지다. 교사는 그 문장을 영어로 쓴 다음에 우리말로 칠판에 쓰거나 그 반대로 한다. 두 정보 사이의 시간은 물론 더 길어진다. 교사는 우리말로 쓰고 나서 잠깐 멈췄다가 손을 칠판의 다른 쪽으로 옮겨야 한다. 그동안 그는 잠깐 몸을 돌려 학생들이 집중해서 같이 읽고 있는지를 확인하느라 또 시간을 지체한다. 그는 그 다음에야 영어 문장을 쓴다.

이제 두 문장이 모두 칠판에 쓰여 있기 때문에, 그래서 0.5초도 떨어지지 않은 것처럼 보인다.

하지만 이는 정적인 영상일 뿐이다. 더 이상 두 문장은 동적인 순서가 되지 못한다. 이 문장들은 이제 고정되었고, 더 이상 사건이 아니다. 따라서 자극과 반응의 관계를 맺지 못한다.

우리는 움직임이 없이는 아무것도 배우지 못한다.

모든 학습과정에 한 가지 근본적인 진리가 있는데, 사람은 움직임이 없다면 아무것도 배우지 못한다는 것이다.

예를 들어 처음 가보는 휴양지를 생각해보자. 첫날에는 모든 사물, 집들, 야자수와 텔레비전 안테나와 공원의 간판과 돌과 계단과 화분이 우리의 관심을 사로잡는다. 이들이 움직이지 않아도 상관없다. 움직임이란 상대적인 것이다. 우리가 왔기 때문에, 이 사물들이 움직인 것과 마찬가지 효과다. 그러나 오래 머무르다 보면, 그중에서 변화하는 것만 눈에 띈다. 첫날에는 흥미롭게 보였던 것들이 이제는 새로움이나 생명을 잃어버린다. 이들은 더 이상 우리를 '자극'하지 못한다.

자극이 새로움과 새로움을 잃어버리는 것을 심리학자들은 '습관화-익숙해짐'이라고 부른다. 자리에서 움직이지 않는 사물들은 잊혀진다. 그래서 개와 고양이, 카나리아를 키우는 사람들이 많은 것이다. 이들은 움직이기 때문에, 늘 신선한 자극을 준다.

휴가 때,
우리가 장소를 움직이면
새로움 자체가 자극이 되어,
움직이지 않는 사물에도
사로잡힌다.

동물이 위험에 처했을 때 자신을 보호하기 위해 '반사'적으로 죽은 척하는 것은 우연이 아니다. 인간도 본능적으로 이런 반응을 보인다. "놀라서 굳어버렸다"는 표현도 있고, 전쟁터의 군인들도 적군의 조명탄이 하늘에 뜨면 우선 꼼짝 말고 가만히 있는 것이 제일 안전하다는 사실을 직감적으로 알고 있다. 분필로 쓴 "나는 창문으로 갑니다"와 "I go to the window"라는 문장은 굳어버렸다.

칠판에 쓴 문장은
생명이 없다.

교사가 이 문장을 한 글자씩 칠판에 쓰는 동안에는 가장 효과적으로 연상, 연합, 기억이 되었을 것이다. 하지만 그 시간이 너무 길었다. 초시계로 재보면, 두 문장이 칠판에 나타나는 순간 사이에는 0.5초라는 최적의 시간보다 훨씬 더 긴 3~5초의 시간이 흘렀음을 알 수 있다.

벌리츠는 단어와 의미가 0.5초 사이에 연속적인 사건처럼 일어나도록 애썼다. 그리고 그는 문어로든 구어로든 두 언어의 단어와 문장을 서로 대비시키지 않는다. 그의 방법은 외국어의 의미를 동작과 손짓으로 짐작하도록 유도했다.

벌리츠식의 외국어 교사라면 "나는 창문으로 갑니다"

벌리츠식의 외국어 교사는 0.5초 내에 몸을 움직인다. 그래서 그 교수법은 성공했다!

라고 말하면서 실제로 그 동작을 한다. "나는 모자를 벗습니다"라는 문장을 읽을 때에는 실제로 모자를 벗는다. '왼손'이라고 말하면서 왼손을 들고, '오른손'이라고 말하면서 오른손을 든다.

이런 모든 움직임들과 손짓들은 이들과 연합되어야 할 외국어 문장들과 0.5초 이상 떨어져 있지 않다. 그래서 이들은 더 이상 고정되어 있지 않다. 그 결과 벌리츠는 외국어 학습과정에서 대대적인 성공을 하게 되었다.

언어학습-우회하지 않고 배우기

벌리츠식 교수법의 두 번째 장점은, 절대로 우회적인 방법을 쓰지 않는다는 것이다. 일반적으로 외국어를 배우는 방법들은 아주 복잡하게 얽힌 과정들을 제시한다. 이 방법들은 아주 간단하게 갈 수 있는 길을 오히려 복잡하게 만든다.

다른 일반적인 방법들은 계란 사이에서 춤을 추는 것처럼 어렵고 복잡하다.

보통 외국어 수업에서는 개념과 사고가 직접 외국어로 전이되지 않는다. 학생은 우선 우리말 표현으로 생각한 다음 외국어 표현으로 옮긴다. 창문으로 간다는 생각에 이어 곧바로 영어 문장 "I go to the window"가 뒤따르는 것은 아니다. "나는 창문으로 갑니다"라는 우리말부터 주어진다.

게다가 이 문장이 바로 영어로 옮겨지는 것도 아니다. 학생은 머릿속으로 해당 단어들과 문법 규칙들을 부지런히 떠올린다. 'I'가 정말로 문장에서 주어로 쓰이는 '주격'인지, 'I'와 함께 쓰인 'go'가 정말 1인칭 단수 현재인지, 그리고 영어에서는 간단하게 'go to the window'라고 하면 맞는지 등등의 생각이 머릿속을 스쳐지나간다.

그리고 이보다 더 복잡한 발음 규칙 문제가 덧붙여질 수도 있다. 'I'를 왜 'window'에서의 i처럼 '이'로 읽지 않고 '아이'라고 읽으며, 'the'에서의 th는 어떻게 읽어야 하는지, 또 'window'의 'ow'는 '아우'가 아니고 '오우'와 비슷하다는 등의 발음에 대한 심오한 성찰이 이어질 수도 있다.

이렇듯 전통적인 언어학습법은 꼬불꼬불 돌아가는 우회로였다. 이런 방법으로도 무엇인가를 배울 수 있었다는 것은 인간정신의 승리에 다름 아니다.

벌리츠는 일찌감치 이런 쓸데없는 것들을 걷어내 버렸다. 그도 문법을 가르치기는 했지만 옆에 곁들인 반찬 정도일 뿐이었다. 그는 학생들에게 어떤 생각을 외국어로 옮길 때 한 단계 이상 거치지 않도록 가르쳤다. 필요한 연상은 한순간, 하나로 이루어진다. 바로 이것이 벌리츠식 교수법으로, 외국어의 기초를 배우는 데에는 어떤 문법적인 구조물보다도 효과적이다.

아이들은 본능적으로 이런 방식으로 외국어를 배운다. 그들도 언어를 그에 속한 사물, 상황이나 행위와 직접 연결시켜 기억하며, 심리학적으로 결정적인 단위인 0.5초 안에 기억 속에 저장하고 있다.

이 방법이 효과적이지 않을 경우 오직 일상적인 사물이나 대화 상대자의 손짓만 보고는 그 의미를 알아볼 수 없는, 복잡하고 추상적인 표현들을 배울 때다. 미학이나 철학적인 내용은 이런 방식으로 배우기 힘들다. 그때는

아주 간단한 문장이 얼마나
혼란스러워질 수 있는지.

단어뿐만이 아니라 그 개념 자체부터 학습해야 하기 때문이다. 이는 무지한 사람을 교양 있는 사람으로 변화시키는 일만큼이나 어렵다.

외국어를 모국어와 같은 방법으로 배우는 것은 좋은 일이다. 하지만 추상적이고 복잡한 개념의 경우에는 도움이 안 된다.

암기를 위한 머리재주

벌리츠식 학원에도 단점은 있다. 모든 학교와 마찬가지로, 이 학원도 가르치는 데에는 도움이 되지만 망각이라는 장애로 가득 찬 미로에서 혼자 공부할 때에는 거의 도움이 되지 않으며, 꼭 필요한 반복을 완수해야 하는 학습에서는 거의 효과가 없다.

하지만 우리는 벌리츠 일가의 경험과 지금까지 말한 이론적인 지식에서 뭔가를 얻을 수 있다. 바로 머리재주다. 가장 중요한 머리재주는 더 이상 자극을 주지 않는 학습 자료에 스스로 새로운 움직임을 불어넣어 주어 그 자료가 새로운 자극이 되도록 만드는 것이다.

글로 된 자료는 어떤 방법으로든지 움직임을 불어넣어 주어야 더 잘 기억된다. 여기에는 여러 가지 방법이 있다.

우리는 움직임이 상대적이라는 것은 이미 배웠다. 그러므로 움직이는 것이 반드시 우리가 바라보는 대상인 글이나 설명일 필요가 없다. 우리가, 더 정확하게는 우리의 눈이 움직이면 된다.

"나는 창문으로 갑니다"와 "I go to the window"라는 문장이 칠판에 고정되어 있다면 우리는 눈을 이쪽저쪽으로 움직일 수 있다. 먼저 우리말 문장을 본 다음 영어로 된 문장을 바라본다. 이 일을 시간이 허락할 때까지 반복한다. 교사가 새로운 문장을 쓸 때까지 반복한다. 이런 머리

몸을 움직일 수 없다면,
적어도 눈을 움직인다.

재주로 우리는 학습의 첫 번째 어려움, 움직이지 않는 자료는 더 이상 자극을 주지 못한다는 점을 극복한다.

어떤 자료가 움직이지 않을 때 거기에 움직임을 첨가시킨 것이다. 우리가 외우고자 하는 이 두 성분들은 이제 살아 있기라도 한 듯이 번갈아가며 우리의 주의를 사로잡는다. 이들은 서로 분명히 구별할 수 있는 두 개의 자극처럼 보인다. 따라서 더 쉽게 기억할 수 있다.

이때 중요한 점은 두 가지 그림이—지금은 인공적으로 움직이는데—가능한 한 0.5초 사이를 두고 서로 연속되어야 한다는 점이다. 이건 특별한 기술이나 머리재주가 필요한 게 아니다. 사람의 눈은 별다른 노력을 하지 않아도 '눈 깜짝할 사이에' 움직일 수 있다. 그런데 우리가 이미 배웠듯이, 그림은 그 자체로는 상세하게 기억하기가 어렵고 대개 초단기기억에만 저장된다(130쪽 참조). 그러므로 교사가 다음번 진리를 칠판에 그릴 때까지의 시간 동안 두 번째 머리재주를 잘 사용하여 기억에 저장해야 한다.

선생님이 더 가르치기 전에
두 번째 머리재주,
즉 소리 없이 암송하기를
사용한다.

이 두 번째 머리재주는 단기기억술, 즉 앞에서 말한(138쪽) 소리 없는 암송을 실시하는 것이다. 우리는 속으로 "나는 창문으로 갑니다"와 "I go to the window"를 아주 빨리 여러 번 반복하는데, 이 속도는 빠를수록 좋다. 이렇게 하려면 집중이 필요한데, 집중력이 부족한 사람들은 이 단계에서 실패할 것이라는 우려를 할 수도 있다.

하지만 이처럼 아주 낮은 단계의 '집중'이란 소리 없이 반복해서 정보를 기술하고 다시 말해보는 것 정도다. 아주 단순한 머리재주다.

물론, 손으로 글씨를 쓰거나 넥타이를 매거나 차를 운

전하거나 못 박는 일을 연습하듯이 이 재주에도 연습이 필요하다.

다른 모든 연습과 마찬가지로, 이 연습에서도 다른 사물의 방해를 받지 않아야 한다는 점이 매우 중요하다.

집중은 조용한 방에서 연습하는 것이 가장 좋다.

이때도 공비카드가 커다란 도움이 된다. 더욱이 공비카드는 '집중해서' 공부할 때에 정말 큰 도움이 된다.

공비카드로 공부하는 법을 처음 설명할 때(61쪽부터) 카드를 볼 때마다 우리말과 이탈리아어 단어의 연결을 몇 초 동안 '외우라'고 충고했다. 어머니=la madre, 가다=andare, 나는 영화관에 간다=vado al cinema.

첫번째 머리재주인 '외운다'는 일은 바로 이 소리 없는 암송이다.

지금 학생은 공비카드에서 앞에는 '창문'이라고 쓰여 있고 뒤에는 'window'라고 쓴 쪽지 한 장을 꺼낸다. 그리고 두 단어를 쳐다보고 소리 없이 반복하기 시작한다. "창문-window-창문-window-창문-window……." 아주 간단한 일이다.

이 단어는 좁은 골짜기에서 메아리치듯이 머릿속에서 반복된다. 소리는 사라질 때까지 계속 울린다. 이 단어를 '외우려고' 노력한다면 '창문-window'의 연합체를 몇 초 동안 머릿속에서 공명시켜야 한다. 그런데 이때 두 단어를 되도록 빨리 연결해야 한다는 것, 그 시간 간격은 길어야 0.5초여야 한다는 것을 잊지 말자. 이것이 바로 '집중'이다.

이제 '집중'하는 양을 어떻게 점점 늘릴 수 있는지 생각해보자. 학생은 공비카드에서 종이를 또 한 장 꺼내는데, 거기에는 'window'라는 단어가 다른 단어와 함께 쓰

새 단어를 외우는 가장 좋은 방법은 그것을 바로 메아리처럼 머릿속에서 울리게 만드는 것이다.

학습은 지식의 양으로 점차 늘려가는 것이다.

단기기억의 한계를 느끼게 된다.

여 있다. 카드 앞면에는 '창문으로', 뒤에는 'to the window' 라고 쓰여 있다. 학생은 아까처럼 암송을 한다. "창문으로-to the window-창문으로-to the window……."

세 번째 카드에는 더 많은 단어들이 연속되어 있다. "나는 창문으로 갑니다." 이것 역시 똑같은 방식으로 반복한다. "I go to the window-나는 창문으로 갑니다-I go to the window……."

이 연습은 점점 더 길고 복잡한 문장으로 그 난이도를 높여갈 수 있다. "나는 일어나 창문으로 가서 밖을 내다봅니다-I get up, go to the window and look out." 또는 "나는 일어나 창문으로 가서 창문을 열고 밖을 내다봅니다-I get up, go to the window, open it and look out." 등등.

이러면 누구나 소리 없는 암송이라는 머리재주를 어느 정도 완벽해질 때까지 연습할 수 있다. 그렇게 하면 단기기억에 줄 수 있는 양이 점차 증가하고, 지금 자신에게 얼마나 부담을 줄 수 있는지 그 한계를 알게 된다.

그리고 천천히 그 한계를 넘어야 할 것이다. 한계를 넘기가 어렵다면, 아예 뒤로 물러서서 한 번에 조금씩 해보는 것으로 만족한다. 그렇지 않으면 금세 흥미를 잃어버린다. 소리 없이 암송하는 일을 포함한 모든 학습활동은 성공을 거둘 때에만 강화가 된다는 점을 기억하자. 매번 실패를 겪게 된다면 즉시 지겨워져 결국 포기하게 된다.

그렇기 때문에, 이 방법으로 교재의 한 과를 모두 암기하는 것은 의미가 없다. 한 과를 다 외우는 것은 자기 역할을 외워야 하는 연극배우의 과제이지, 학생에게는 전혀 필요가 없다. 그리고 대부분의 연극배우들도 대사 외우는 일 때문에 자신의 직업을 지긋지긋하게 여기고 있다.

한 과를 모두 외우는 것은 의심의 여지없이 너무 과한 양이다.

학생들 중에는 소리 없는 암송에 대한 나의 설명이 너무 지루하다고 생각하는 사람들이 있을지도 모르겠다. 그들은 모든 사람이 이 단순한 머리재주에 통달했다고 여기기 때문이다. 다른 사람들도 자신들과 마찬가지로 당연히 이런 머리재주를 이미 가지고 있다고 생각한다.

하지만 전혀 그렇지 않다. 아주 많은 사람들, 어쩌면 대부분의 사람들은 외국어로, 아주 낯선 언어로 "I get up and go to the window" 같은 문장을 재빨리 반복하기란 매우 힘든 일이다. '바보'거나 '기억력이 없는 사람'이어서가 아니다. 유럽인이 터번을 묶을 줄 모른다고 바보이고, 베두인족이 넥타이를 맬 줄 모른다고 바보인가?

터번을 묶을 줄 모르는 유럽인은 바보인가?

그런데 어떤 정보를 '소리내어' 암송하는 것이 왜 '소리 없이' 암송하는 것보다 단기기억에 도움이 되지 않을까 하는 의문이 들 것이다.

처음에는 암송을 익히기 위해, 시작할 곳을 찾기 위해, 제대로 암송했는지를 확인하기 위해 큰 소리로 해볼 수도 있지만 실제 상황에서는 반드시 소리를 내지 않고 암송해야 할 이유가 두 가지 있다.

첫째, 학습 심리학적인 이유인데, 소리 없이 암송하면 목소리를 낼 때보다 더 빨리 반복할 수 있다. 따라서 0.5초라는 이상적인 간격을 지키기가 훨씬 더 쉬워진다.

암송은 좋은 일이다. 하지만 소리내어 하지는 마라. 0.5초를 지키기가 어려워진다.

두 번째는 머리로만 하는 공부는 주변에 다른 사람이 있을 때에도 가능하다는 점이다. 군중 속에서도, 지하철 안에서도, 화장실에서도 음식점에서도 가능하다.

집중력 키우기

집중의 큰 특징 중 하나는 방해를 견뎌낸다는 것이다. 자신이 얼마나 쉽게 방해받는지를 실험하려면 그는 먼저 조용하고 편안한 환경에서 긴 문장을 한 번 읽은 다음 얼마나 틀리지 않고 암송할 수 있는지 알아본다. 외국어 문장일 필요는 없다. 모국어로 된 길고 복잡한 문장을 외우는 것도 쉬운 일은 아니다.

온갖 방해물을 일부러 포함시키는 것도 집중을 연습하는 프로그램의 한 부분이다.

문장의 길이를 확인했다면 집중하는 연습에 일부러 방해요소를 포함시킨다. 이제 학생은 암송을 하는 동안 라디오를 크게 틀 수도 있다. 처음에는 조용하게, 점점 더 크게. 그는 방금 전 도로공사 소음 때문에 시끄러워서 닫았던 창문을 열어놓을 수도 있다.

그렇게 하면서 학생은 이런 방해물이 얼마나 집중력을 저하시키는지 몸으로 느낄 수 있다. 머릿속에서 더듬지 않고서 반복할 수 있는 문장의 길이는 급격히 줄어든다. 그러나 지치지 않고 계속 연습한다면 이런 부담을 지고도 집중력을 다시 끌어올릴 수 있다. 이는 드물고도 귀한 경험이 될 것이다. 우리가 소리 없이 말을 하더라도 다양한 강도와 '성량'으로 말할 수 있다는 점, 입 밖으로 아무 소리도 내지 않지만 자신의 '내면의 목소리'의 힘을 키우면 결국은 가장 심한 소음도 이길 수 있다는 사실을 알게 된다.

일부러 소음이 있는 곳에서 공부하는 것은 집중력을 키우는 좋은 연습이다.

외적인 방해물뿐 아니라 내부에서 오는 방해물의 경우에도 마찬가지다. 공부를 할 때 록 음악의 괴성과 외치는 소리를 견뎌내는 사람은 걱정, 두려움이나 불안함 같은 심리적 원인으로 산만해지지 않는다.

교사들은 학생들에게 방해를 받지 않는 조용한 장소에서 공부하도록 권한다. 집중이 잘되기 때문이라고 한다. 공부를 처음 시작할 때나, 어려운 과제일 때에는 좋을지도 모른다. 하지만 보통 때라면 틀린 방법이다. 학생은 마음을 흩뜨리는 것들이 신경을 건드려도 집중할 수 있어야 한다. 그래야만 시험 시간에 책상 사이를 돌아다니는 선생님도 볼륨을 한껏 높인 텔레비전만큼이나 방해요인이지만, 견뎌낼 수 있다.

인생과 직업생활에서도 우리에게 중요한 업적이 요구되는 시기는 대개 신경 쓰이는 일이 많을 때다. 우리는 공부를 하면서 정신 차리는 법을 미리 배우는 것이 좋다.

그런데 '정신'이란 대체 무엇일까? 그것은 다름 아닌 집중, 무엇을 해야 하고 어디에 도달해야 하는가를 끊임없이 기억하는 일이다. 그래서 '정신', '자세', '태도'의 결여는 망각으로 직결된다. 지금 가장 중요한 정보를 소리 없이 암송하는 일이 중단된다면 우리의 단기기억은 작동을 멈춘다.

학생은 어떤 환경에서도 정신 차리는 법을 익혀야 한다.

의미가 있어야 농담이 된다

우리가 이미 배운 것처럼 사람의 장기기억은 개념이 없으면 단어들을 잘 기억하지 못하거나 전혀 기억하지 못한다.

그래서 이제는 세 번째 머리재주가 필요하다. 단어나 상징을 개념, 의미, 심상과 연결하는 가장 어려운 재주를 배울 차례다.

'기억심상'이라는 말을 하는 사람들이(시인들만이 아니라 교사나 심리학자들도) 많은데, 이들은 우리가 인식한 현실이 실물과 같은 복사본처럼 인간의 뇌 속에 그려져 있다고 믿는다(36쪽과 136쪽 참조). 외부세계가 우리 기억에 남긴 흔적을 구조적 동형(isomorph), 즉 같은 형태를 가진 것이라고 보는 것이다. 뇌신경세포에서 집은 진짜 집처럼, 말은 진짜 말처럼, 인간의 얼굴은 증명사진에서처럼 그려져 있다고 생각한다.

이런 생각은 오류다. 기억과 학습이 뇌에 남기는 흔적과 현실과의 거리는 훨씬 더 크다. 이 점은 옆의 그림들을 보고 그 그림들을 치운 다음 기억에 의존해 재구성해 볼 때 금방 드러난다. 무의미해 보이는 이 그림들은 '그림 수수께끼'라고 하는데, 관찰자는 이것이 무엇인지 알아맞혀야 한다. 원래 미국에서 시작해서 '드루들'이라고 불리는 이 그림 수수께끼의 의미는 다음과 같다.

1. 나체로 춤추는 여자가 오렌지 뒤에 숨은 모습
2. 칼라 단추를 찾고 있는 나체주의자
3. 아내가 아침식사를 준비하는 모습을 바라보는 남편
4. 세균 하나가 페니실린의 습격을 당한 다른 세균들을 피하는 모습
5. 피라미드 앞에 선 낙타

이 다섯 가지의 그림 수수께끼들은 의미가 없어 보이지만 이것들이 어떻게 의미가 생기는가(따라서 기억하기 쉬워지는가)를 보여주는 좋은 예다.

우리는 이제 답을 알게 되었다. 그러고 나니까 다섯 가지 그림을 훨씬 더 쉽게 기억할 수 있다. 무슨 일이 일어난 것일까? 의미와 내용이 없었던 정보에 새로이 의미가

생긴 것이다. 그래서 기억하기가 쉬워진 것이다. 이 그림 중 한두 가지는, 몇 년이 지난 후에라도 그림 수수께끼에 대해 이야기할 때면 다시 기억날 것이다. 그것은 이들이 우리의 장기기억으로 침투했다는 증거이며, 거기서 서로 뒤섞이거나 혼동되고 저지될지는 몰라도 잊혀지지는 않는다.

여기서 우리는 단기기억에서 장기기억으로 넘어가는 일, 공부할 내용을 개념과 뜻, 의미와 연결하는 일이 얼마나 중요한가를 깨닫게 된다.

그런데 어떤 사물의 '개념', '뜻', '의미'란 무엇인가? 우리는 '개념'을 우리의 목적에 이용할 수 있을 때에야 제대로 '파악'할 수 있다(140쪽 참조). 우리는 학습 심리학에서 쓰이는 개념들을 수학의 개념들, "원은 한 점에서 거리가 같은 모든 점들의 기하학적인 위치다"와 같은 정의와 혼동해서는 안 된다고 배웠다. 어떤 정보의 결정적 '의미'는 언제나 그 효용성에 있다. 즉, 학습자가 그것을 가지고 자신의 목적에 도움이 되도록 할 수 있느냐, 없느냐 하는 점이다. 이런 개인적인 관계만이 '개념', '의미', 정보를 장기기억에 고정시키는 접착제가 된다. 학습 심리학적인 의미에서의 '의미'란 학습내용이 학습자의 욕구, 감정이나 의지의 움직임과 관련하여 가지는 가치다.

개인적인 효용이 정보를 장기기억에 고정시킨다.

이런 저장과정은 언어적인 절차가 아니기 때문에, 어떻게 진행되는지 말로 표현하기는 어렵다. 거기에는 그림도 없기 때문에 그림으로 표현할 수도 없다. 하지만 우리의 기억 속에 '그림'이 있다고 가정한다면, 우리는 그 그림을 구성하는 선이나 획들이 외적인 현실을 전혀 닮지 않았

우리 머릿속의 '그림'들은 현실과는 다르다.

다는 것을 분명히 알고 있다.

기술자가 머릿속에 기계를 그릴 때의 '선'은 제도판 위에 그려진 선과는 다르다. 머릿속에서 선들은 기계구조의 외적인 모습을 직접 나타내지 않고, 기계와 그 부분들의 기능과 용도를 나타낸다. 인간의 머리에 그려진 '그림'을 보고 기계의 실제적인 형태를 바로 알아낼 수는 없다. 기술자가 아닌 사람이 설계도를 기억하기가 어려운 것은 바로 그 까닭이다.

'말[馬]'의 개념은 주로 이 짐승이 사람이 올라타거나 수레를 끌게 할 수 있다는 사실과 연관되어 기억에 저장되어 있고, '고양이'는 쓰다듬어주면 골골거리며 쥐를 잡는 사실과, '집'은 비와 추위로부터 우리를 지켜준다는 사실과, 어떤 특정 인물은 그의 좋거나 나쁜 행동과, 화학공식은 어떤 조작적인 수치를 공통적으로 지닌 다른 화학공식과 연관되어 있다. 모든 것이 사람의 동기와 연결되어 저장되어 있다.

고양이는 쥐를 잡고, 쓰다듬어주면 골골거리는 것으로 기억에 저장되어 있다.

그리고 인간의 기억이 외부세계를 모방할 때 고려되는 점들은 무엇보다도 플러스와 마이너스 표시, 긍정과 부정으로 구성되어 있다. 학교식으로 말하면, 좋은 성적이나 나쁜 성적으로 분류되어 있다. 빼어나게 아름다운 얼굴이나 유난히 못생긴 얼굴은 다른 얼굴보다 더 쉽게 기억할 수 있다.

가장 중요한 질문: 뭐 하려?

그림이나 언어를 장기기억으로 옮길 수 있도록 도와주는 머리재주는 새로운 정보가 나올 때마다 학생이 "뭐 하려고?"라며 자동적으로 질문하는 데에서 촉발된다. 그리고 사람에게는 이런 질문을 하는 성향이 본능적으로 있다. 아이들은 대개 '왜?'라는 단어로 묻지만, 뜻하는 바는 똑같다. 목적과 의미를 묻는 질문이다. 하지만 '어리석은' 부모들은 그 질문을 막아버림으로써 학습의 기본조건 하나를 꺾어버린다.

원의 한 점에서 거리가 같은 모든 점들의 기하학적인 위치라는 무미건조한 정의도 의미와 효용이 있다. 이런 정의를 알면 컴퍼스 하나를 가지고도 아주 쉽게 정삼각형을 그릴 수 있다.

정삼각형의 세 꼭지점 사이의 거리는 똑같고, 따라서 지름이 동일한 세 원이 서로 겹치는 점이 원들의 중심이기 때문이다.

무미건조한 기하학적 정의도 유용할 수 있다. 우리는 삼각형을 만들 수 있다.

하지만 이런 '개념'은 기하학에 대해 동기화가 되어 있는 사람들, 즉 기하학을 이용해서 무언가를 이루려는 사람들의 경우에만 암기에 도움이 된다. 기하학에 관심이 없는 사람에게는 이런 상상도 전혀 득이 되지 않는다. 그런 사람은 원의 정의를 다른 방식으로 '파악'해야 하고 다른 '뜻'을 찾아내야 한다. 그는 어쩌면 자신을 원의 중심이라고 생각하고 모든 귀찮은 동시대인들이 자신을 중심으로 같은 거리를 두고 떨어져 있다고 생각할 수도 있고, 또는 자신이 10킬로미터 이내의 어떤 적도 쏠 수 있는 대포의 소유자라고 생각할 수도 있다.

추상적인 상상을 하기가 힘든 사람은 대포를 마음속에 그려봄으로써 그 개념을 기억할 수 있다.

이런 '머리재주', "뭐 하러?" 하고 묻는 일은 끈기를 가지고 매시간 매분 연습해야 한다. 이런 질문들은 모든 사건, 인물, 사물과 정보를 끊임없이 평가하도록 요구한다. 쓸모가 있나 없나, 선한가 악한가, 아름다운가 추한가 등을 쉬지 않고 판단하는 사람은 기억을 잘한다. 천재들은 모두가 정열적이었다는 것은 우연이 아니다. 이들은 어떤 문제에 자신을 개인적으로 관련시키고 또 감정적으로 판단하는 머리재주를 일찌감치 익힌 것이다. 그 문제가 단순한 수리논리학일지라도 말이다.

'왜?', '뭐 하러?'라는 질문은 기억에 도움이 된다.

판단은 반드시 옳지 않아도 된다. 판단은 주관적이고 불공정하게, 분노와 질투 또는 사랑이나 미움이나 좋거나 나쁜 취향의 영향을 받으면서 내려도 상관없다. 이런 감정 때문에 너무 성급하게 행동하는 결과만 생기지 않는다면 이 감정들은 새로운 정보를 장기기억에 굳게 박아두는 좋은 연장이다.

유익한 머리재주를 한 가지를 더 소개하도록 한다. 여러 개의 쉽고 어려운 부분으로 구성된 정보를 기억할 때는 먼저 어려운 요소부터 생각해본 다음 좀더 쉬운 정보를 생각하는 것이 좋다.

먼저 어려운 부분을 공부한 다음 쉬운 부분을 공부하라.

예를 들면 주소가 '칼가 149번지'처럼 거리 이름과 번지수로 되어 있다고 하자. 두 요소 중에 '칼가'는 외우기 쉽지만 '149'라는 세 자리 숫자는 외우기가 어렵다. 이런 주소를 쉽게 기억하려면 우선 '149'를 외운 다음 '칼가'를 외우는 것이 좋다. 하지만 반대 순서로 하면 기억하기가 훨씬 어려워진다. 149라는 숫자는 잘 기억나지 않는다.

약호로 생각하기 06

1940년에 마르고 병약해 보이는, 안경을 낀 젊은 사람이 있었는데, 모두가 그를 무슨 경이로운 동물처럼 바라보았다. 그의 이름은 프리드리히 노바코프스키였고, 이제 갓 박사학위를 취득한 사람이었다. 그는 빈 대학 법학부의 강사였는데 그 당시 이미 뛰어난 법률가였다. 그러나 무엇보다 사람들을 놀라게 했던 것은 그의 놀라운 속기술이었다.

그는 아무리 빠르게 말해도 너무 쉽다는 듯이 정확하게 받아적었다. 게다가 그는 속기한 노트를 깨끗이 타이핑된 글처럼 쉽고 유창하게 읽어냈다.

훌륭한 속기사는 더 출세한다.

무엇보다 가장 놀라웠던 사실은 그가 자신의 생각도 그만큼 빨리, 어쩌면 듣고 하는 속기보다도 더 빨리 종이에 적을 수 있었다는 점이다. 그래서 그는 수분 내에 속기로 강연을 계획해서는 한 시간 동안 '읽을' 수 있었다 ('읽는다'는 표현을 쓸 수 있다면). 그의 생각하는 속도와 그 생각을 기록하는 속도 사이에는 어떤 인과관계가 있는 것 같았다. 그는 그만큼 빨리 쓸 수 있기 때문에 그렇게 빨리 생각할 수 있는 것 같았다.

기록하는 일이
생각을 지체시킨다!

그는 이렇게 말했다. "물론 사람은 아주 빠르게 생각을 하지요. 하지만 기록하는 일이 생각을 지체시킵니다."

프리드리히 노바코프스키 박사는 현재 인스브루크 대학 법학부 교수이며 오스트리아에서 존경받는 형법 전문가다. 우리는 그의 완벽한 속기술이 학문적인 성공에도 큰 도움이 되었으리라고 추측할 수 있다.

받아쓰기 기계가 사용되는 이 시대에도 속기에서 사용하는 약자와 약호의 사용법은 천하고 낮은 손재주가 아니다. 속기법에 통달하고 이를 잘 활용한다면, 속기법은 줄여서 생각하고 기억하기에 더 없이 훌륭한 기술이다. 속기라는 손재주는 손가락만 유연하게 만드는 것이 아니라 정신을 훈련시키고, 사고를 짧게 조직하고, 단순하고 경제적으로 만든다. 이 기술은 뇌에서 일어나는 절차를 효율적으로 만들어준다. 바로 이 점이 학습에 도움이 된다.

속기는 정신을 훈련시키고,
생각도 짧게 조직한다.

인간은 '약호'의 동물이다

인간의 언어도 이미 그런 효율화의 도구다. 단어는 대단히 복잡한 현상과 사건의 '약호'다.

누군가가 작고 털이 났으며 몸이 길고, 다리가 짧고 발이 부드럽고 발톱이 달렸으며, 귀가 삼각형이고 송곳니가 났고, 수염은 가늘고 길게 세로로 난 동물을 본다고 치자. 그 동물은 앞으로 걸어가면서 (마찬가지로 털이 난)

꼬리를 뱀처럼 흔든다. 그 짐승은 골골거리거나 화가 나서 '푸' 하는 소리를 내거나 인간의 언어로 구사하자면 '야옹'이라는 소리를 낸다…….

우리가 쓰는 모든 단어들은 하나의 '약호'다.

그런데 이 동물의 관찰자가 사람이라면 그런 긴 설명은 필요가 없다. 그냥 '고양이'라고 하면 되고, 누구나 다 알아듣는다.

법률가가 '살인'이라고 말할 때는 의도적이고 불법적으로, 한 사람이 다른 사람을 죽이는 일을 지칭하는 약호인 것이다.

'살인'이라는 단어는 많은 지식을 전제한다.

하지만 이 약호를 제대로 이해하기 위해서는 죽음과 생명의 차이, 법과 불법의 개념을 알아야 하고 또한 '의도'란 무엇인지를 알아야 한다. 그러고 나서야 자신의 학문이 가지고 있는 규칙들을 사용해서 '살인'이 사람을 죽이는 다른 행위나 과실치사와 구별할 수 있게 된다. '생명', '죽음', '법', '불법', '의도' 같은 개념들은 모두 그 말 뒤에 숨어 있는 현실들의 약호다.

1895년 물리학자인 빌헬름 뢴트겐은 '새로운 종류의 선'을 발견하는 데 성공했다. 그는 그것을 'X 선'이라고 불렀는데, 독일어권에서는 이것을 '뢴트겐선'이라고 불렀다. 오늘날에는 그의 이름이 의학의 한 분야, 뢴트겐학(방사선의학) 전체를 대표하는 약호로 쓰인다. 그리고 젊은 물리학자 뫼스바우어*Mößbauer*는 아인슈타인이 주장한 시간의 팽창을 실험으로 증명하는 방법을 발견했다. 이때 그가 사용했던 물리학적 현상들은 '뫼스바우어 효과'라는 학문으로 지금까지 남아 있다. 이제 그의 이름은 이론과 계산과 실험의 미로, 현대 물리학 전체를 파악한 사람만

이 이해할 수 있는 약호다.

약호는 짧은 기술이어야 한다. 하지만 '기술'보다도 '짧다'는 점이 더 중요하다.

'옴니부스'는 라틴어로 '모두를 위한'이라는 뜻인데, 대중교통 수단이라는 의미도 포함되어 있다. 하지만 그 약호의 약호인 '버스(부스)'는 무의미한 어미인데도 모두들 잘 알고 있다. '총알' 또는 '알'이라고 하지만 권총의 탄약은 더 이상 알 모양이 아니고 끝이 뾰족한 원기둥이다. 하지만 모두 이 표현을 이해한다.

이상한 일이 아닌가? 아무 의미도 없는 단어의 어미가 무엇을 뜻하는지 누구나 알고 있다.

현실의 약호인 단어들이 너무 긴 경우에는 다시 줄어든다. 인간의 유전인자가 기록되어 있는 생화학적인 물질의 이름은 '디옥시리보핵산'이다. 하지만 그냥 DNA라고 한다. '국제연합' 대신에 'UN'이라고 하고 '유럽연합'을 'EU'라고 부른다. 언어를 사용하다 보면 '지프차'나 미국 병사를 지칭하는 '지아이'처럼 언어학자들이 그 어원이 무엇인가를 두고 싸움을 벌이게 되는 일도 종종 생겨난다.

사람은 '약호의 동물'이다. 모든 사물에 약호를 붙이는 인간이라는 동물은 실제 사물과 현상을 기억하지 않고 그것의 약호나 단어, 상징을 기억한다. 사람은 그것들을 학습하고 기억에 저장하고 머릿속에서 처리하며, 이들의 도움으로 새로운 사물을 만들어내고 세상을 변화시킨다.

우리는 실제 사물이 아니라 우리가 붙인 '약호'를 기억한다.

언어가 없다면 사고와 학습은 불가능하다.

이 모든 것은 언어가 있기 때문에 가능하다. 언어는 의사 전달에만 쓰이는 것이 아니라, 학습과 기억에도 필수적이다. 언어가 없었다면 어떠한 사고나 생각도 불가능했을 것이다.

숫자도 약호다

종종 일상어로는 부족할 때가 있다. 일상어는 더 간단하게 만들지 않으면—즉, 인위적으로 더욱 간단한 약호를 만들지 않으면—복잡한 사실을 서술하는 데 부적절하다. 사람들이 숫자를 사용하는 것을 보면 알 수 있다.

선사시대에는 수를 세고 계산하기가 쉽지 않았다. 고대 페르시아에서는 군대가 행진할 때 군인들에게 항아리 속에 돌을 하나씩 던지게 했다. 그러고는 항아리에 가득 채워진 돌의 개수로 군인들의 수와 그 군대를 위해 준비해야 할 식량의 양을 계산했다.

로마인들도 그들의 숫자체계 때문에 고생했다. 이 점은 MDXXXXVI와 CCCXXXI라는 두 수를 곱하려고 해보면 금방 알 수 있다. 인도인들이 자릿수를 생각해내자 일이 훨씬 쉬워졌다. 1,646 곱하기 341, 이 정도는 초등학생도 계산할 수 있다.

고대 로마인들은 복잡한 수 체계 때문에 매우 고생을 했다.

여기서도 약호를 만들어내려는 인간의 욕구가 작은 기적을 불러왔다. 새롭고 단순한 약호가 생겨서 수를 세고 계산하는 일이 쉬워지자 수로 생각하기가 훨씬 간단해졌다.

그 이후로 천문학에서도 물질의 아주 작은 양을 계산하기 위한 수많은 약호가 생겨났다. 예를 들어 1광년은 빛이 1년 동안 가는 거리를 말하는데, 1광년은 몇 킬로미터나 될까?

광년의 개념은 '약호'로서만 이해가 가능하다.

정확하게 9,460,500,000,000킬로미터인데, 이 수는 결코 파악할 수 없다. 그래서 이 수를 줄여서, 9.4605 곱하기 10^{12}킬로미터라고 한다.

지구와 가장 가까운 나상성운인 안드로메다 자리는

지구에서 2백만 광년 떨어져 있다. 대체 그 거리는 몇 킬로미터나 될까? 18,920,000,000,000,000,000킬로미터다. 이것은 아무도 외울 수 없다. 하지만 이 수를 10의 제곱을 이용해서 줄이면 18.92 곱하기 10^{18}이라는 형태가 되고, 훨씬 더 눈에 잘 들어오며 기억하기가 쉬워진다. 수학 공식의 언어는 이처럼 최대한 짧고 정확한 약호의 체계다. 만약 수학적인 조작이 수 대신 단어를 가지고 이루어진다면, 실행이 불가능할 것이다.

인간 학습의 신비도 마찬가지다. 사람은 세상과 인생에서 만나는 실제 사물을 기억하는 대신 그 약호인 이름을 기억하며, 이 약호를 다시 더 짧은 약호로 줄이고 또 줄여나간다. 좀더 심하게 말하면, 사람은 약호의 약호의 약호를 기억한다. 그리고 그럴 때만 성공적으로 학습할 수 있다.

우리는 약호의 약호의 약호를 기억한다.

사람의 기억 용량은 7

약호로 생각하기의 학습 심리학적 의미는 1954년 미국 심리학자 시드니 스미스가 이론과 실험을 통해 밝혀냈다.

스미스는 인간의 단기기억 용량은 제한되어 있다는 점에서 출발했다. 보통 단기기억은 동시에 많아야 일곱 가지 새로운 정보를 보관할 수 있다. 즉, 일곱 가지 이상의 정보가 한꺼번에 들어가면 보통 몇 가지는 잊어버릴 수밖에 없는 것이다. 이는 물론 대략적인 평균치다. 동시에 여덟이나 아홉 가지 정보를 기억하는 사람도 있고 다섯

이나 여섯밖에 파악하지 못하는 사람도 있다.

동시에 파악하고 기억할 수 있는 수의 평균치인 7은 먼 옛날부터 인간의 사고에서 큰 역할을 했다. 성직자와 학자와 시인들의 머릿속에서 7은 더없이 마술적이고 신비한 성격의 숫자다. '거룩한 수'인 7은 여러 가지 맥락에서 나타난다. 세계의 7대 불가사의, 일곱 난쟁이, 일곱 천국, 일곱 가지 대죄, 지혜의 일곱 기둥, 일주일의 7일과 7일에 걸친 천지창조.

신비의 수 7은 먼 옛날부터 중요한 역할을 해왔다.

일곱 자리의 전화번호는 이 방에서 저 방으로 가는 동안 쉽게 외울 수 있다. 여덟 자리나 아홉 자리는 이 짧은 길에서도 잊어버리기 쉽다.

시드니 스미스는 이처럼 작은 기억용량을 인공적으로 확장할 수 있는지 궁금해했고, 결국 재부호화라고 하는 아주 단순한 수법을 써서 성공을 거두었다.

마법의 약: 새로운 코드

'코드'는 원래 '비밀부호', '암호'라는 뜻이지만 '문자' 자체를 의미하기도 한다. '재부호화'라는 말은 상형문자를 표음문자로, 모스부호를 알파벳으로, 한 언어로 된 글을 다른 언어로 옮기듯 '하나의' 코드로 기술된 정보를 '다른' 코드로 옮긴다는 뜻이다.

실험을 통해 증명된 바에 따르면 사람은 자신의 기억용량을 상당히 확장할 수 있다.

스미스는 머릿속에서 정보의 코드를 바꾸면 단기기억의 용량을 직접적으로, 그리고 상당히 많이 확장시킬 수 있음을 증명했다.

그 실험의 전제조건은 이진법에 대한 지식이다. 그래서 그가 뜻했던 바를 왜곡하지 않는 범위 내에서 조금 변환하여, 수학적인 사전지식이 없는 학생들도 이해할 수 있도록 설명하도록 한다.

처음에 스미스는 아래에 보이는 점과 선의 배열 같은 단순한 정보를 한 번 보고 기억하려는 과제를 실험해보았다.

- . - . . . - . . - - - . . - -

여러분도 한 번 해보라.

이것은 총 16개의 점과 선이며, 7보다 훨씬 많다. 이렇게 많은 부호들을 이 방에서 저 방으로 갈 때까지 기억할 수 있는 사람은 아마 거의 없을 것이다. 하지만 스미스는 불가능을 가능하게 만들었다. 그는 우선 연속적인 점과 선들의 연쇄를 둘씩 짝지어 분리했다.

- . / - . / . . / - . / . - / - - / . . / - -

그래서 그는 기존의 16개의 정보단위에서 새로운(이번에는 두 자리의) 정보단위 8개를 만들었다. 그러고는 점과 선을 이런 짝으로 묶는 데에 몇 가지 방법이 있을지 생각해보았다. 가능성은 네 가지였고, 스미스는 각각의 가능성에 1에서 4까지의 수를 연결시킴으로써 새롭고 뜻이 분명한 한 자리로 된 이름을 지어 붙였다.

. . = 1

. - = 2

- . = 3

- - = 4

이 새로운 명칭 1, 2, 3, 4는 새로 지어진 짝들을 나타내는 약호이며 이제는 둘씩 지어진 쌍을 대신한다.

코드는 정보를 묶어준다.

- . / - . / . . / - . / . - / - - / . . / - -
3 3 1 3 2 4 1 4

이렇게 해서 그는 원래 16개였던 점과 선을 '재부호화' 해서 숫자로 나타냈다. 이제 과제는 훨씬 쉬워졌다. 16개의 정보 대신에 8개만, 33132414라는 숫자뭉치만 단기기억에 저장하면 된다.

16개의 정보 대신 8개만 단기기억에 저장하면 된다.

이 여덟 개의 숫자를 틀리지 않고 계속 암송하는 데 성공한 그는 16개의 점과 선의 배열도 기억했다. 이 점과 선들은 언제든지 다시 수에서부터 거꾸로 옮겨서 재구성해낼 수 있었기 때문이다. '3=-.', '1=..' 등등.

이 방법은 지금 우리가 선택한 점과 선만이 아니라, 자의적이고 우연하며 이해할 수 없게 배열된 어떠한 점과 선도 암기할 수 있도록 해준다.

재부호화를 통해 기억력을 강화하는 이런 머리재주를 부리려면 피험자는 둘씩 지어진 각각의 쌍을 위한 새로운 상징(지금의 예에서는 숫자)을 암기하면 되고, 쉬지 않고 암송하는 동안만 여덟 자리의 숫자 하나를 기억하면 된다.

스미스는 그것을 해냈지만, 아직 못하는 사람도 있다. 이 과제는 여전히 쉽지 않다. (소리 없이 암송하면서) 기억해야 하는 성분들의 수는 신비로운 수인 7보다 크다.

스미스는 한 줄의 점과 선을 넷씩 짝지어 다시 나누었다.

– . – . / . . – . / . – – – / . . – –

그리고 모든 가능한 네 개짜리 집단에 새 이름을 붙였는데, 이번에는 알파벳 문자를 사용했다.

. . . . = A　　– . . . = I

. . . – = B　　– . . – = J

. . – – = C　　– . – – = K

. . – . = D　　– . – . = L

. – – – = E　　– – . . = M

. – . – = F　　– – . – = N

. – – . = G　　– – – . = O

.– . . = H　　– – – – = P

그래서 스미스는 한동안 할 일이 꽤 많아졌다. 그는 점과 선 네 개의 묶음을 나타내는 약호인 새로운 상징들을 전부 외워야 했다. 물론 시간과 노력이 필요했지만, 모스 부호의 알파벳을 외우는 것보다는 훨씬 쉬웠다.

그리고 그가 이 묶음들을 위한 새로운 코드를 암기하자 16개의 무작위로 섞인 점과 선을 외우는 일은 정말

장난 같은 일이었다.

그는 우선 네 개의 점과 선으로 이루어진 그룹을 처음 읽을 때 거기에 즉시 새로운 이름을 붙였다.

뒤죽박죽인 점과 선도 '코드'가 있으면 외울 수 있게 된다.

- . - . / . . - . / . - - - / . . - -

L D E C

그렇게 해서 16개의 점과 선은 새로이 네 자리의 문자열로 변환되었다. LDEC라는 문자열을 암기하기는 쉬웠다. 그것은 누구나 할 수 있는 일이다.

수열은 문자열만큼 외우기 쉽지 않다.

처음에는 불가능해 보이거나 아주 힘들어 보였지만 이 기술을 알게 된 우리는 지금, 예로 든 한 줄의 점과 선을 외우는 재주를 부릴 수 있을 뿐만 아니라 넷으로 나눌 수 있는 그 어떤 기이한 배열도 모조리 다 외울 수 있게 되었다.

바보도 기억의 천재가 될 수 있다

스미스는 그의 실험을 통해서 기억술 이상의 것을 보여주었다. 그는 누구나 한 번만 노력하면 '기억력'을 네 배로 증가시킬 수 있음을 증명한 것이다.

누구나 한 번만 노력하면 기억력을 네 배로 증가시킬 수 있다.

이때 그는 (우리가 그의 실험을 설명한 것처럼) 아주 빈약한 기초, 정신적인 용량이 부족한 바보를 출발점으로 삼았다. 그의 단기기억은 한 번에 네 개의 정보만을 감당할 수 있는 정도다. 하지만 스미스의 방법을 따르면 그런 바

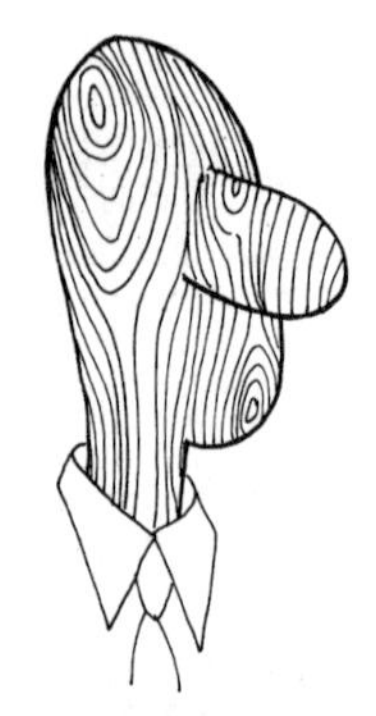

바보냐 천재냐? 그 차이는 두개골의 형태에 있지 않고 정보를 약호로 만들고 재부호화하는 방법에 있다.

무전 기사와 의사. 이들의 방법은 본질적으로 같다.

보도 갑자기 16단위를 암기하는 '성과'를 자랑할 수 있다. 반면에, 이런 방법 없이는 기억의 천재도 잘해야 아홉 단위나 열 단위밖에 기억하지 못한다. 그의 실험은 바보도 정보를 적절하게 부호화하면 천재보다도 '똑똑할' 수 있음을 보여준다. 또한 '바보'와 '천재'를 구별하는 것이 과연 진정한 의미가 있는지 의심하게 만든다. '기억력이 좋은' 사람과 '기억력이 나쁜' 사람의 차이는 이들이 정보를 약호로 만들고 재부호화하는 방법의 효용성에서 찾아야 할 것이다.

스미스의 실험은 다른 부호화 과정을 덧붙여서 확장할 수 있는데, 그러면 놀라운 '기억' 성과가 가능해진다.

피험자 스스로도 놀라서 정신을 못 차릴 것이다. 그러나 이 성과는 기적이 아니다. 모스부호를 사용하는 무전 기사들은 조금 다른 형태지만 이런 기술을 사용한다.

무전 기사는 자동적으로 피리소리를(청각적으로 표현된 점과 선을) 알파벳의 의미를 지닌 묶음으로 묶는다. 그는 .- 를 듣는 것이 아니고 a를 들으며, .-.. 를 듣지 않고 l을 듣는다. 그리고 만일 잘 훈련된 무전 기사라면 더 이상 문자를 하나하나 듣지 않고 단어와 구를 듣게 된다.

그는 스미스와 똑같은 일을 하는 것이다. 물론 반대 방향으로도 능숙하게 단어를 문자로 쪼개고 다시 모스부호의 점과 선으로 분리한다. 그러고는 전신기에 앉아서 두드리기 시작한다. 과정은 똑같다. 그런데 의사도 같은 일을 한다. 그는 의사가 되기 전부터 일상어의 코드를 배웠다. 그는 '통증', '핀', '물집', '붉어진 곳', '부은', '피부', '내용물' 등의 단어를 알고 있으며, 이런 표현이 어떤 증상의 약호인가를 알고 있다. 그런데 어느 날 한 환자가 다음과 같은 증상을 호소한다.

- **신경통.**
- **갈비뼈 사이 약간 붉게 부어오른 피부에 생긴 조금 눌린 듯한, 바느질할 때 쓰는 핀 크기의 물집.**
- **물집은 핏빛을 띠고 있다.**
- **물집들은 선을 그은 것처럼 나 있다.**
- **그리고 몸통의 중간에서 끝난다.**
- **물집에 껍질이 생기고 아문다.**
- **몇 주가 지나도 고통이 가시지 않는다.**

질병을 기술하는 이런 말들은 이미 '부호화'되었으며, 현실의 약호다. 의사들이 기술하는 '증후'는 약호다. 하지만 의사는 그것만으로 만족하지 않는다. 그는 이 모든 말들을 '부호화'하고 그것 전체에 새로운 이름을 부여해서 더 간단한 약호로 요약한다. 그는 환자의 증상을 '대상포진'이라고 진단함으로써 그렇게 한다.

이런 새로운 코드단어가 머리에 들어가면, 생각을 계속하기가 훨씬 쉬워진다. 의사에게 이 단어는 키워드가 되는데, 기억 어딘가에 숨겨놓았던 치료법과 통증완화 방법을 찾을 표제어가 된다. '대상포진'이라는 키워드가 없다면 의사의 뇌 속에서 적절한 치료방법을 찾는 일은 대단히 복잡해진다. 이름을 잊어버린 정치인의 전기를 백과사전에서 찾는 일만큼이나 어려워진다.

이런 식으로 우리는 매일 일상적으로 약호와 부호를

만든다. 텔레비전 광고에 나오는 그 많은 세제들이 기억하기에 좋은 이름을 갖고 있지 않았더라면 서로 구별하기가 어려울 것이다. 이런 코드단어들이야말로 오늘날 브랜드의 생명이다. 자동차마다 모델명이 달려 있지 않았더라면 서로 구별하기 어려웠을 것이며, '샤넬 넘버 5'라는 이름이 붙어 있지 않았더라면 그 수많은 향수 중에서 특정한 향수를 떠올리기 어렵다. 운동도 마찬가지다. 축구의 규칙들도 단순하게 '골인', '파울', '코너 킥', '장외' 같은 약호들이 있기 때문에 쉽게 기억할 수 있는 것이다.

오늘날의 광고는 코드단어 없이 존재하지 못한다.

이런 코드화는 단기기억의 성능만 향상시키는 것은 아니다. 이런 정보가 단기적인 저장창고에서 충분한 시간 동안 이리저리 밀려다니다 보면 결국 장기기억으로 올라간다. 그러므로 적절한 부호화는 우리가 무엇인가를 장기적으로 기억할 전제조건이 된다.

인간이 정신적인 능력을 가지고 있다는 것은 현실적인 사실을 약호를 사용해 기억에 단단히 못박는 방법을 알고 있기 때문이다. 반대로 어떤 사람이 '잘 잊어버린다'고 할 때 그것은 기억에 필요한 약호를 제대로 알지 못하는 것일 뿐이다. 이들은 약호를 배우지 못한 미숙한 속기사와도 같다.

'잘 잊어버리는' 사람들은 약호를 찾는 방법을 배우지 못했을 뿐이다.

어휘 능력은 곧 암기력

이런 사실에서 우리는 언어와 단어야말로 가장 오래되었으면서도 가장 풍부한 약호들이며, 우리는 이를 이용해 정보를 파악하고 기억에 저장할 수 있다는 사실을 알게 되었다. 그러므로 우리의 기억력은 언어능력과 어휘가 풍부할수록 더 뛰어나고 정확할 것이다. 좋은 기억력은 많은 단어를 아는 것의 전제조건이 아니라, 바로 그 결과인 것이다. 풍부한 어휘는 더 나은 기억력의 요인이 되고, 단어와 사실을 기억하는 능력을 키운다.

어휘가 풍부할수록
기억할 수 있는 양도 많다.

연극배우는 기억력이 좋아서 대사를 외울 수 있는 것이 아니다. 그는 그렇게 많은 대사를 외워야 하기 때문에 기억력이 좋은 것이다. 배우들은 대개 말을 잘하는데, 이들은 직업을 통해 얻은 풍부한 언어능력으로 보통 사람들보다 더 잘 기억할 수 있기 때문이다.

그런데 이때 중요한 것은 듣거나 읽을 때 이해할 수 있는 '수동적인' 어휘가 아니라 '능동적인' 어휘, 즉 어떤 현실적인 사건을 인지하거나 어떤 생각을 했을 때 스스로 기억해내도록 저장되어 있는 단어들이라는 사실이다. 스스로 사용할 수 있는 단어들로써만 가능하다는 말이다.

어휘에 난 구멍은
기억에 난 구멍이다.

여기서 우리가 배울 점은 한 번만 노력하면 배우고 연습할 수 있는 머리재주가 아니라 쉼없는 노력과 새로운 단어를 배우려는 시도다. 이 일은 마치 시시포스의 노동처럼 가망 없어 보인다. 하지만 이 노동도 사실 그렇게 끝없지는 않다. 새로 한 개의 단어를 배우면 두 개의 단어를 배우기가 한결 쉬워진다는 벌리츠 효과가 도와주기 때문이다. 벌리츠는 그런 효과 덕택에 50가지 외국어를 구사했다.

하지만 오늘날 대부분의 사람들은 이런 일을 무용하다고 생각한다. 이들은 하고 싶은 말을 할 수만 있으면 그것으로 족하다고 생각한다. 이들은 언제나 똑같은 단어로 매우 부정확하게 말하지만 이를 깨닫지 못한다. 그리고 이 언어적인 무능은 판에 박힌 문구로 살짝 덮으면 대개 묵인이 된다. 누가 연극을 보고 나서 "음, 아주 좋았어"라고 말하는데, 어느 누구도 그가 표현력이 없다고 타박하지 않는다. 대부분 새로운 단어들을 배우고자 하는 충동은 거의 사라져버렸다.

가장 훌륭한 칭찬의 말이 겨우 '대단해'밖에 생각이 안 날 정도로 표현력이 부족하다.

그래서 오늘날 대부분의 사람들은 능동적인 어휘가 아주 부족하다. 전문 번역가조차 판에 박힌 단어를 사용한다. 이들이 영어나 프랑스어, 이탈리아어를 잘 몰라서 그러는 것이 아니라 실은 모국어를 잘 몰라서 그런 것이다. 그들은 외국어 표현을 어느 정도 의역할 수 있으면 만족해하며, 능동적인 어휘를 찾으려고 더 이상 노력하지 않는다.

전문 번역가도 모국어로 정확하게 표현하는 데 실패할 때가 많다.

그러나 번역이야말로 모국어의 어휘를 풍부하게 하는 훌륭한 수단이 될 수도 있다. 그래서 외국 문학을 번역하는 사람들이 모국어로 훌륭한 작품을 쓰는 경우가 종종 있다. 그들은 우리가 어떻게 어휘를 확장하고 기억력을 강화시킬 수 있는지 보여준다.

어휘능력도 연습하면 된다

외국어를 배우다 보면 그동안 수동적이었던 모국어 단어들이 기억에서 '활성화'된다. 그리고 이것은 기억과 암기를 위해 필요한 '약호'다.

외국어를 배울 때에는 모국어도 배워야 하기 때문에, 외국어 학습은 직접적으로 기억력 향상에 커다란 도움이 된다. 하지만 보통 사용하고 있는 방식은 목적이나 체계가 없어서, 성과는 상당 부분 미약하다.

외국어를 배우는 사람은 모국어도 더 배우게 된다.

누군가가 김소월의 풍부하고 감성적인 언어상징의 매력에 빠져서 그를 다루려고 한다고 생각해보자. 그는 이 시인의 시집과 함께 잘 번역된 외국어판을 산다. 그는 김소월의 시집에서 특별히 마음에 드는 구절이 나올 때까지 계속 읽어간다.

하지만 이때도 체계적으로 작업을 해야 한다.

이제 다시 공비카드를 사용할 차례다. 좋다고 여기는 문장을 찾았으면 바로 카드에 적는데, 외국어로 된 표현을 앞에 적고 우리말 표현을 뒤에 적는다. 지금은 우리말 단어를 익히려는 것이기 때문이다. 외국어까지 배우게 된다는 것은 반가운 일이기는 하지만 지금으로선 그게 중요하지 않다.

모국어의 어휘를 확장할 때도 공비카드가 매우 유용하다.

이런 식으로 김소월의 시를 한 구절씩 읽어나가면서 능동적으로 사용하고 싶은 단어나 구절이 나오면 공비카드에 외국어 구절과 함께 적는다. 충분한 양이 모이면 모국어도 외국어처럼 공부할 수가 있다. 외국어의 단어와 문장은 질문이 되고, 모국어가 그 질문에 대한 대답이 된다.

물론 우리는 시인의 사고와 감정까지 다 배울 수는 없다. 하지만 그의 풍부한 어휘를 학습할 수 있다. 한마디로 눈과 귀를 날카롭게 하고 기억력을 강화시키고 싶다면, 무미건조한 학술지에서건 작가들의 작품에서건 이렇게 단어를 사냥하면 된다. 그리고 새로 나의 것이 된 단어들은 아주 소중한 노획물처럼 다루어야 한다. 이 단어를 뒤집어보고 살펴보고 모든 면에서 관찰해야 한다. 만져보고 냄새 맡아보고 맛을 보고 씹어보고 혀 위에서 녹여보아야 한다. 이 단어가 온전히 자신의 것이 될 때까지 말이다. 현실의 약호인 단어 없이는 아무것도 이해할 수 없으며, 단어는 세상을 더 잘 이해하기 위한 열쇠라는 것을 잊지 말자.

'아하 체험'

1890년경부터 심리학은 적대적인 두 진영으로 나뉘었다. 이들의 적대감은 너무나 커서, 전쟁 중인 두 민족 같은 생각이 든다.

이들은 인간의 학습과 사고를 어떤 방식으로 설명하고 이해할 것인가를 두고 다툰다.

전쟁 중인 학습이론가들

한쪽 진영에는 '게슈탈트 심리학'(또는 전체관)이 자리잡고 있다. 이들은 인간다운 학습과 사고과정은 '게슈탈트'로, 즉 '형태', '심상'이나 '구조'라고도 불리는 큰 단위를 통해 이루어진다고 주장한다. 이것은 부분의 총합과는 다른 별도의 복합체들이다.

게슈탈트 심리학은 이런 마음속의 '게슈탈트'를 작게 쪼개는 것은 불가능하다고 말한다. 이들은 부분이 아닌 총체만이 기억되고 학습될 수 있다고 본다. 이런 '게슈탈트'의 한 예는 멜로디인데, 한 선율의 음들은 조를 바꾸어도 알아들을 수가 있다. 선율의 이런 '조 옮김의 가능성'은 '게슈탈트성'의 흔한 예 중 하나다.

'게슈탈트'의 특성은 한번에 전체를 볼 수 있다는 점이다. 한눈에 조망할 수 있는 것은 이미 사람의 머릿속에서 '전체성'을 가진다.

그 반대편은 '기초 심리학' 또는 '행동주의'라는 통칭으로 소개할 수 있다. 이들은 게슈탈트 심리학의 개념들을 공상이며 비과학적인 허풍이라고 생각한다. 이들은 인간과 동물의 행동을('행동주의') 부분으로 분석하여 각각의 조각을 연구하면 가장 잘 이해할 수 있다고 주장한다.

두 진영은 이름을 바꾸어가며 수십 년 동안 싸워왔다. 게슈탈트 이론의 후계자들은 오늘날 자신들을 인지심리학자들이라고 칭한다('인지'는 깨닫는다는 뜻이다). '게슈탈트'라는 말은 더 이상 현대적이 아니므로 이들은 좀더 복잡한 '인지 구조'라는 표현을 사용하고 있다. 반면, 기초 행동주의를 물려받은 사람들은 '자극-반응 이론가'라고 불린다.

공부법을 배우려는 우리의 관심은 심리학에서 '통찰'이라고 부르는 과정에 있는데, 게슈탈트 심리학자인 막스 베르트하이머는 '통찰'을 게슈탈트를 '찰칵 끼워 맞추기', '하나를 다른 것 안에 넣기', '재구조화하기'라고 말한다. 또 한 명의 게슈탈트 이론가인 볼프강 쾰러는 통찰에 이르는 과정을 침팬지 실험을 통해 보여주었다.

그는 침팬지 우리의 바깥에 바나나를 하나 놓았는데, 그 바나나는 침팬지의 손에 닿지 않는 거리에 있다. 침팬지는 한동안 팔을 뻗어서 바나나를 잡으려고 시도했지만 잘 되지 않자 잠시 멈췄다. 그는 마치 그 상황을 판단

침팬지의 '통찰' 경험

하려는 것처럼 보였다. 그러고 난 침팬치는 갑자기 막대기를 잡고서 바나나를 잡아끌었다.

쾰러의 표현을 빌리자면, 이 순간에 침팬지는 문제를 어떻게 해결할 것인가 하는 '통찰'에 도달했다는 것이다.

카를 뷜러 역시 게슈탈트 심리학자인데, 그는 통찰을 인간이 (그리고 아마 동물도) 어떤 문제를 해결했을 때 내는 행복한 감탄사를 인용해 '아하 체험'이라고 명명했다. 오늘날 이것은 '인지적인' 체험, 새로운 인식의 탄생이라고 불린다. 쾰러의 침팬지는 아르키메데스가 욕조에서 아르키메데스의 원리(흘러넘친 물의 부피 = 물에 담긴 물체의 부피)를 발견하고 '유레카!(발견했다!)'라고 외쳤을 때와 같은 경험을 한 것이다.

새로운 인식에 도달하는 행복한 순간. 어떤 학자들은 이를 '아하 체험'이라고 부른다.

게슈탈트 심리학자들은 이런 통찰의 경험들이야말로 새로운 게슈탈트가, 오늘날의 표현으로는 '인지 구조'가 생기는 순간을 표면으로 드러낸다고 말한다. 그래서 통찰을 통한 학습은 기계적인 암송이나 암기보다 우월하다고 주장한다.

'통찰을 통한' 학습이 암기보다 나은가?

반면 자극-반응 이론가들은 거기에는 특별한 점이 전혀 없다고 비판한다. 스키너는 '통찰을 통한 학습'을 그저 특별히 빠른 학습으로 여긴다. 그는 작은 단위로, '점차적인 접근'을 통해 학습하는 것이 가장 효과적이라고 주장한다. 곡식 낱알로 강화된 비둘기의 학습에서처럼.

손다이크는 문제가 되는 상황과 관련된 세부지식을 가능한 한 많이 가지고 있을 때에야 통찰이 생겨난다고 주장한다. 그래서 그는 언어학습에서 문법이 별로 중요하지 않다고 여기며, 단어와 표현을 되도록 많이 배우다 보면 일반적인 규칙은 저절로 이해하게 된다고 말한다.

필요한 것은 기억한다

누가 봐도 중요한 이 문제는 학자들의 논쟁 때문에 몹시 혼란스러워진 듯하다. 그래서 나는 '게슈탈트' 혹은 '인지구조'라는 개념들을 다른 관점에서 관찰하려고 한다. 먼저 스미스와 그의 흥미로운 '코드' 실험을 떠올려보자.

그러면 우리는 갑자기 '통찰'이라는 번개를 맞은 것처럼 이 해괴한 '게슈탈트'가 무엇인지 깨닫게 된다. 이들은 사고와 학습의 유형이며, 단순화, 약호, 기억코드이며 암호다. 이런 관점에서 생각하면, 사람의 사고과정이 왜 '게슈탈트'로 진행되는지 알 수 있다. 사고과정은 약호를 이용해서 진행되기 때문이다.

물론 사람이 조망할 수 있는 것은 이런 '게슈탈트', '형태', 머릿속에 든 '구조'뿐이다. 이러한 약호들은 복잡한 현실보다 훨씬 파악하기가 쉽다. 선율은 조가 바뀌어도 알아들을 수 있다. 각 음의 높이는 생략되고 음높이 간의 관계만이 기억에 남는다. 이는 두 사람의 키가 몇 센티미터인지를 말할 수 없지만 누가 더 키가 큰지 기억하는 것과 같다.

그럼 각각의 요소가 아니라 '총체'가 학습되는가? '총체'라는 대단한 표현만 빼고 생각한다면 그 말도 맞다. 사람은 약호로 학습을 한다.

그래서 게슈탈트 심리의 중심이 되는 여러 표현들을

분명한 개념으로 대치하고 '게슈탈트' 대신 간단하게 '약호'라고 말한다면, 비밀에 싸인 게슈탈트 심리학도 갑자기 간단하게 이해된다.

그럼 학자들의 두 번째 쟁점인 통찰로 넘어가자. 수수께끼에 싸여 있기는 마찬가지지만 통찰도 인간의 사고의 한 부분이고, 인간의 사고는 약호로 이루어지므로 통찰 또한 약호일 수밖에 없다.

그럼 무엇의 약호일까?

다시 한 번 쾰러의 침팬지 실험을 예로 들어보자. 이 침팬지는 뭔가를 생각한 다음에 막대기를 붙잡았다. 그 침팬지는 막대기를 어떤 용도에 쓸지 이해했던 것이다. 자신이 원하는 바나나를 낚아오는 데 말이다. 이것이 바로 침팬지의 '통찰'이다. 아르키메데스도 욕조 밖으로 넘치는 물을 어떤 목적으로 사용할 수 있는지를 통찰했다. 불규칙한 형태 때문에 측정할 수 없었던 물체의 부피를 측정하기 위해서였다.

물이 가득 찬 욕조에 앉으면 물이 넘친다. 아르키메데스에게 이 통찰은 쓸모가 있었기 때문에 '아하 체험'이 되었다.

여기에서 이 신비한 통찰이라는 것이 어떤 성격의 약호인지, 통찰이 어떤 사실의 약호가 되는지 깨달을 수 있다. 그 유명한 '아하'는 아주 개인적인 느낌표이며, 문장에 더해진 아주 의미심장한 표시로, 우리는 기억에 저장된 어떤 기록을 이 표시로 특별히 강조한다는 것이다.

이 약호의 의미는 '유용성'이라는 말로 옮길 수 있다. 먹고 마시는 데 유용하건 돈 버는 데 유용하건 퍼즐을 푸는 데 유용하건 천체물리학의 수수께끼를 푸는 데 유용하건 모두 다 마찬가지다. 통찰은 이 약호를 사용하는 사람의 동기와 욕구와 희망에 달려 있다. 그리고 그는

어떤 정보에 '유용함'이라고 표시했는지 잊어버린다면 정말 안타까운 일이다.

그 약호를 자신에게 유용한 정보를 표시하는 데 사용한다. 우리는 왜 통찰의 경험이 학습과 기억에 도움이 되는지 알 수 있게 된다. '유용하다'라는 중요한 딱지가 붙은 정보는 기억 속에서 다른 정보보다 훨씬 더 쉽게 불러낼 수 있다.

하지만 이 딱지가 떨어져 나가버려 기억이라는 자료실에서 사라져버린다면, 더 이상 쓸모가 없어진다. 우리는 그 자리에 뭔가 있었다는 사실만 기억하지, 그 내용은 기억하지 못한다.

07 내손으로 학습 프로그램 만들기

학습기계의 작동방식

2장에서 나는 학생들에게 공비카드를 '모든 사람을 위한 학습기계'라고 소개했다(69쪽부터 참조). 학습기계의 작동방식을 자세하게 설명하기에는 지면이 부족하지만 대체로 모두 동일한 원칙에 따라 작동되고 있다.

한마디로 학습기계는 학생에게 정보를 보여주거나 질문을 하는 화면 또는 일종의 텔렉스 대본이 들어 있는 상자다. 학생들은 그 기계에 연결되어 있는 자판으로 답을 쳐서 질문에 반응한다. 이 방법은 '주관식'이라고 불리는데, 학생이 답을 기억해서 재구성해야 하기 때문이다.

예를 들어 학습기계가 "오스트레일리아의 수도는 어디인가?"라고 질문하면 학생은 "캔버라"라고 입력한다.

대답의 또 다른 양식으로 '객관식'이 있다. 이 체계에서는 기계가 질문과 함께 여러 가지 답을 예시하는데, 그 중 하나만 정답이다.

'대답 선택 절차'를 사용하는 학습기계가 학생을 곤경에 빠뜨릴 때도 있다.

오스트레일리아의 수도를 묻는 질문에는 다음과 같은

보기가 주어질 수 있다.

1)멜버른 2)시드니 3)빈 4)캔버라 5)샌프란시스코.

이제 학생은 기계에 달려 있는 1부터 5번까지의 버튼 중에서 옳은 답에 해당하는 4번을 눌러야 한다. 답이 맞으면 기계는 새로운 정보를 보여주고, 다른 질문을 한다. 이런 과정이 계속 이어진다.

현대적이지만 비싼 학습기계는 이렇게 작동한다.

대답이 틀리면 학습기계는 학생이 이해할 때까지 같은 질문이나 비슷한 질문을 한다. 정답을 맞추면 새로운 공부내용이 주어지면서 다시 질문과 대답의 게임이 진행된다.

학생이 오류 없이 진도가 빠르면 오늘날의 학습기계는 불확실한 지식을 굳히기 위한 지루한 연습을 뛰어넘을 수도 있다. 이 기계는 이런 식으로 학생의 개별적인 지능에 적응하도록 되어 있다. 그리고 충분한 양을 공부하고 나면, 시험이 뒤따르는데 그 시험에서는 이미 공부한 질문이 주어진다. 이때 학생이 어떤 중요한 통찰을 간과하지 않았는지 확인해본다.

학습 기계는 학생의 개인적인 학습 속도에 적응한다.

학생이 내용을 놓친 경우, 학습기계는 다시 뒤로 돌아간다('역류'). 그러면 이제부터 학생은 이해하지 못했거나 잘못 이해한 단락 전체를 복습해야 하는데, 이때 현대적으로 프로그램이 짜인 기계는 가능하면 다른 형태로 자료를 반복시키면서 부가적인 정보를 보충해준다.

학생이 제대로 프로그램만 짠다면 우리의 '저렴한' 공비카드도 이 기계만큼 유용하다.

하지만 저렴한 공비카드도 같은 일을 할 수 있다.

공비카드도 학습기계와 마찬가지로 공부할 내용을 한 번에 파악하기 좋은 작은 토막들로 나눈다. 학습자의 이해력에 따라 진도 속도를 맞추기 위해서다. 잊어버린 정보를 확실히 기억할 때까지 반복한다는 점도 같다. 학생은 카드에 스스로 필요한 정보를 보충할 수 있다. 공비카드의 장점은 학습기계에 있는 것과 같은 지루하고 단순한 '역류'가 없다는 점이다. 공비카드는 확인을 하기 위한 반복을 제외하고는 학생이 걸려 넘어졌던 단계들만 반복하게 한다.

제대로 프로그램을 짜기만 한다면, 공비카드는 전자 학습기계의 단순 반복을 피할 수 있다.

그리고 공비카드를 가지고 공부하다 보면 카드가 스스로 사용자에게 적응을 한다. 이 카드의 사용자는 단 한 명뿐이기 때문이다. 여러 학생이 사용하는 학습기계는 그런 능력이 없다.

카드를 만들면서 공부법도 배운다

공비카드의 단점 중 하나는 공비카드가 컴퓨터보다 속이기 쉽다는 것이다. 학생은 카드의 질문에 잘못 대답하고서도 다음 칸에 넣을 수 있다. 이처럼 자신을 속이는 학생은 사실 공부할 의향이 전혀 없는 사람이다. 그는 전자 학습기계 앞에 앉아 있든 카드상자 앞에 앉아 있든 실패하긴 마찬가지다.

학습 프로그램을 스스로 만들어보면 공부하는 법을 더 잘 배우게 된다

또 학생 스스로 카드를 만들고 '프로그램을 짜야 한다'는 사실도 공비카드의 단점처럼 보인다. 하지만 이것이 정말 단점일까?

결코 아니다. 오히려 어느 학생이나 자신의 학습 프로그램을 스스로 만들기 때문에 공부하는 법을 더 잘 배

우게 된다. 무엇보다도 그는 공비카드를 작성하는 과정을 통해 교재나 학습자료에서 공부할 가치가 있는 내용을 찾는 법을 배운다. 즉, 어떻게 복잡하고 이해하기 어려운 문장을 작은 부분들로 나눌 것인가, 어떻게 짧은 질문과 대답으로 만들 것인가, 어떻게 중요하고 의미 있는 정보를 분리해낼 것인가를 배우게 된다.

공비카드의 프로그램을 짜기 위해서는 반드시 좋은 교재가 필요하다.

공비카드로 배울 내용이 외국어라면 일은 비교적 간단하다. 거기에는 쉬운 것에서부터 점차 어려운 것으로 진도가 나아가고, 단어와 실용적인 표현이 실려 있고, 문법 규칙도 실용적인 예를 들어가며 설명하는 좋은 교재가 아주 많다. 거기에 사전 한 권만 있으면 언제라도 바로 학습을 시작할 수 있다. 학생은 이제 카드의 앞면에 우리말 표현을 쓰고 뒷면에 외국어 표현을 쓰고, 그리고 어쩌면 그 발음을 쓰는 것으로 교재 한 권을 모두 쪼갤 수 있을 것이다. 정확한 발음은 카세트테이프를 이용해서 배우면 된다.

공비카드로 '프로그램을 짜는' 일에 대해서 살펴보기로 하자. 만일 개별적인 단어 하나하나를 외우려고 한다면, 카드에는 정말로 단어 하나만 써야 한다. 종이를 아끼기 위해서 여러 단어를 줄줄이 카드 하나에 쓰는 것은 정말 무모한 짓이다.

여기서 여러분은 공비카드로 프로그램을 어떻게 짜야 하는가 알 수 있다.

여러 개의 단어를 카드 한 장에 적으면, 불필요한 반복을 피한다는 공비카드의 가장 중요한 장점이 사라진다.

프랑스어를 배우려는 학생이 한 장의 카드에 단어 세 개를 적고(라이터 = le briquet, 재떨이 = le cendrier, 담뱃대 = le porte-cigare) 공부하는 중에 '재떨이'라는 단어를 잊어

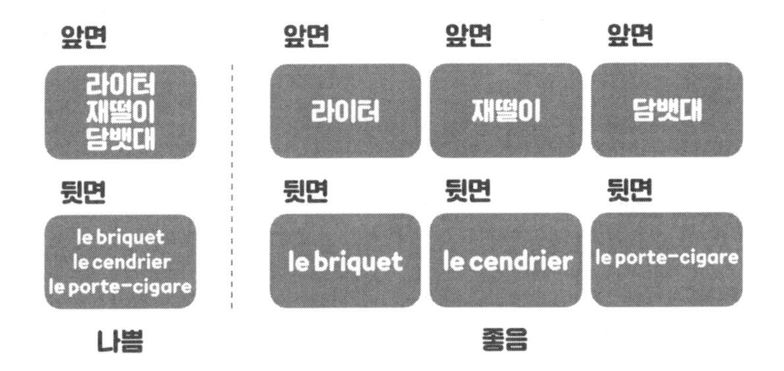

버린다면 그는 이 단어뿐만 아니라 이미 기억하고 있는 'briquet', 'le porte-cigare'도 반복해야 한다.

서로 별도의 카드에 적었더라면 두 단어는 'cendrier'를 잊어버렸더라도 상관없이 '더 나은' 칸으로 가서 푹 쉬고 있을 것이다.

종이 두 장은 한 장보다 낫다. 결국은 그게 시간을 아끼는 방법이다.

이런 식으로 학생은 카드 두 장을 더 투자해서 노력과 시간을 절약할 수 있다. 그러나 동사의 변화형 같은 것을 공부할 때는 예외를 두자. 그런 경우에는 전체적인 틀을 아는 것이 중요하기 때문이다.

앞면	뒷면
나는 한다 너는 한다 그는 한다 우리는 한다 너희는 한다 그들은 한다	je fais tu fais il fait nous faisons vous faites ils font

동사의 변화, 즉 'tu fais'나 'ils font' 같은 표현을 연습하면 기억 속의 단어들을 찾아갈 수 있는 연상의 길을 여

러 개 만들어주기 때문에 그 언어에 대한 감각이 생긴다.

동사 변화를 학습하고 연습하면 그 언어에 대한 감각이 생긴다.

이런 경우를 제외하고는 종이를 아끼지 말고 각각의 표현을 따로따로 카드에 적고 외운다.

암기하기 어려운 단어 정복하기

만약 어떤 단어가 순순히 항복하지 않는다면 어떻게 할까?

학습기계는 자동으로 부가자료를 제공하지만 공비카드를 가지고 공부하는 학생은 이를 스스로 해결해야 한다. 그런데 이것은 아주 간단한 일이다.

추가되는 정보는 기억하기 어려운 단어를 더 외우기 쉽게 만든다.

가령 학생이 '재떨이'라는 뜻의 프랑스어 단어인 'cendrier'를 못 외운다고 하자. 이 단어를 소화했다고 생각했는데도 자꾸 잊어버려 이 카드는 아직도 첫째 칸에 들어와 있다.

이 일이 서너 번 반복되었을 때 학생은 사전에서 이 단어를 찾아본다. 그러면 'cendrier' 근처에서 'cendre(재)', 'cendr(잿빛의)', 'cendrillon(재투성이 아가씨)' 같은 단어들을 발견하게 된다. 이 단어들도 하나씩 카드에 적어서 카드

상자에 넣어보자.

처음 이 단어들은 학생이 계속 걸려 넘어졌던 'cendrier' 만큼이나 외우기 힘들 것이다. 하지만 이 단어들을 자신의 프로그램에 포함시키고 (한시적인) 유사억제까지도 감수한다면 단어의 어간을 더 빨리 기억하게 되어 결국 단어들 사이의 차이도 기억하게 만든다.

어려운 단어를 외우는 또 다른 방법은 그 고집불통 단어가 들어 있는 짧은 문장을 만드는 것이다. 예를 들어 "담배가 재떨이에 있다"는 문장처럼 말이다. "La cigarette se trouve dans le cendrier." 이 문장도 즉시 상자에 든 카드 하나에 따로 써야 한다. 그렇게 하면 그동안 기억에서 요리조리 빠져나가 애를 먹였던 단어 'cendrier'는 문장 전체라는 새로운 사슬에 매인다.

이때 틀린 문장을 쓰지 않도록 주의해야 한다. 어떤 언어를 이제 막 배우기 시작한 사람은 문장을 교재에서 뽑아내는 것이 가장 좋다. 대부분의 교재는 대개 문장 안에서 단어를 소개하고 있다.

아무리 해도 기억나지 않는 단어는 다른 단어나 문장 전체라는 사슬에 묶어 놓아야 한다.

문장을 통째로 외우는 확실한 암기법

단어나 관용구만이 아니라 하나의 문장을 통째로 외우는 것은 대단히 중요하다. 그렇게 해야 학생은 이어서 말을 할 수가 있다.

이런 목적으로 어떤 교사들은 한 과 전체나 여러 장의 산문을 암기하도록 시키기도 한다. 이것은 물론 지나친 일이다.

100행 암기하기. 쓸데없는 일이다!

나는 교재에서 서로 연결된 문장들을 발췌해 카드에 한 줄씩 적고 앞면에 우리말을, 뒷면에 외국어를 적는 것으로 충분하다고 생각한다. 문장이 길어서 작은 글씨로 써야 할 때도 상관없다. 학생은 이 방법을 통해 공비카드를 가지고 '총체적으로' 공부할 수 있다.

앞면	뒷면
론 강은 스위스에서 출발하여 리옹을 지나 지중해에 다다른다.	Le Rhône sort de la Suisse, pass par Lyon, et se jette dans la Mé diterranée.

물론 이때 '총체'를 이해하고 잘 기억하기 위해서는 그것을 구성하고 있는 요소들을 잘 알아야 한다. 예를 들어, 어떤 학생이 "Peu à peu l'apprenti devient maître par son travail(학생은 노력을 통해서 점차 장인이 된다)"라는 문장의 단어들을 하나도 모른다고 치자. 그렇다면 이 문장을 '총체'로 카드에 적고 거기 나온 모든 단어를 그 문맥에서만 공부하려는 것은 잘못이다. 이 문장은 열 가지 정보들로 쪼개서, 열 개의 카드에 적어야 한다.

좀 긴 문장은 이렇게 분석한다.

지금쯤 어떤 학생들은 한숨을 지을지도 모르겠다. '문장 하나를 위해서 카드를 열 장이나 쓰다니!' 지나친 시간 낭비라고 생각할 수도 있겠다. 하지만 체계적이지 못한 공부야말로 시간을 낭비하게 만든다. 피상적으로 공부한 것은 금방 잊어버리기 때문이다. 그러나 지금 예로 든 것처럼 꼼꼼하게 공부한다면 일석이조의 효과를 낸다.

- 따로 연습하지 않고도 외국어로 쓰기를 배울 수 있다.
- 이 학생은 여러 개의 카드를 이용하여 개별 단어도 익히고 단어들의 연합체인 짧은 문장성분도 익히고 또 문장 전체도 외운다. 이 학생은 '짜맞추어 나가며' 공부하는 동시에 '총체적으로' 공부를 하는데, 이 두 가지 방법은 각각 장점이 있다.

앞면	앞면	앞면
점차	장인	노력
뒷면	뒷면	뒷면
Peu à peu	(le) maître	(le) travail
앞면	앞면	앞면
학생이	통해서	학생이 장인이 된다
뒷면	뒷면	뒷면
l'apprenti	par	l'apprenti / devient maître
앞면	앞면	앞면
되다	그의	그의 노력을 통해서
뒷면	뒷면	뒷면
devient	son	par son travail
앞면	뒷면	
학생은 그의 노력을 통해서 점차 장인이 된다	Peu à peu l'apprenti devient maître par son travail	

특히 외국어를 처음 배우기 시작할 때에는, 이렇게 정확하게 공부하려는 노력이 충분한 보상을 받는다. 학생은 한 문장에 들어 있는 학습정보로 가득 찬 카드들이 얼마나 빨리 더 나은 칸으로 사라지는지 바라보면서 흐뭇해질 것이다. 나는 그가 이 정보들은 결코 잊어버리지 않으리라고 확신한다.

공비카드로 수학 정복하기

이 공비카드 프로그램은 수학, 물리나 화학의 학습정보에도 쉽게 적용할 수 있다. 이런 과목들에도 고유한 언어, 단어(상징과 기호)와 문장(법칙과 공식)이 있다.

많은 학생들은 언어장애 때문에 수학, 물리, 화학에 약할 뿐이다.

많은 학생들이 이 과목들을 어려워하는 것은 주로 '언어장애' 때문이다. 수학을 못하는 사람은 이 분야의 언어, 어휘와 문법에 약한 것이다. 그러므로 이런 분야에서는 우선 정의를, 그러니까 기호와 상징들의 의미를 외우고, 그 다음에는 공식을, 끝으로는 과제를 해결하는 순서로 공부해야 한다.

우리가 현재 사용할 수 있는 이런 과목의 교재들은 어학교재보다 상당히 부실하다. 그러나 어쨌든 거기에는 주요한 정의와 공식이 들어 있으므로 우리는 교재에서 그것들을 추려 카드에 적을 수 있다.

이런 공식을 외우는 것은 공비카드의 도움을 받는다고 해도 어느 정도까지만 효용이 있다. 수학이나 화학뿐만 아니라 모든 학문에서는 기호와 상징과 공식을 외우

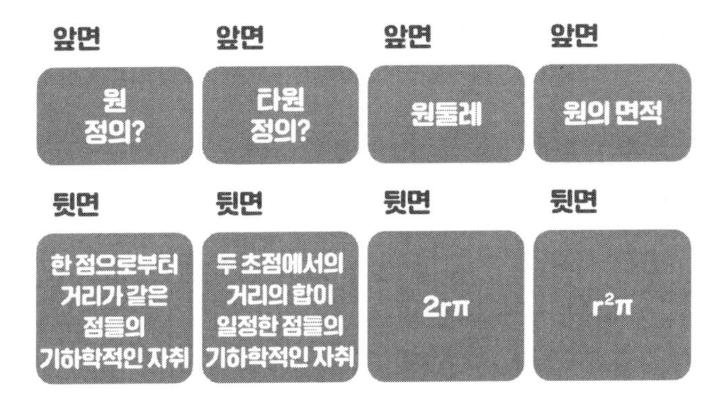

는 것도 중요하지만 정말로 이해하는 것이 필요하다. 이해란 그것을 가지고 무언가를 할 수 있다는 뜻이다. 그저 암기한 공식만으로는 선생님을 놀라게 할 수는 있지만 응용문제는 풀 수 없다. 결국 이해력이 공부를 쉽게 만들어준다.

어떤 학생이 해석기하학의 심오한 진리를 탐구한다면, 그는 다른 것도 배우지만 원의 방정식 $x^2+y^2=r^2$도 배우게 된다.

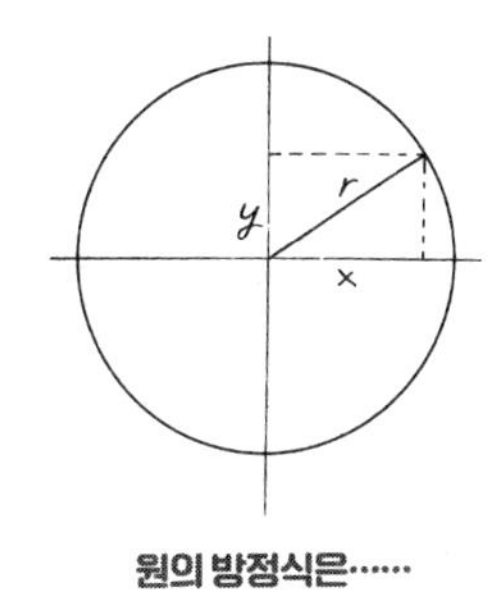

원의 방정식은……

x, y, r 중에서 두 가지만 정해져 있다면, 이 공식으로는 중심이 원점인 원의 어떤 점도 산술적으로 도출할 수 있다.

이 공식을 처음 접하는 학생은 이 방정식을 외울 때까지 공비카드를 뒤적일 것이다. 하지만 이성을 약간 사용하면 이런 기계적인 과정을 단축할 수 있다. 그러려면 앞에서 본 그림을 약간 다르게, 즉 이렇게 생각해보면 된다.

피타고라스 정리의 변형이다.

원의 방정식인 $x^2+y^2=r^2$을 과거에 배웠던 $a^2+b^2=c^2$이라는 '피타고라스의 정리'로 이해하면 쉽다. 그러면 학생의 머리에 불이 들어오고, 그는 이제 갑자기 진리를 깨우친다. '아하 체험'의 증상이다. 그는 '이해'를 통해 학습했고,

'통찰'을 얻었으며 그렇게 해서 많은 양의 반복적인 암송을 피해간다.

그렇지만 이 통찰을 너무 믿어서는 안 된다. 통찰도 잊어버릴 수 있다. 그래서 $x^2+y^2=r^2$이라는 공식도 공비카드에 써놓아야 하는데, 그 카드에는 질문과 대답에 피타고라스의 정리도 함께 적어 놓는다.

앞면	뒷면
1)원의 방정식? 2)무슨 원리?	1) $x^2+y^2=r^2$ 2)피타고라스 $a^2+b^2=c^2$

수학, 물리, 화학의 모든 공식을 이런 방식으로 공부한다. 학생은 좀더 자세히 설명을 해주는 부가정보, 공통점이나 일치점, 비슷한 점이나 연결점을 찾으며, 또 겉으로 똑같아 보이는 것들을 서로 구별해주는 차이점도 찾는다.

학생은 이런 정보들을 서로 연결해주는 규칙을 알고 이해해야 한다. 그 규칙에서 정보들을 도출해낼 수 있기 때문이다. 그리고 규칙들을 구체적으로 어떤 경우에라도 적용시킬 수 있도록 변형시켜야 한다.

학습내용을 이해하기 쉽게 만들려면 되도록 많은 부가정보를 찾는다.

이해와 암기는 똑같이 중요하다

수학이나 수학 근접 분야의 과제를 풀 때는 이른바 '예시학습'이 특별한 중요성을 지닌다. 예시학습에서는 교사나 교재가 구체적인 예를 이용하여 문제를 해결하는 방법을 보여준다. 그러고는 학생이 다른 과제를 접할 때 이런 방법을 적용시키기를 기대한다. 예시학습은 그 예에서 얻은 '통찰'과 관련되어 있으며, 배운 것을 다른 경우에 적용시키는 능력과 깊이 관련되어 있다(그 능력은 흔히 '지능'과 동일시된다).

영리한 학생들은 가끔 자만심에 빠지게 되어 배운 것을 쉽게 잊어버린다.

심리학에서는 이를 '일반화' 또는 '연습의 전이'라고 한다. 하지만 놀랍게도, 자신들의 '통찰'과 '지능'을 특히 많이 이용하는 학생들이 종종 그런 과제를 푸는 데 실패하곤 한다. 원인은 경솔한 자만심이다. 이들은 교사가 첫 번째 해결책을 보여줄 때 자신들이 다른 학생들보다 더 빨리 이해했음을 알고는, 그 해결책을 한 번 더 암기하는 것을 소홀히 한다. 그 결과 그 해결책은 학생의 뇌리에서 잊혀진다. 아무리 의도가 좋고 지능이 높아도 잊어버린 것을 다른 과제에 '전이'할 도리는 없다. 따라서 너무 자만하지 말아야 한다.

이 카드들의 뒷면에는 선 몇 개와 그 자체로는 무슨 뜻인지 알 수 없는 그림이 있다. 앞면의 질문과 함께라면 이 그림들은 해결책들을 분명하게 보여준다.

각을 둘로 나누기 위해서는(206쪽, 그림 1) 각 변에서 꼭짓점에서 동일한 거리만큼 떨어진 두 점을 찾아 이 점들을 지름이 같은 두 원의 중심으로 삼으면 된다. 이 두 원이 만나는 점과 각의 꼭짓점을 연결하는 선은 각을 이등분한다.

직선을 삼등분하기 위해서는(206쪽, 그림 2) 먼저 이 직선의 한 끝에서 그 직선과 예각을 이루는 두 번째 직선을 하나 긋는다. 그리고 이 직선에 길이가 동일한 선분을 세 개 표시한다. 이 선분들을 두 직선의 반대쪽 끝점을 연결하는 선과 평행이 되게 이동시키면 처음에 주어진 직선도 길이가 같은 세 선분으로 나누어진다.

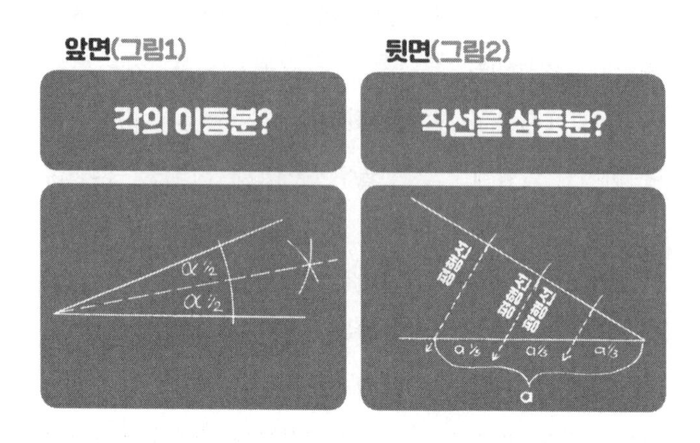

이해만으로는 충분하지 않다. 암기를 해야 한다.

일단 학생이 이것을 이해하고 나면 위에서와 같은 긴 설명은 더 이상 필요치 않지만, 이해만으로는 충분하지 않다. 학생은 이 해결책을 암기해야 한다.

통찰과 암기, 문법과 어휘, 법칙과 공식을 아는 것과 (나중에는 반대로 이해를 도와주는) 다양한 해결책들을 아는 것, 이 두 가지가 모두 중요하다.

그런데 이것들을 대체 어디에서 구한단 말인가?

아직 공부를 시작한 지 얼마 되지 않은 학생이라면(또는 공부를 오래 했어도 그 단계에서 아직 벗어나지 못한 학생이라면), 혹은 사고의 기반이 되고 대상을 이해하기 위해 필요한 개념의 기본 골격이 없는 학생이라면 참 난감할 것이다. 교재조차 없다면 좋은 선생님을 만나 기초를 다지는 일이 가장 급선무일 것이다.

'어리석은' 질문이란 없다

하지만 어느 정도는 스스로 해결할 수도 있다. 그러려면 학생의 미덕이라고 칭송되는 겸손과 피동성, 조용히 앉아서 귀 기울여 듣는 것, 그리고 '어리석은' 질문을 해서 창피를 당할지도 모른다는 두려움을 버려야 한다. 통찰을 얻으려면 자꾸 나설 수밖에 없다. 이 부분에서 학생은 교사에게 공격적일 필요가 있다. 그는 세상에 '어리석은' 질문이란 없으며, 오히려 모르면서도 입을 꾹 다물고 있는 것이 어리석다는 점을 알아야 한다.

'학생의 미덕' 몇 가지는 과감히 버려라.

학습에 어려움을 겪을 경우 과외교사에게 지도를 받는 경우도 흔하다. 이때 과외교사는 내용을 반복하고 질문하는 일에 대부분의 시간을 소비한다. 그러나 암송하는 연습과 학습내용을 되새김질하는 일은 공비카드를 가지고 혼자 하는 것이 낫다. 과외교사는 좀더 중요한 기능을 맡아서 해주어야만 한다. 공부할 내용으로 프로그램을 짜는 일, 더 정확히 말하자면 내용을 이해하는 데에 필요한 정보를 글로 만드는 일을 도와주는 것이 더 현명하다. 학생에게는 이 일이 너무 어렵기 때문이다.

과외교사가 있다면 그는 공비카드 프로그램을 짜는 일을 도와야 할 것이다.

단순한 암기 전문가보다는 교수법에 통달한 선생님이 유용하다. 그런 선생님들은 돈이 많이 들지만 학생이 가장 중요한 문제들을 쉽게 이해할 수 있게, 카드에 적을 수 있을 정도로 짧고 다양한 질문과 대답으로 통찰에 이를 수 있도록 도와줄 수 있다면 그만한 가치가 있다.

어려운 내용은 작은 부분으로 나눠라

교재의 이어지는 텍스트를 카드에 쓸 수 있도록 활용하는 일은 매우 어렵다. 우리가 빈 대학 심리학과 로어아허 교수의 학생이라고 상상하자. 우리는 시험 준비 중이고, 로어아허 교수가 기억과 학습에 대해서 물어볼 것이라고 예측한다.

교재도 공비카드의 프로그램으로 만들 수 있다.

우리는 양심적으로 꼼꼼하게 공부하는 학생들인 만큼 로어아허와 스위스 심리학자 마일리가 쓴 『실험 심리학 교재』를 사서 기억연구에 대한 다음과 같은 글을 읽는다.

기억의 실험적인 연구를 시작한 것은 서로 무관하게 1880년에서 1910년 사이에 학습, 저장과 재생산의 과정을 연구하기 시작한 세 사람, 즉 독일의 헤르만 에빙하우스, 미국의 에드워드 리 손다이크, 러시아의 이반 파블로프다. 이들이 어떤 관점에서 기억을 연구했는가는 무엇보다도 이들의 민족성, 생활태도에 의해서 결정되었다. 유럽인인 에빙하우스는 지식, 즉 언어로 형식화된 어떤 내용의 저장과 보존을 연구했다. 미국인인 손다이크는 실용적인 행동양식의 습득을 조사했으며, 러시아인인 파블로프는 러시아 심리학이 성격 형성의 결정적인 요소로 보는 환경의 지속적인 영향이 어떻게 생겨나는지를 밝히고자 노력했다. 이런 연구 분야에 대한 선호는 반세기가 지난 지금까지도 유럽, 미국, 러시아에 남아 있다.

이 글은 하나의 역사적인 사실에 대한 완결되고 응집된 서술이다. 이제는 거기 담긴 중요한 정보를 기억해서, 로어아허가 아무리 까다로운 문제를 내더라도 빈틈없이 대답하는 일이 중요하다. 그러려면 위에 인용한 단락의 내용을 아주 작은 부분들로 쪼개고 처리해서 질문과 대답으로 카드에 적는다.

우선 절대로 해서는 안될 일이 있다. 그것은 문장을 임의로 둘로 쪼개는 일이다. 그렇게 하면 카드들은 다음처럼 될 것이다.

앞면	뒷면
실험 심리학의 기초를 닦은 것은 서로 무관하게 1880년에서 1910년 사이에 학습, 저장과 재생산의 과정을 연구하기 시작한 세 사람.	즉, 독일의 헤르만 에빙 하우스, 미국의 에드워드 리 손다이크, 러시아의 이반 파블로프다.

주의!
이것은 학습내용을 잘못 쪼갠 예다.

꼭 잊지 말자. 카드의 앞면에는 질문이, 뒷면에는 대답이 적혀 있어야 한다. 여기서는 앞면에는 문장의 처음을 '질문'으로, 그 나머지를 '대답'으로 만들었다. 이것은 아주 어리석은 방식이다. 이는 "마리아 테레지아가 무엇을 하고 얼마 지나지 않아 무슨 사건이 일어났는가?"라는 질문처럼 바보 같은 짓이다. 여기서 기대하는 대답은 다음과 같다. "마리아 테레지아가 황제가 되고 얼마 되지 않아 바로 1차 슐레지엔 전쟁이 일어났다."

우리가 학습내용을 이런 식으로 조직한다면 우리는 주어진 대사를 그대로 암기해야 하는 배우와 같다. 그는 상대역이 자신의 대사 바로 직전에 말하는 문장이나 문장 성분을 표지로 삼아 자신이 그 다음에 해야 하는 역할을 기억할 뿐이다.

연극배우에게 적당한 방법이라고 해서 학생에게도 도움이 되는 것은 아니다.

첫 번째 문장을
다시 한 번 비판적으로
자세히 살펴보자.

중요한 정보만 기억하라

중요한 정보란 무엇인가? 우리가 실용적인 목적에서 어떤 학문을 공부한다면, 거기의 모든 내용이 다 실용적 가치가 있을 것이다. 그러나 시험을 앞두고 있다면 시험에 나올 만한 것들이 중요하다.

좀전에 나온 글의 첫 문장을 다시 자세히 살펴보면, 그 문장에서는 다음과 같은 시험문제를 예상할 수 있다.

- **기억의 실험적인 연구는 언제 그 기초가 닦였나?**

  -답: 1880년과 1910년 사이에.
- **기억의 실험적인 연구를 시작한 사람은 누구인가?**

  -답: 독일의 헤르만 에빙하우스, 미국의 에드워드 리 손다이크, 러시아의 이반 파블로프.
- **심리학의 어떤 분야를 에빙하우스, 손다이크, 파블로프가 시작했는가?**

  -답: 기억의 실험적인 연구.
- **에빙하우스, 손다이크, 파블로프는 무엇을 연구했나?**

  -답: 학습, 저장과 재생산의 과정.
- **학습, 저장과 재생산의 과정을 연구하기 시작한 것은 누구인가?**

  -답: 에빙하우스, 손다이크, 파블로프.
- **에빙하우스, 손다이크, 파블로프는 함께 연구했는가?**

  -답: 아니다. 이들은 서로 무관하게 연구했다.

이제 이런 질문과 대답을 카드에 따로따로 적는다. 이렇게 해서 교재의 중요한 내용을 풀어헤쳐 공비카드를 작성한다. 하지만 이 방법은 시간이 너무 많이 들고 생각을 많이 해야 한다.

주어진 문장을 질문과 대답으로 만드는 더 간단한 방법은 심리학에서 '빈칸 채우기'라는 방식을 사용하는 것이다. 여기서는 문장을 변형시키지 않고 그냥 묻고 싶은 단어를 삭제하고 그 자리에 빈칸을 만든다. 빈칸은 수학적으로 말하면 '미지수', 또는 물음표와 같다.

앞면	뒷면
기억의 실험적인 연구를 시작한 것은 서로 ( )(년에서 년) 사이에 ( ), ( )과 ( )의 과정을 연구하기 시작한 ( ) 사람, 즉 ( )의 ( ), ( )의 ( ), ( )의 ( )이다.	(무관하게) (1880, 1910) (학습) (저장) (재생산) (세) (독일) (헤르만 에빙하우스) (미국) (에드워드 리 손다이크) (러시아) (이반 파블로프).

이제 이 방법에 따라 카드를 만들어보자. 보다시피 이 카드에는 빈칸(괄호)으로 표시된 미지수가 열두 개 있다. 이제 학생은 언제라도 카드를 이용하여 시험에 나올 만한 중요한 내용들을 기억하는지 못하는지 확인할 수 있다. 이렇게 하면 문장 전체를 힘들여 외울 필요도 없어지고 한 문장을 여러 개의 질문과 대답으로 풀어 헤치는 수고를 하지 않아도 된다.

그러나 아직도 부족한 것이 있다. 대답 하나를 잊었더라도 모든 것을 반복하지 않으려면 카드에 되도록 적은 수의 질문과 대답이 들어 있어야 한다는 원칙을 지키지 않았기 때문이다. 하나로 응집된 글은 문맥과 함께 공부하기 때문에 그 원칙을 절대적으로 따를 필요는 없지만, 카드 한 장에 질문 열두 개는 너무 많다. 그 이유는 좁은

많은 질문도 빈칸 채우기를 만들면 아주 쉽게 한 군데에 다 넣을 수 있다.

공간 때문이 아니다.

게다가 열두 가지 질문으로 가득 찬 이 카드말고도 에빙하우스, 손다이크, 파블로프가 무엇의 기초를 닦았는지를(기억의 실험적인 연구) 묻는 카드도 하나 필요하다.

우리가 첫 번째 카드에서 이 정보마저 삭제하고 대신 빈자리, 빈칸을 넣는다면 카드의 앞면에는 무엇을 다루고 있는지 그 근거가 전혀 없어진다.

그래서 우리는 로어아허의 문장을 그 형태를 유지하면서 세 개의 카드에 적을 것이다. 첫 번째 카드는 이렇다.

앞면	뒷면
기억의 실험적인 연구를 시작한 것은 ( )의 ( ), ( )의 ( ),( )의 ( ) 이다.	(독일) (헤르만 에빙하우스) (미국) (에드워드 리 손다이크) (러시아) (이반 파블로프)

여기서 세 사람에 대한 이야기를 하고 있다는 정보는 생략해도 된다. 사람의 수가 몇 명인가는 그들의 이름을 세어보면 된다. 이제 카드가 하나 더 필요하다.

이 카드는 앞의 카드를 좀 줄여서 뒤집은 것이나 다름없지만, 이 카드 역시 만들어야 한다. 이 문제도 시험에 나올 수 있으니까!

세 번째 카드는 이렇게 생겼다.

앞면	뒷면
에빙하우스, 손다이크, 파블로프는 ( )를 시작했다.	기억의 실험적인 연구

앞면

에빙하우스, 손다이크, 파블로프는 서로 ( )(년에서 년) 사이에 ( )의 과정을 연구하기 시작했다.

뒷면

(무관하게) (1880, 1910) (학습, 저장과 재생산)

이제 우리는 첫 문장에서 시험에 나올 수 있는 정보들을 카드 세 개에 나누어 적었다. 그리고 이 카드를 첫 번째 칸에 넣고 다음 문장을 본다.

세 학자의 관점이 그들이 속한 민족성에 의해서 결정되었다는 내용은 사실을 이해하는 데에 도움을 준다. 에빙하우스, 손다이크, 파블로프의 이름과 국적을 기억할 수 있다면 이것을 이해하기는 쉬운 일이고, 이 나라의 국민성이 떠오른다. 그러니 이 문장은 프로그램에 넣을 필요가 없다.

그럼 그 다음 문장을 보자. 이 문장은 프로그램으로 만들기가 쉽다. 이제 이 마지막 문장을 보면서, 그 문장을 어떻게 '미지수', 즉 특정한 단어나 개념을 묻는 질문으로 만들 수 있는지 다시 생각해보자.

이 문장은 '환경'이라는 요인을 묻고 있는데, 그 질문

앞면

( )인 에빙하우스는 지식, 즉 ( ) 내용의 ( )과 ( )을 연구했다.

뒷면

(유럽인) (언어로 형식화된) (저장) (보존)

앞면

( )인 손다이크는 ( ) 행동 양식의 습득을 조사했다.

뒷면

(미국인) (실용적인)

앞면

( )인 파블로프는 ( ) 심리학이 성격 형성의 결정적인 요소로 보는 ( )의 지속적인 영향이 어떻게 생겨나는가를 밝히고자 노력했다.

뒷면

(러시아인) (러시아)
(환경)

은 중요하다. 그래서 이 문장을 카드에 포함시켰다. 다른 어느 나라의 학자들보다 러시아인들이 환경을 중시한다는 사실도 중요하다. 그래서 다른 두 가지 '미지수'를 만들었다. 그리고 파블로프가 '러시아인'이고 '러시아' 심리학이 환경이 성격을 결정한다고 본다는 점도 다시 한 번 언급했다.

그러나 만일 소심한 학생이라서 아직 자신이 없다면 로어아허가 시험에서 다른 방식으로 물을 수 있다는 것도 생각해볼 것이다. 가령 이런 식이다. 러시아 심리학자들의 견해에 따르면 환경이 무엇에 영향을 미치는가(성격 형성), 그리고 어떤 영향을 미치는가(지속적인).

시험의 함정들—교수는 다르게 물어볼 수도 있고, 우리는 거기에도 대비해야 한다.

더 확실하게 시험을 준비하는 방법은 파블로프의 연구 목적에 로어아허의 문장을 위해서 카드를 한 장 더 사용하는 것이다.

이제 마지막 한 문장만 남았다. "이런 연구 분야에 대

앞면

| 러시아인인 파블로프는 러시아 심리학이 (   )의 결정적인 요소로 보는 환경의 (   )이 어떻게 생겨나는가를 밝히고자 노력했다. |

뒷면

| (성격 형성)
(지속적인 영향) |

한 선호는 반세기가 지난 지금까지도 유럽, 미국, 러시아에 남아 있다."

이것은 잊어버려도 된다. 이 문장은 부연설명이고, 이해를 도우려는 목적뿐이다. 이 글에서 중요한 정보들을 기억하고 있다면 우리는 이러한 통찰을 결코 잊어버리지 않을 것이다.

이제 우리는 로어아허의 책의 한 단락을 카드 여섯 장에 나누어 공부했다. 교재의 주요 정보들을 이런 식으로 처리하고 공부한다면 더 이상 시험이 두렵지 않을 것이다.

밑줄 치는 것도 기술이다

이 모든 것이 사고를 요구하는 것처럼 보이기 때문에, 연습이 부족한 초보자는 이 일이 너무 복잡하다고 생각한다. 그러나 사실은 그렇지 않다. 어떤 정보를 카드의 앞쪽에 '미지수'로 남겨두고 뒷면에 그 답을 적는 일은 노력이 필요 없을 정도로 간단하다.

이 목표에 도달하기 위해서 필요한 준비가 바로 밑줄을 긋는 일이다. 글에서 우리가 외울 중요한 단어에 연필로 밑줄을 긋는 것이다.

경악은 사그라질 것이다. 교재의 내용으로 프로그램을 만드는 일은 처음 생각하는 것처럼 어렵지 않다.

로어아허의 교재에서 밑줄을 그어보자.

"기억의 실험적인 연구를 시작한 것은 서로 무관하게 1880년에서 1910년 사이에 학습, 저장과 재생산의 과정을 연구하기 시작한 세 사람, 즉 독일의 헤르만 에빙하우스, 미국의 에드워드 리 손다이크, 러시아의 이반 파블로프다. 이들이 어떤 관점에서 기억을 연구했는가는 무엇보다도 이들의 민족성, 생활태도에 의해서 결정되었다. 유럽인인 에빙하우스는 지식, 즉 언어로 형식화된 어떤 내용의 저장과 보존을 연구했다. 미국인인 손다이크는 실용적인 행동양식의 습득을 조사했으며, 러시아인인 파블로프는 러시아 심리학이 성격 형성의 결정적인 요소로 보는 환경의 지속적인 영향이 어떻게 생겨나는지 밝히고자 노력했다. 이런 연구 분야에 대한 선호는 반세기가 지난 지금까지도 유럽, 미국, 러시아에 남아 있다."

한 번 처리과정을 거친 책은 이렇게 생겼다. 우리는 생각한 것보다 밑줄을 덜 쳤다.

이 글을 주의 깊게 읽으면, 시험을 겁내는 학생보다 우리가 밑줄친 부분이 적다는 것을 알 수 있을 것이다. 그 학생은 둘째 줄의 '과정'에도 밑줄을 치고 여섯째 줄의 '지식'과 '내용', 아홉째 줄의 '결정적인 요소'에도 밑줄을 쳤을 것이다.

구체적인 진술을 담지 않은 단어는 밑줄 칠 필요가 없다.

우리는 일부러 그렇게 하지 않았다. 왜냐하면 '과정'은 내용이 없는 단어이기 때문이다. 마찬가지로, '지식'이라는 말도 아무데나 쓸 수 있다. 끝으로 이 세상에는 무수한 '결정적인 요소'들이 있다. 이제 우리가 단어들에 밑줄을 그을 때 자동적으로 어떤 기술을 사용하고 있는지 분명해졌다. 우리는 언제나 개념적으로 가장 구체적인 진술을 제공하는 부분에만 밑줄을 쳤고, 일반적이고 덜 정확한 단어에는 밑줄을 치지 않았다.

거기에는 이유가 있다. 우선 구체적인 것을 기억하면 일반적인 내용은 저절로 생각나기 때문이다.

밑줄 친 부분이 적은 세 가지 이유가 여기에 있다.

또 만일 우리가 일반적인 것과 구체적인 것을 모두 표시한다면, 즉 '저장'이나 '보존'과 마찬가지로 '지식'에도 밑줄을 치고, '학습'이나 '재생산'과 마찬가지로 '과정'에도 밑줄을 친다면 우리는 요점에 집중하는 대신에 글 전체를 암기해야 되기 때문이다. 우리가 공비카드를 통해서 피하려고 하는 바로 그 근본적인 오류를 저지르게 되는 것이다.

밑줄을 잘 치는 것은 공비카드의 프로그램화를 합리화하고 기계화하고 단순화시키는 첫걸음으로, 이때 가장 중요한 원칙은 여러 가지 중요한 진술 중에서 구체적인 단어들만을 밑줄 쳐야 한다.

이해 가능한 범위 안에서 문장을 최소한 짧게 만든다.

프로그래밍의 두 번째 단계는 밑줄 친 정보를 포함하는 문장들을 카드에 옮겨 적는 일이다.

이것도 다음과 같은 근본원칙에 따라 기계적으로 할 수 있다.

- **이해가 가능한 범위 안에서 문장을 짧게 만든다.**
- **문장이 카드 한 장에 쓰기에 너무 길 경우, 다른 카드에 나누어서 쓴다.**
- **'미지수', 즉 빈칸으로 표현된 질문의 수는 되도록 적게 한다. 한 카드에 '미지수'가 다섯 개 이상 있으면 진도를 나가기 어렵다.**

교재 한 권의 내용을
다 알려면 외국어 하나를
정복하는 것만큼
많은 수고로움이 필요하다.

숙달이 되면 무엇이나 더 쉬워진다

학생들은 이런 방식으로 두꺼운 교재 한 권을 정복하는 일은 상당히 수고스럽다고 불평할 것이다. 그러나 수고스럽지 않은 공부는 없으며, 두꺼운 교재 한 권을 다 공부하려고 욕심을 부린다면 그건 어쩔 수 없는 일이다.

로어아허의 『실험 심리학』에 들어 있는 모든 정보를 알려면 분명히 외국어를 완전 통달하는 것만큼이나 많은 노력이 필요할 것이다.

그런 과제를 천재적으로 휙 읽어서 2주일 만에 척척박사가 될 수 있다고 생각하는 사람은 어리석다.

책의 내용이나 텍스트를 아주 작은 단계들로 나누는 공비카드는 이러한 판단의 오류를 명백히 보여준다. 학생은 이제 자기가 완수해야 할 과제 전체를 눈앞에 본다. 그 과제는 모두 한눈에 들어온다. 그는 책의 첫 장을 공비카드로 만들어본 다음에야, 중요한 정보들만이라도 제대로 알려면 몇 주일 몇 달을 공부해야 하는지, 그리고 날마다 몇 시간을 투자해야 하는지 계산할 수 있다.

앞으로 해야 할 공부를 생각하면 소름이 끼친 나머지 용기를 잃을지도 모른다. 하지만 용기를 내자. 앞으로 공부할 내용을 계속 프로그램화 한다면 '벌리츠 효과'가 나타나 새로 배우는 정보 하나하나가 학습의 진도를 엄청나게 빨라지게 할 것이다.

우선 자료에서 뽑아낸 문장과 단락을 처리하는 솜씨부터 가속화된다. 그 솜씨는 매번 좋아져서, 나중에는 더 이상 의식적으로 문장을 분석하지 않고 거의 기계적으로 옮겨 쓰게 된다.

소름끼칠 필요는 없다.
이 일은 하면 할수록 쉬워진다.

게으름과 끈기 없음도 이 학습과정에서는 유익하다. 이보다 더 위험한 것은 부주의함이다.

빨리 앞으로 나가서 얼른 끝내고 싶은 마음이 언제나 이길 것이다. 인간의 게으름과 끈기 없음이 도움이 되는 경우다. 이것은 부지런하고 고지식한 학생들까지도 중요하지 않은 정보를 과감하게 훌쩍 뛰어넘게 만든다. 중요하지 않으면 적는 수고를 할 필요가 없으니까.

이보다 더 위험한 것은 부주의함 때문에 실수를 저지른다는 점, 베껴 쓰는 단순작업을 서둘러 하다가 중요 단어를 빠뜨리거나 혼동한다는 점뿐이다. 그는 이런 사실을 옮겨 적은 정보를 암기할 때쯤 깨우친다. 그러면 그는 절망해서, 교재 어딘가에서 제대로 된 정보를 찾아 바로잡아야 한다. 그래서 정보를 카드에 옮겨 적을 때는 그 출처와 페이지를 적는 것이 좋다. 가령 '로어아허 115쪽'이라는 뜻으로 'Ro 115'라고 적는 것이다. 그러면 그 위치를 금방 찾을 수 있고 성가신 일을 덜 겪을 수 있다.

잊지 말고 페이지를 적자!

공비카드 사용에 점점 익숙해지다 보면 학생의 판별력도 성장한다. 내용을 점점 더 공부할수록, 꼭 외워야겠다고 생각되는 정보의 양이 점점 줄어든다. 그리고 그 판단은 옳다.

페이지가 넘어갈수록 판별력도 높아진다.

교재를 처음 공부할 때 그는 글의 모든 문장, 아니면 거의 모든 문장을 무슨 보물처럼 이리저리 돌려보고 분해해보고 조심스럽게 카드에 적었다. 시간이 흐르면서 이러한 의식적인 노력은 점점 줄어든다. 결국에 가서는 한 페이지에서 대략 네다섯 개의 정보만을 적게 되고, 심지어 그냥 넘기는 페이지도 생긴다.

그는 중요한 정보와 중요하지 않은 정보를 구별할 줄 알게 되고, 그런 것에 대해서는 과감히 생략하고 넘어갈 줄 안다.

끝으로 학생은 교재에 기술된 대로 인용하지 않고 중요한 정보를 축약해서 더 짧은 말로 그 뜻만을 공비카드에 적는 법도 깨우친다.

마지막에는 중요한 것만을 카드에 적는다.

로어아허의 『실험 심리학』은 총 461페이지다. 카드 하나를 쓰는 데는 3분 정도가 걸린다. 교재의 한 페이지마다 중요한 정보가 다섯 장의 카드를 채운다고 하면, 15분에 한 페이지를, 두 시간에 여덟 페이지를 만들 수 있다는 계산이 나온다. 그리고 그전에 이 여덟 페이지를 주의 깊게 읽으며 밑줄을 치는 일에도 한 시간이 필요하다. 준비를 하고 카드를 쓰기까지 세 시간이 드는 것이다.

하루에 세 시간씩 암기할 경우, 하루에 여섯 시간씩 힘을 들여서 로어아허 같은 책을 공부하는 데 대략 백일 남짓 걸린다.

하루에 여섯 시간씩 백일 동안! 엄청난 시간과 노력이다.

물론이다. 나는 공비카드만 이용하면 공부와 노력이 필요 없다고 주장하지는 않는다. 이 카드는 체계적으로, 성공적으로 공부할 수 있도록 만들어줄 뿐이다. 그러나 그 책의 문장과 줄을 반복해서 읽으며 뚫어지게 쳐다보고 하늘을 보며 웅얼거리고 둘째손가락을 책에 얹고 달달 외우는 기존의 방법으로는 일 년이 걸려도 결코 해내지 못할 일이다.

게다가 목표에 도달했다고 믿는 사람은 그동안 애써 공부한 내용을 대부분 잊어버렸음을 뒤늦게 깨닫고 후회할 것이다.

속으로 비웃는 학생들도 있을 것이다.

시험 하나를 보기 위해서 그렇게까지 정확할 필요가 없다는 것을 알고 있기 때문이다. 오늘날 교수들은 지나치게 세부적인 내용을 묻는 일은 거의 포기했다. 그들은 학생들이 공부할 내용의 냄새라도 맡는 것으로 만족한다.

그 사실을 아는 많은 학생들은 시험을 겨우 3주일 앞두고 공부를 시작한다. 그들은 공부하는 데 교재를 사용하지도 않는다. 시험은 코앞인데 분량이 너무 많기 때문이다. 그들은 학교 앞 서점에서 파는 참고서나, 친구들에게서 베낀 노트를 가지고 공부한다. 나도 그런 뜻에서 '교재'를 새로 정의해야겠다. 교재는 학생들이 공부를 하도록 교수가 쓰는 책으로, 참고서나 노트를 만드는 데도 사용되는 책이다.

12시 5분 전에
벼락치기 공부를 시작하는
학생들을 위한 조언.

시대에 뒤떨어지지 않으려면 나는 이런 현대적인 시험 준비 방법도 따라가야 한다고 생각한다. 나는 마지막 순간에야 공부를 시작하는 이런 학생들도 고려해보았다.

결론은 이들에게도 공비카드가 유용하다는 사실이다. 그런데 이 카드는 필히 '피상적으로' 프로그래밍되어야 한다.

7일짜리 속성과정을 위해:
70페이지짜리 강의록–
하루에 여섯 시간

어떤 학생이 2주일 후, 아니면 일주일 후에 노동법 시험을 치러야 한다고 하자. 그에게는 이제 두꺼운 교재는 정말 의미가 없다. 70페이지 분량의 얇은 참고서면 충분하다. 그러나 시험이 코앞이라는 현실을 감안하면 이 학생이 이 70페이지를 문장 하나하나, 정보 하나하나, 처음부터 끝까지 공부하며 공비카드에 적을 리는 없을 것이다.

그는 우선 책 전체를 읽고 정말 중요한 정보만을, 아마 한 페이지마다 한 가지 정보만을 카드에 적을 것이다. 그의 노력이 좀더 따라준다면 첫날은 70개의 정보가 상자 속으로 들어갈 것이다. 그리고 즉시 이 카드들을 뒤적이며 시험공부에 돌입한다. 우리가 잘 아는 방법 그대로!

이런 식으로 하루에 세 시간씩 공부하면 충분하다. 그러고도 시간이 남는다면 교재 안에서 더 알아두면 좋을 정보를 찾아보고 이들도 다시 카드 프로그램에 포함시킨다.

이때는 앞에서 시작해서 뒤로 가는 것이 아니라, 즉 '철저하게' 하는 것이 아니라, 오히려 어디 한 곳에 중심을 두고 한 층씩, 적군의 폭격 속에서 참호를 파는 군인들처럼 작업을 해야 한다. 군인들은 그런 상황에서 땅을 깊이 팔 정도로 어리석지 않다. 이들은 일단 급한 대로 숨기 위해서 여기저기 20센티미터나 30센티미터쯤 팔 것이다. 그런 작업이 끝나야 그 안에서 엎드려서 기어가지 않도록, 똑바로 걸어갈 수 있도록 그 홈을 더 깊게 팔 것이다.

시험이 코앞에 닥쳤을 때는 참호를 파는 군인들에게서 배운다.

이렇게 급하게 한 공부는 기억에 남는 게 거의 없을 것이다. 그러나 시험을 치르기에는 충분하다.

그러니까 현명한 학생은 참고서에 나온 순서대로 차근차근 공부하지 않고 대신 중요한 순서대로 공부할 것이다. 가장 중요한 것부터 시작해 그 다음엔 덜 중요한 것, 그 다음에는 알면 좋겠지만 꼭 알지 않아도 되는 것의 순서대로 나간다.

이 방법을 체계적으로 날마다 계속한다면 그의 지식은 완전한 '밤'에서 '희미한 어둠'과 '어렴풋한 새벽'을 지나 마침내 공포에 떨었던 시험에 가까스로 합격할 정도에 이를 것이다.

벼락치기 공부도 공비카드를 이용하면 짧은 시간 안에 놀라울 정도로 효과를 볼 수 있다. 다만 이런 식으로 공부한 정보가 머릿속에서 오랜 시간 유지되리라는 환상은 버려야 한다.

시간이 이렇게 촉박한 경우에는 공비카드 중의 어떤 카드도 상자의 세 번째 칸보다 더 멀리 가지는 못한다.

지능의 문제 08

IQ라는 이름의 괴물

더 복잡하고 어려운 과제를 해결하기 위해서는 창조적인 지능이 필요하다. 많은 학자들은 이런 문제를 마주하면 '창조적으로' 활동을 한다. 이들은 반짝거리는 이름으로(할 수 있으면 라틴어나 그리스어 이름으로) 화려하게 치장을 한 개념들을 세상에 내놓는다.

하지만 이 개념을 둘러싼 이름은 곧 유령처럼 스스로의 삶을 살기 시작한다. 이들은 언어로만 존재하는 유령으로 개념의 유령이다. 이 유령들은 끈질기게 인류를 괴롭히면서 온 땅에 해악을 끼치고 어린이들을 불행하게 만들고 성인들에게서 직장과 희망과 미래를 빼앗는다.

'IQ'는 온 땅에 해악을 미치고 어린이들을 불행하게 만들고 성인들에게서 희망을 빼앗았다.

이 유령들 중 하나가 바로 '지능지수'다. 둘 혹은 세 자리 수의 이 괴물은 어떤 순진하고 무지한 사람이 지능검사에 응할 때마다 태어난다. 그는 질문들에 대답하고 여러 가지 과제를 풀어야 한다. 답을 맞히면 1점을 받지만 답이 틀리거나 대답하지 않으면 점수가 없다.

이 점수들을 합산하면 심리학자들이 '원점수'라고 하는 것이 나온다. 이 수치를 바탕으로 피험자의 성적을 전 인구의 평균과 비교한다. 청소년이나 어린이의 경우에는 그 나이 또래의 평균과 비교한 백분비를 계산해낸다. 이 백분율이 바로 지능지수, IQ이다. 피험자가 평균의 50퍼센트밖에 안 되는 점수를 받았다면 그의 IQ는 50이 되고, 그는 정신박약에 가까운 바보라고 평가된다.

IQ는 어떤 사람은 천재로, 어떤 사람은 바보로 낙인찍는다. 그리고 그 판결은 평생 그를 따라다닌다.

만일 지능 검사가 잡지에서처럼 그저 재미로 하는 것이라면 괜찮다. 하지만 지능 검사는 진지한 일이다. 여기서 얻어진 지능지수는 당사자의 학적과 인사 문서에 기록되어 평생을 따라다닌다.

지능이 낮은 사람과 높은 사람이 있다는 것은 논란의 여지가 없는 사실이다. 학교에서 공부를 잘하는 아이가 따로 있다는 것도 잘 알려진 사실이다. 그래서 '다른 아이들'은 그들에게 맞는 교육이 더욱 필요하다.

1900년경 프랑스 교육당국은, 어떤 아이들이 그런 특별 지도를 필요로 하는지 정확하게 알아내야겠다는 진보적이고 훌륭한 생각을 했다. 이때 심리학자인 알프레드 비네*Alfred Binet*에게 주어진 과제는 어떤 아이가 정상적인 학교에 맞는지 아니면 특수학교에 가야 하는지를 과학적으로 정확하게 알아내는 방법을 개발하는 것이었다.

이 재앙은 1900년경 프랑스에서 시작되었다.

이렇게 해서 지능 검사라는 게 생겨났는데, 원래는 좋은 목적으로 탄생했던 것이다. 하지만 불행하게도 인류는 여기서 생겨난 골칫거리에 꽁꽁 묶이게 되어버렸다.

첫 번째 지능 검사의 의도는 좋았다. 그러나……

이 비극의 원인은 자의적이고 전혀 증명되지 않은 가정이며, 근본적인 구조상의 문제다. 비네의 결과물을 따라 개발된 수천 가지의 지능 검사는 보다 정교해졌지만, 여전히 비극적이다. 그것들은 평생 유효하다는 주장을 하고 있다.

이 검사들은 '돌'을 '밀'에서 골라내려고, 그것도 영구적으로 골라내려고 한다. 이 검사의 의도는 지능이 높은 사람들을 그렇지 않은 사람들에게서 영원히 분리하는 것이다. 소르본 대학의 심리학과 과장이었던 비네는 지능은 타고나는 것으로 변하지 않는다고 보았으며, 눈 빛깔이나 뼈의 골격, 피부의 색처럼 평생 바뀌지 않는다고 주장했다. 낮은 지능은 불치의 유전병과 같은 것이었다. 머리가 나쁜 병에는 처방이 없다.

이것이 오늘날까지 변함없는 지능에 관한 이론의 기반이다. 그러나 이러한 가정이 틀렸다는 것은 그때도 이미 분명했던 사실이다. 비네도 그 사실을 알고 있었다. 백 년 전에도 아이들은 해가 갈수록 똑똑해졌던 것이다. 비네는 '상관없어'라고 생각했다. 그는 그 사실을 제대로 '설명'하지 못했다. 그는 순진하게도 인간의 정신적인 성장을 신체적인 성장과 비교했다. 그는 아이들이 키가 자라는 한 정신적인 성장도 가능하다고 생각했다.

그러나 천부적인 지적 능력의 불변성이라는 자신의 신조가 타격을 입지 않도록, 그는 계산을 할 때 피험자의 나이도 함께 고려했다. 그렇게 해서 IQ는 일정한 것이 되었고 그의 학술적인 선입견 또한 공격을 벗어났다.

비네는 한계선을 그었다. 그는 인간의 지능은 15세가 되면 영구히 끝난다는 판결을 내렸다.

이 프랑스 심리학자는 15세부터는 지능이 높거나 낮은

지능 검사는 정신적인 돌을 밀에서 가려내려고 했다. 그랬기 때문에 종종 심각한 피해를 끼쳤다.

비네가 명령을 내렸다. 15세 이후에는 지적인 발달이란 없다.

채 죽는 날까지 고정되도록 명령했다. 지능지수를 계산하는 공식도 그에 맞추어졌다. 15세의 지능은 영원하다!

비네는 대부분의 사람들이 그 나이까지 학교에 다닌다는 사실을 고려하지 않았다. 그는 15세까지의 지능 발달이 학교 교육이나 학습과 관련이 있으리라는 생각은 꿈에도 하지 않았다. 사실 비네의 이런 학술적인 죄악은 고의로 저지른 것은 아니었다. 그는 지능 연구의 초기 선구자 중 한 명으로, 지적으로 뒤떨어진 아동들을 위해 특수학교의 필요성을 역설한 사람이기도 하다. 그러나 그는 그 과정에서 근본적인 실수를 저질렀다. 이러한 오류는 수십 년 동안, 여러 세대를 거치며 무비판적으로 수용되었고, 많은 사람들에게 불행을 안겨주었다.

여러 세대의 학자들이 비네의 오류를 무비판적으로 받아들였다. 그 결과 무수한 사람들이 불행해졌다.

심리학은 이제야 아주 천천히, 망설이고 수줍어하며 그 오류가 얼마나 끔찍한 것이었는지 깨닫고 있다.

'지능'이란 대체 무엇일까?

'지능'이란 무엇인가? 심리학책을 뒤적거려봐야 이 비밀스럽고 형이상학적인 용어에 대해 발견하는 것은 거의 상식적인 내용이다. 지능은 새로운 상황에 대한 적응이라고 나와 있는가 하면, 추상적인 사물을 다루는 능력이나 학습능력 자체와 동일시되기도 한다.

보통 '지능'의 정의는 그저 상식만을 포함하고 있다.

그럼 여기서 말하는 '상황'이란 무엇이며 무엇을 '추상적'이라고 말하는가? 그리고 '다룬다'는 것은 또 무슨 뜻일까?

다른 정의에서는 또 이렇게 말한다. "지능은 사회생활에서의 공통된 과제를 효과적으로 해결하는 적응능력이다."(데이비드 크렉David Crech, 『심리학의 기초』)

그렇지만 '효과적'은 무엇이고 왜 '공통된' 과제만, 또 왜 '사회생활에서의' 과제만 지능을 이용해서 해결할 수 있는 것일까?

나는 이런 '정의'들에 대해 별로 만족하지 않는다. 과거에 물리학자들은 더위나 추위가 무엇인지도 모르면서 온도를 측정했던 적이 있었다. 지능을 측정하는 도구는 지능 검사인데, 여기에서는 현재 널리 쓰이고 있는 지능 검사 중 하나를 관찰하면서 지능에 대해 알아보기로 한다.

거기 들어 있는 사용설명서에는 지능의 또 다른 정의가 실려 있다. 그들은 지능을 "총체적인 인격구조의 특수구조"라고 밝히고 있다. 그리고 "지능은 심적이고 정신적인 능력들의 구조화된 총체로, 그 능력들은 인간이 무언가를 성취할 때 작용하며, 인간이 행위자로서 세상을 살아가는 것을 가능하게 한다"고 적혀있다.

보통 사용되는 지능 검사에서 지능의 개념은 언어로만 존재하는 유령들의 해괴한 모임과 같다.

'구조'가 무슨 말일까? 적어도 그 뜻이라도 알고 싶다. 검사의 제작자들이 대답한다. "그 구성성분들은 위계적으로 체계화되어 있는 구조다. 지배영역이 다른 모든 부분에 영향을 미치듯이, 이런 위계구조의 구성성분들도 지배적인 중심의 영향을 받는다."

아무리 읽어보아도 우리는 언어로만 존재하는 유령들과 마주칠 뿐이다. 그들은 아주 그럴듯하게 말하지만, 실제로는 델포이의 신탁보다도 아리송하다.

IQ는 무엇을 검사하는가?

그럼 차라리 이 검사가 어떤 구체적인 과제로 지능을 측정하는지 살펴보는 게 나을 것 같다. 검사의 설명에 나온 과제만을 살펴보자. 우리는 '첫 번째 과제 그룹'에서 피험자를 향한 다음과 같은 질문을 볼 수 있다.

· 집토끼는 ___와 가장 비슷하다.
  a)고양이 b)다람쥐 c)산토끼 d)여우 e)고슴도치

· 희망의 반대말은?
  a)슬픔 b)절망 c)고난 d)사랑 e)증오

피험자는 다섯 가지 답 중에서 가장 정확한 단어를 표시해야 한다. 맞히면 1점을 얻는다. 하지만 피험자 앞에 이 문제를 꺼내놓는 검사자, 심리학자, 교사는 그 대답을 보고 무엇을 알 수 있을까? 이런 질문을 신비한 '구조화된 총체'를 지닌 사람만이 풀 수 있고 다른 사람은 못 푼다고 주장할 수 있을까?

그런 주장은 얼토당토않은 소리다. 검사의 첫 질문에 대한 옳은 대답은 어떤 '구조'에 의존하지 않으며, 오히려 아주 구체적이고 단편적인 지식에 달려 있다. 즉, 정답은 피험자가 고양이, 다람쥐, 산토끼, 여우, 고슴도치와 집토끼를 여러 번 본 적이 있는가, 아니면 적어도 그림으로라도 본 적이 있는가에 달려 있다. 그런 지식이 있어야 피험자는 집토끼와 가장 비슷한 것은 산토끼라고 대답할 수 있다.

옳은 대답을 하기 위한 두 번째 조건은 피험자가 이 동물을 지칭하는 단어를 알아야 한다는 것이다.

이 검사는 피험자가 모르는 외국어를 사용한다면 아무런 의미가 없다. 검사지에 집토끼 대신에 'rabbit', 다람쥐 대신에 'squirrel', 산토끼 대신에 'hare', 여우 대신에 'fox', 고슴도치 대신에 'hedgehog'라고 되어 있다면 이 검사는 무의미하다.

지능 검사는 학생이 고슴도치와 산토끼의 차이를 아는지를 밝혀낼 뿐, 지능에 관해서는 아무것도 보여주지 않는다.

두 번째 문제에서 피험자는 '슬픔', '절망', '고난', '사랑', '증오' 중에서 '희망'의 반대말에 표시를 해야 한다. 이 문제도 피험자에게 사물에 대한 지식을 요구한다. 그는 여기서 객관식 선택항목으로 주어진 감정들을 남에게 들어서라도 알고 있어야 한다.

그리고 여기에도 두 번째 조건이 있는데, 이 감정을 지칭하는 단어와 그 '반대말'이 무엇인지를 알고 있어야 한다는 것이다. 그래야만 그는 '절망'에 답을 표시할 수 있다.

감정도 남에게 들어서라도 알아야 한다. 하지만 그것은 '지능'과는 별로 관계가 없다.

결국 여기서 검사하는 것은 구체적인 사물과 언어에 대한 지식일 뿐이다. 피험자가 어떤 특정한 종류의 동물과 감정, 그리고 특정 단어들을 아는가에 불과하다.

추상적인 사고도 배울 수 있다

같은 검사의 두 번째 그룹의 과제를 살펴보자. 피험자에게 단어 다섯 개를 주는데, 그중에 넷은 서로 비슷한 성격을 가지고 있다. 피험자는 비슷하지 않은 한 가지 단어를 찾아야 한다.

첫 번째 과제에는 다음과 같은 다섯 단어들이 있다.

a)책상 b)의자 c)새 d)옷장 e)침대

두 번째 과제에는 다음과 같은 단어들이 있고, 푸는 방법은 마찬가지다.

a)앉아 있다 b)누워 있다 c)서 있다
d)가다 e)무릎을 꿇고 있다

이 두 가지 과제는 지능을 검사하는 것처럼 보이지만 사실은 아니다.

언뜻 보기에는 이 과제에 정확하게 대답하려면 천부적이고 변하지 않는 정신적인 무엇, 지능 검사를 하는 사람들이 조사하고자 하는 그 무엇이 필요한 것 같다. 그러나 사실은 그렇지 않다. 여기서 인용한 과제들 역시 여러 가지 단어와 사물에 대한 지식이 있어야 풀 수 있다. 피험자는 이 단어들 뒤에 숨은 개념들의 특징을 모두 알아야 한다. 그리고 이를 서로 비교한다면 답은 절로 나온다.

책상, 의자, 옷장, 침대는 죽은 사물이다. 새는 살아 있다. '앉아 있다', '누워 있다', '서 있다', '무릎을 꿇고 있다'는 움직임이 없이도 가능한 자세인 데 반하여 '가다'는 움직임을 가리킨다.

검사지를 만드는 사람들은 이런 질문들이 사물과 단어에 대한 지식만을 측정한다는 사실에 동의하지 않을지도 모른다. 책상, 의자, 옷장, 침대, 새, '앉아 있다', '누워 있다', '서 있다', '무릎을 꿇고 있다', '가다'가 무슨 뜻인지 안다는 것만으로는 부족하다고 항변할 수도 있다.

그들은 피험자가 그밖의 공통점과 차이점을 알아야 하고 바로 그 능력에서 우리가 측정하려는 지능, 즉 인성 중에서 우리가 알 수 없는 신비한 부분이 드러난다고 말할지도 모른다.

하지만 이것도 분명한 착각이다. 사실은 여기서도 언어와 사물에 대한 지식, 즉 피험자가 '비슷하다'나 '비슷하지 않다'는 단어의 의미를 아는가가 관건이 된다. 이 표현들을 이해하고 제대로 사용할 수 있을 때에만 이 과제를 풀 수 있다. 이 사실은 질문에 '비슷한' 대신에 'similar', '비슷하지 않은' 대신에 'dissimilar'가 주어지고 피험자가 영어를 모른다고 생각해보면 금방 알 수 있다. 그럴 경우 '지능' 검사 과제는 전혀 풀 수 없는 수수께끼가 되고 만다.

이 검사를 구성하는 세 번째 그룹의 질문들도 살펴보자.

여기서는 각 질문마다 세 개의 단어가 주어진다. 첫 번째와 두 번째 단어 사이에는 '어떤 관계'가 있다. 세 번째 제시된 단어와 객관식으로 주어진 다섯 개의 단어 중 하나와의 사이에는 '비슷한 관계'가 있다. 피험자는 다음 질문에서 물음표로 표시된 네 번째 단어를 찾아야 한다.

·숲 : 나무 = 들판 : ?

a)풀 b)짚 c)모이 d)낙엽 e)목장

·어두운 : 밝은 = 젖은 : ?

a)비 b)날 c)습한 d)바람 e)마른

첫 번째 질문의 정답은 '풀', 두 번째 질문의 정답은 '마른'이다. 그리고 이번에도 이런 질문들은 경험이나 학습경험이 아니라 추상적으로 관계에 대해 생각하는 능력을 시험한다고 말한다.

물론 그렇지 않다. 추상적인 사고 역시 특별한 사람들의 머릿속에 주어지는 하느님의 선물이 아니다. '추상' 자체는 전혀 형이상학적이지 않다. 추상은 어떤 실재하는 사물의 단 한 가지 특징만을 논리적인 언어로 다루는 것이다. 이때 다른 모든 특징들에서는 '추상화한다' 즉, 그것들에 대해서는 생각하지 않는다.

추상적인 사고는 특별히 은총받은 사람들에게만 주어지는 선물이 아니다. 이것도 학습하고 연습할 수 있다.

숲에는 누구나 알다시피 나무가 있으며, 나무가 숲에서 자란다는 것은 나무의 수많은 특징 중 한 가지다. 그렇다면 들판에서 자라는 특성이 있는 것은 무엇이고 들판에는 무엇이 있는가?

'어두운' 상태에는 동시에 '밝을' 수 없다는 특징이 있다. 그러니까 '어두운'은 '밝은'의 반대다. 그렇다면 '젖은'일 수 없는 것은 무엇의 특성이며, '젖은'의 반대는 무엇인가?

이 검사는 피험자의 개념 형성, 그가 '숲', '나무', '들판' 같은 개념들의 특징을 얼마나 잘 배웠는가, 이런 특징 사이의 차이점과 공통점을 찾아내는 연습을 충분히 했는가를 검사하는 것에 불과하다.

아프리카 원주민을 위한 검사가 아니다

그 의심은 다음 그룹의 질문들을 통해서 다시 한 번 입증된다.

여기서는 예를 들면 단순한 비례계산을 해야 한다. 그리고 어떤 규칙에 따라 만들어진 숫자들의 열이 있고, 피험자는 그 수열을 계속 계산해야 한다. 그리고 기하학적인 도형들이 있고 그 아래에는 그 도형의 일부분들이 있다. 피험자는 이 조각들을 짜맞추면 어느 도형이 되는지를 맞혀야 한다.

이것도 배우고 연습할 수 있는 것, 더 나아가 학교에서 배우는 지식의 일부, 언어와 수를 이용하는 문화에서는 당연히 이루어지는 교육의 내용이다.

좁은 의미로 보면, 이 검사과제 중 일부는 학교에서 가르치는 내용은 아니다. 피험자는 거기서 요구되는 것들을 학교에서 배우지는 않았을 것이다. 그러나 그렇다고 해서 그가 다른 곳에서 배웠을 리 없다는 말은 아니다. 부모님에게서, 놀면서, 아이들의 수수께끼에서, 호기심에서, 우연히 어디에선가 배웠음에 틀림없다. 그렇지 않다면 이런 문제들은 풀 수가 없다.

피험자들이 단어와 개념, 수와 기하학적 도형에 친숙한 문명사회에서 자라지 않고 아마존의 밀림이나 오스트레일리아 원주민들 사이에서 자랐더라면 이들은 아마 발자국을 해독하거나 부메랑을 다루는 일에는 뛰어났을지 몰라도 이런 지능 검사에서는 결코 좋은 성과를 거두지 못할 것이다.

검사과제들은 결국 다음과 같은 것들을 보여준다.

지능 검사, 혹은 그와 비슷한 종류의 검사들은 피험자의 머릿속에 들어 있는, 평생 변하지 않는 무엇을 측정하지 않는다. 이 검사는 오직 피험자가 지금까지 무엇을 배웠는가를 측정한다.

지능 검사는
지능의 수준이 아니라
교육 정도를 측정한다.

지능 검사는 피험자가 미래에 어떻게 발전할 것인가는 말하지 못한다.

이 검사는 신비롭게 들리는 '인격의 총체 내부의 구조'를 측정한다고 하는데, 알고 보면 그 구조는 피험자가 습득한 지식의 체계다. 따라서 이런 검사로는 현재, 바로 이 순간의 학습 진보 상태와 피험자의 정신 상태를 측정할 수 있을지는 모른다. 하지만 그것을 바탕으로 그 이상의 추론을, 그것도 미래에 대한 추론을 한다면 너무 지나친 일이다.

그 점에 관해 진지하게 생각한 심리학자는 거의 없다. 1949년 캐나다의 도널드 헵Donald Hebb은 이른바 지능검사라는 게 천부적인 지능을(혹시 그런 것이 있기나 하다면) 측정하지 않고 대개 학습된 지식만 측정한다는 것을 입증했다.

그럼에도 불구하고 오늘날까지도 지능 검사가 여전히 행해지고 있는 것은 비극이다.

문제 해결의 4단계

앞에서 다룬 지능 검사의 과제들은 학습 가능한 것이다. 그러나 실험 심리학은 일련의 더 복잡한 과제들을 만들어냈다. 이 과제들은 학습자들에게 과제를 해결할 것을 요구하는데, 이 과제들은 전혀 새로운 것이어야 한다. 그렇지 않다면 더 이상 '문제'가 아니다. 진정한 문제는 다음과 같은 특징들이 있다.

- **과제는 피험자, 문제 해결자에게 질문을 준다.**
- **피험자가 문제를 해결하기 시작할 때 피험자는 그 질문의 대답을 아직 모른다.**
- **그렇지만 대답을 찾아야 한다.**
- **대답은 옳아야 한다.**

문제 해결도 학습이 되는가?

진정한 문제의 특징들

그러나 문제 해결에 관심을 가졌던 심리학자들은 이번에도 단어와 개념의 유령들을 한 무더기 탄생시켰을 뿐이다.

문제의 개념만도 여러 권의 책이 될 것이다. 하위분류도 없어서는 안 되기 때문에, 문제도 '설명'을 통해서, '예측'을 통해서, '발명'을 통해서 해결될 수 있는 문제로 분류가 된다. 그리고 해결을 가능하게 하는 사고방식은 여러 가지 기준에 따라 '직관적', '생산적', '창조적', '목표지향', '독창적', 또 어떤 때는 '이성적', '추상적', '논리적'이라는 이름표를 달고 있다.

학문은 문제 해결의 여러 가지 이름만으로도 문제를 만든다.

그리고 그 해결에 이르기까지 사고가 거쳐야 하는 단계들도 각각 분류되어 새로운 이름을 받는다.

첫 단계는 '준비' 단계다. 거기에는 문제 해결자가 문제와 그 세부를 아는 데 필요한 시간이 포함된다.

그 다음 단계는 '숙고의 단계'다. 이때 문제 해결자는 문제를 알기는 하지만 그것을 어떻게 해결할지는 모른다. 이 상태는 불만족스럽다. 그래서 연구자 허친슨Hutchinson은 이 단계를 '좌절기'라고 불렀다.

문제 해결에 관련된 사고방식과 사고단계

세 번째는 결정적인 시기로 '창조적 단계'다. 이때 해답을 찾기 때문이다. 그래서 이 단계는 '조명'의 단계, '깨달음'의 단계라고도 한다. 문제의 질문에 대한 답을 주는 그 유명한 '통찰'을 하게 된다면 '아하 체험'이 올 수도 있다.

마지막 네 번째 단계는 '입증', 찾아낸 해결책이 옳은지 아니면 사용 불가능한 공상인지를 검사해본다.

문제의 해부학

여기서는 고전적인 문제들을 아주 자세하게 소개한다. 거기에서 배울 수 있는 것이 아주 많다.

우리는 고생스럽게 헌신적으로, 학자들이 문제 해결이라는 지역에 심어놓은 단어와 개념들의 밀림을 뚫고 나갈 수도 있겠지만 여기서 멈추고 정신을 차리는 것이 더 좋겠다. 이것이 바로 이 문제를 해결하는 최선의 방법이다.

우리가 읽은 대로라면, 그 문제는 해답이 피험자에게 새로워야, 즉 피험자가 그 답을 몰라야 진정한 문제라고 했다. 그럼 이제 그 말이 사실인지, 사실이라면 얼마나 사실인지를 생각해보자. 그러기 위해서 우리는 심리학자들이 문제 해결과정의 예를 보여주기 위해 사용했던 고전적인 문제들 중 하나를 살펴보자.

이 문제는 스톡홀름의 심리학자인 세켈리*Székely*가 만들어냈다. 여기서 피험자는 그림에 보이는 것처럼 나무쐐기 위에 나무판자를 올려놓고서는 중심을 잡는다. 그리고 몇 분 후에는 이 판자의 한쪽이 아래로 내려가고 다른 쪽이 위로 올라가도록 만들어야 한다. 그러려면 세켈리가 준 물건들, 그러니까 첫 번째 그림에 나온 물체들만 사용할 수가 있다. 쐐기와 판자 외에도 나무로 된 작은 원기둥 하나, 초 한 자루, 육면체 두 개와 성냥 한 갑이

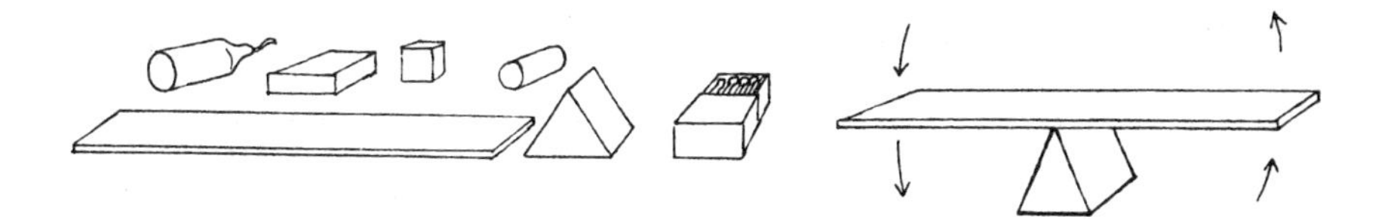

세켈리 교수가 준 문제:
저울대는 몇 분 후에
왼쪽으로 기울어져야 한다.

있다.

이제 피험자가 이 문제를 해결하기 위해 가야 하는 사고의 길을 따라가보자.

우선 그는 쐐기 위에 균형을 잡은 판자는 양쪽 팔로 균형을 잡고 있는 저울과도 같다는 것을 알아야 한다. 균형이 유지되는 동안 저울대, 즉 그 판자의 위치는 변하지 않는다. 동시에 피험자는 '균형'이 무엇을 의미하는지도 알아야 한다. 한쪽의 무게는 다른 한쪽의 무게와 똑같다.

문제 해결자가 상황을 이 정도까지 파악했으면, 저울대의 균형이 깨져 한쪽으로 기울게 하려면 어떻게 해야 하는지 슬슬 생각해야 한다. 하지만 피험자는 판자에 바람을 보내거나 손가락으로 판자를 누르거나 책상을 흔드는 행동은 할 수 없다. 저울대의 한쪽이 저절로 무거워지거나 다른 쪽의 무게가 더 가벼워져야 한다.

손대기, 누르기, 흔들기—
절대로 안 된다.

판자의 양쪽이 저절로, 피험자가 가만히 있는데도 균형을 잃을 수 있을까? 피험자는 이 질문에 부정적으로 대답해야겠다고 결심한다. 하지만 그는 추들이 변하거나 움직이면 양쪽의 균형이 깨질 수 있다는 것을 알고 있다. 추로 쓰일 수 있는 것은 세켈리가 제공한 물체들이다. 그는 계속 생각을 하고, 머릿속으로나, 아니면 손가락으로 만져가며 이 물체들을 온갖 방식으로 저울대의 양편에

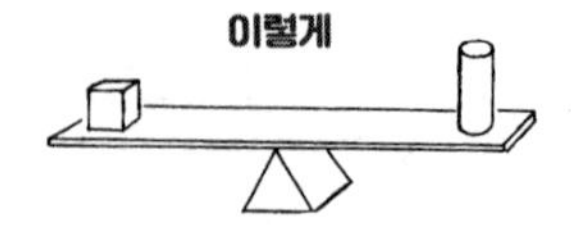

아니면 이렇게

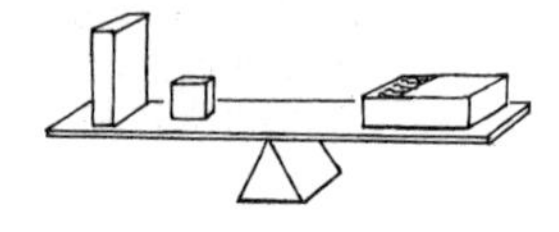

아니면 이렇게

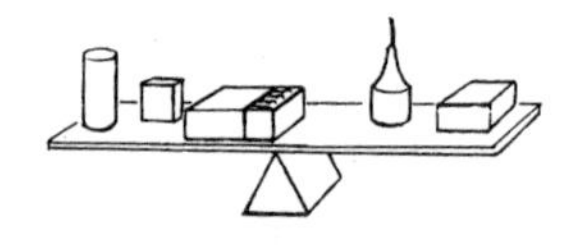

위 그림에서 여러분은 여러 가지 가능성을 볼 수 있지만, 이들 중 어느 것도 주어진 문제를 해결하지 못한다. 여러분은 더 나은, 즉 독창적인 방법을 생각해내야 한다.

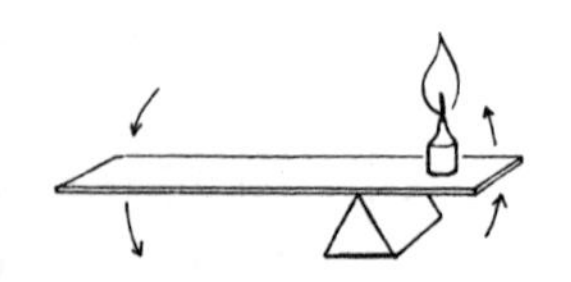

초는 탈 수가 있다! 그것이 문제의 핵심이다.

놓아본다.

하지만 이중 어떤 것도 심사숙고하는 우리의 사색가에게 도움이 되지 못한다. 그는 세켈리 교수에게서 받은 물건들로 중심을 잡는데, 어떤 때는 좀더 쉽고 어떤 때는 좀더 어렵다. 하지만 한번 성공하면 그 구조는 상당히 안정적이어서, 바라는 무게 중심의 이동은 실험을 지휘하는 사람이 재채기라도 해야 가능하다. 다른 훌륭한 생각이 나지 않는다면 그는 포기할 수밖에 없다.

옳은 해답을 찾아내기 위해서 그는 사용할 수 있는 물건들의 특성을 하나하나 자세히 조사해보아야 한다.

→ 성냥으로는 불을 켤 수 있다.

→ 성냥으로는 초에 불을 붙일 수 있다.

→ 불이 붙은 초는 탄다.

→ 타는 초는 점점 작아지고 따라서 점점 가벼워진다!

그렇게 해서 피험자는 이 실험의 도구들 중에서 그 무게가 저절로 변하는 것을 찾아냈고, 이제 문제의 해결은 아이들 장난처럼 쉬워졌다.

그는 이제 긴 쪽 저울대의 무게가 짧은 쪽 끝에 놓인 초의 무게를 간신히 받칠 수 있도록 저울대의 균형을 잡는다. 그 다음에는 초를 켜기 위해 성냥이 필요하다. 몇 분 동안 타고 나면 초는 판자의 반대쪽이 상대적으로 더 무거워져서 아래로 내려갈 만큼 그 구성성분을 충분히 잃어버린다.

이것이 세켈리가 피험자들에게 기대하는 해결책이다. 세켈리는 피험자들 중 대부분은 기대했던 결과에 도달하기 위해 몇 분 동안 상당히 정신적인 노력을 기울여야 했다고 말한다.

그러나 이 문제에는 세켈리도 보고 깜짝 놀랄 만한 다른 해답도 몇 가지 가능하다.

여기에는 세켈리 교수도 깜짝 놀랄 해답이 몇 가지 더 있다.

그중 한 가지는 앞에서 보인 고전적인 해답과 원칙적으로 비슷하다. 이 해답도 저울대가 '스스로' 아래로 기울어지려면 양쪽의 균형이 깨져야 한다는 생각에서 출발한다. 그리고 불에 타는 물질은 무게가 줄어든다는 점을 고려한다.

하지만 거기서부터는 문제 해결 방법이 다음과 같이 달라진다.

→ 불에 타는 물질은 무게가 줄어든다.

→ 나무는 불로 태울 수 있다.

→ 쐐기 위에 있는 저울대는 나무로 된 판자다.

→ 판자의 한쪽을 태운다면 그쪽의 무게가 줄어들 것이고, 따라서 균형이 깨지고 다른 쪽이 아래로 내려간다.

→ 어쩌면 세켈리가 준 성냥으로 한쪽 저울대에 불을 붙일 수 있을지도 모른다. 하지만 통나무는 그렇게 쉽게 불이 붙지 않는다.

→ 그러니까 저울대의 나무에는 계속 탈 수 있는 불꽃을 대주어야 한다.

→ 물론 성냥보다는 초가 오래 탄다.

이제 다시 해결책이 분명해진다.

타고 있는 초를 균형 잡힌 저울대의 위가 아니라 아래에 세운다. 얼마 후에 나무는 타기 시작하고 무게가 줄어들며, 결과적으로 다른 쪽이 더 무거워진다.

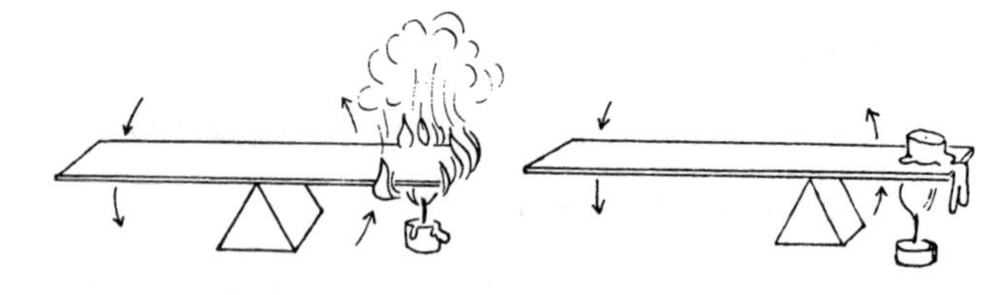

불에 타는 나무도 점점 가벼워진다. 그리고 초가 녹으면 촛농이 떨어진다.

해결책의 또 다른 변형은 문제 해결자가 초를 두 토막 내어서 그중 한 토막을 저울대의 한쪽 끝에 붙이고 다른 한 토막에 불을 붙여서 그 아래에 두는 것이다.

판자 위에 놓인 초에서 초가 녹아 촛농이 떨어지면 무게가 줄어들어, 저울대는 다른 쪽으로 기울기 시작한다.

그리고 다른 해결책도 있다. 피험자는 밀랍 녹인 것으로 아직까지는 필요가 없었던 나무토막을 저울대에 붙인다. 단, 밀랍이 접착제 역할을 하지 못하게 될 경우 나무토막이 떨어질 수 있는 위치에 붙인다.

이제 나무토막을 붙인 곳 아래에 불이 붙은 초를 놓는다. 밀랍이 녹으면 나무토막이 떨어지고, 저울대는 균형을 잃는다.

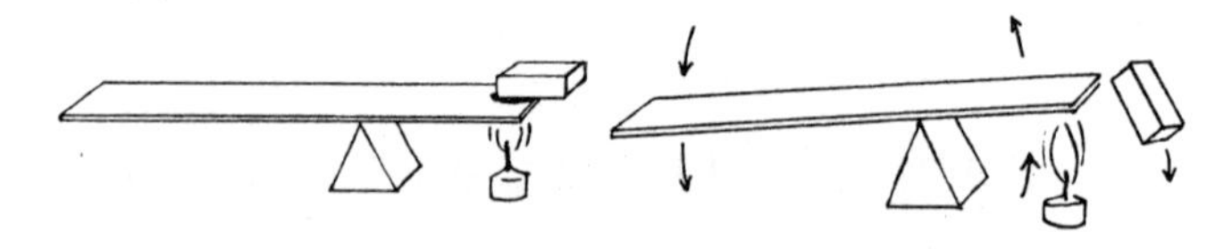

밀랍으로 나무토막을 붙이는 방법으로도 목표에 도달할 수 있다.

기본 생각이 전혀 다른 해결책도 있다. 피험자는 저울대 위의 무게 배분이 바뀌어야 한다는 생각에서 출발하지 않는다.

그는 판자의 균형을 깨뜨리기 위해서 바람을 일으켜서

는 안 된다는 규정에 대해서 생각해본다.

→ 피험자는 이 규정이 피험자가 직접적으로 일으키는 공기의 움직임에 대한 것이리라고 생각한다.

→ 하지만 주어진 도구 중에서 하나를 자동 풀무로 만드는 것은 허용되리라고 생각한다.

→ 공기나 기체의 움직임은 폭발을 통해서도 생겨난다.

→ 성냥이 가득 들어 있는 성냥갑은 불을 붙이면 금방 불이 붙고, 너무 빨리 타서 거의 폭발과 흡사하다.

전혀 다른 생각에서 출발해보자.

이제 피험자는 다시 문제를 해결하는 열쇠를 하나 발견한다. 이 방법은 여러 가지로 변형될 수 있는데, 여기서는 두 가지 방법을 살펴보기로 한다.

피험자는 초에 불을 붙인다. 그러고는 성냥갑이 한쪽 끝에 놓이도록 저울대의 균형을 잡는다. 성냥갑은 성냥의 머리 부분이 밖에서 보일 만큼 열려 있다. 성냥 하나가 밖으로 보이는데, 그 성냥개비의 머리는 이미 타 없어졌다. 다음으로 그는 이 성냥에 불이 붙도록 그 아래에 초를 세운다.

이 성냥은 이제 도화선 역할을 한다. 불꽃이 성냥갑이 열린 곳에 다다르면, 성냥개비들의 머리는 모두 한 번에 불이 붙는다. 타오르는 불꽃의 폭발 압력은 성냥갑과 성냥갑이 놓인 쪽의 저울대를 아래로 내려가게 만든다.

같은 기본 아이디어의 두 번째 변형에서는 초도 필요

없다. 피험자는 저울대를 평형으로 만들기만 하면 된다. 그리고 성냥개비 하나에 불을 붙여서 (앞에서처럼) 틈이 열린 성냥갑에 꽂는다. 이제 그는 밖으로 나와서 불타는 성냥이 꽂힌 성냥갑을 판자의 한쪽 끝 아래에 놓는다.

이번에도 성냥개비 하나가 도화선으로 작용하여, 조금 후에는 성냥개비들의 머리 부분에 모두 불이 붙는다. 폭발 압력은 이번에는 저울대의 오른쪽을 위로 밀어올린다.

이 해결책들은 모두 성냥갑은 불꽃을 일으킨다는 깨달음에서 출발한다.

이제, 세켈리의 과제를 해결하는 방법들을 도식으로 정리해보자.

그러면 피험자의 사고과정이 여기저기서 저지를 받는다는 것을 볼 수 있다. 거기서는 적당한 열쇠가 있어야 앞으로 나갈 수가 있다.

그렇게 길이 막힌 곳이 나타날 때마다 우리는 이 도식에 열쇠구멍을, 그리고 그 옆에 잠금을 열 수 있는 열쇠를 그려넣었다.

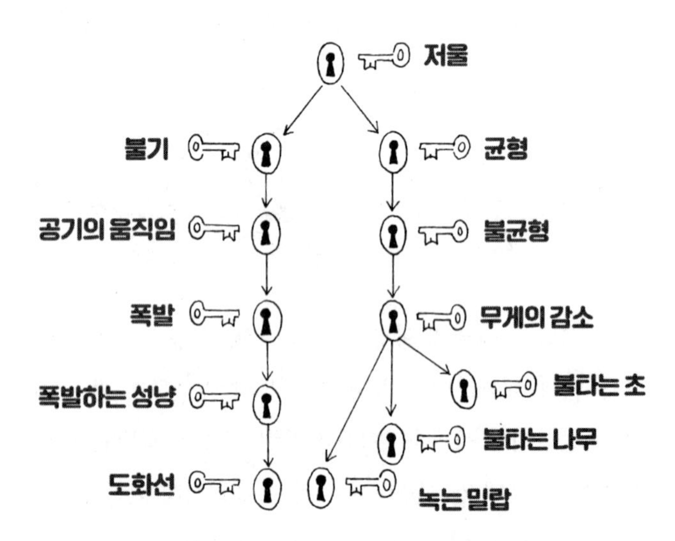

각각의 문제에는 사고의 길이 막힌 곳이 있다. 문제를 해결하려면 그 열쇠를 찾아야 한다.

모든 자물쇠를 열 수 있는 만능열쇠가 없음은 분명하다. '지능'이 '인격구조의 총체 내부의 특수 구조'라는데, 그것으로는 아무것도 열 수 없다.

잠긴 문을 열 수 있는 열쇠는 아주 한정적이고 구체적인 하나하나의 인식이다. 문제 해결자는 저울이 무엇이고 평형이 무엇인지를 알아야 하고, 양쪽의 무게가 서로 달라지면 저울대가 기운다는 것을 알아야 한다. 그는 불타는 초는 무게가 줄어들고 불타는 나무토막도 마찬가지며, 폭발은 공기를 움직이게 하고 성냥은 폭발할 수 있다는 것 등도 알아야 한다. 이런 지식이 없다면 어떤 해결책도 찾아내지 못한다.

반면 피험자가 저울이나 추, 불타는 초나 녹아내리는 밀랍이나 폭발하는 성냥을 자주 접할수록 거기에서 얻은 경험으로 문제를 쉽게 해결할 수 있을 것이다.

그렇기 때문에, 이런 '지능' 과제를 해결하는 데에도 무엇보다 과거의 학습 경험이 전제조건이 된다는 사실을 분명히 알 수 있다.

그러니까 가장 뛰어나고 '지능이 높은(머리가 좋은)' 문제 해결자는 아는 것이 가장 많은 사람인 셈이다.

문제 해결을 위한 고정관념 깨뜨리기

문제를 해결하는 데에는 언제나 지식, 정보, 그동안 배우고 연습한 것이 필요하다.

문제 1

여기서의 과제는 이 막대기 여섯 개를 서로 모으는데, 각각의 막대기 양쪽 끝은 다른 막대기 두 개의 끝과 닿게 만드는 것이다. 이때 막대기 두 개의 끝하고만 닿아야 한다.

문제 2

여기 점 아홉 개가 있는데, 피험자는 직선을 네 개 그어서 이들을 모두 연결해야 하고, 이때 연필을 종이에서 떼어서는 안 된다.

문제 3

강가에 선 농부

농부가 늑대, 염소, 배추를 가지고 강가에 도착한다. 그는 배로 이 강을 건너야 하는데, 배가 너무 작아서 농부는 한 번에 동물 한 마리나 배추밖에 실을 수 없다. 동물들은 농부가 있는 동안은 순하다. 하지만 그가 없다면 염소는 배추를, 늑대는 염소를 먹을 것이다. 이 세 가지를 모두 무사히 건너편으로 데려가기 위해서 농부는 어떻게 해야 할까?

문제 4

천정에 달린 실 두 가닥.

피험자는 천장에서 끈 두 가닥이 내려오는 방에 있다. 그는 이 끈 두 가닥을 아래에서 하나로 묶어야 한다. 그는 아무리 손을 뻗쳐도 두 가닥을 동시에 잡을 수 없다. 이 문제를 해결하는 데에 사용할 수 있는 유일한 도구는 가위다.

문제 5

견딜 수 없이 더운 사막에, 콘크리트로 지은 창고가 있다. 창고는 비어 있고, 벽은 안쪽이나 바깥쪽이나 아주 매끄럽다. 천장의 대들보에서 내려온 밧줄에는 어떤 남자의 시체가 매달려 있다. 그 남자가 이 밧줄을 타고 올라갔다고 보기에는 밧줄이 너무 짧다. 그럼에도 그의 다리는 바닥에서 2미터나 떨어져 있다. 그 창고로 들어가거나 거기서 나올 수 있는 유일한 출입구인 철문은 안에서 잠겨 있다. 빗장을 밖에서 움직이기는 불가능하다. 문 앞에는 빈 화물차가 하나 있다. 그밖에는 아무런 흔적도 없다. 여기에서는 무슨 일이 일어났던 것일까?

문제 해결에 참여해보라. 주어진 시간은 5분이다.

피험자의 입장이 되기 위해서는 이 문제들을 스스로 풀어보는 것이 가장 좋다. 종이와 연필을 꺼내고 해보라. 각각의 질문에 답하는 데 주어진 시간은 5분이다.

해답은 250쪽에서 251쪽에 나와 있다.

여러분은 이 문제들을 다 풀지 못했을 것이다. 그리고 이런저런 경우에 무엇이 문제 해결을 어렵게, 혹은 불가능하게 만드는지도 알아챘을 것이다. 그것은 이 문제의 해결을 위해 필요한 결정적인 아이디어의 '새로움' 혹은 '낯설음'이다.

문제 1에서는, 여섯 개의 나무 막대기를 책상 위 같은 평면에서 모으지 않고 3차원적인 공간 내의 물체, 기하학에서 '4면체'라로 부르는 물체로 합한다는 것이 '새로운' 생각이다.

중요한 것은 사고의 비약이다.

여기에서 결정적인 사고의 비약은 평면에서 공간으로의 비약이다.

문제 2에서도 사고의 비약이 해결책을 찾게 해준다. 이 문제를 해결하기 위해서 피험자는 아홉 개의 점이 그 테두리가 되는 사각형 내부에 있어야 한다는 생각에서 벗어나야 한다.

여기서도 말하자면 고정관념을 버려야 한다. 이 과제에서 점 아홉 개는 바둑판이나 장기판에서처럼 주어진 면적을 벗어나서는 게임을 할 수 없는 '판' 같은 것이 아니다. 그런 제한이 없다는 사실을 깨달아야 풀 수 있는 문제다.

문제 3도 보통 때라면 '말도 안 되는' 비경제적인 조작을 감안할 때 비로소 풀 수 있다. 농부가 운송물 중 하나, 즉 염소를 다시 한 번 이쪽으로 데리고 오게 만들어야 한다. 보통 상황에서라면 시간과 노력이 낭비되므로 결코 그렇게 하지 않는다.

여기서도 습관적인 사고의 틀을 깨뜨려야 해결의 열쇠를 찾는다.

문제 4가 어렵게 느껴지는 것은 이들이 가위가, 그것도 끈과 함께 사용된다는 맥락에서 진자의 추로 쓰일 수 있다는 생각을 못하기 때문이다. 이번에도 가위는 자르는 물건이라는 고정관념이 문제 해결을 방해한다.

5번 문제도 마찬가지다. 이 과제에 실패하는 피험자는 자살자가 필요한 높이에 올라가기 위해 사용했을 단단하고 변하지 않는 물건이나 다른 방법을 찾기 때문이다. 이 사람이 화물차로 얼음을 실어 와서 그 얼음으로 피라미드를 지었으리라는 생각은 하지 못한다.

그런데 여기서 우리가 던져볼 질문은 바로 이것이다.

해결책을 찾게 해주는 이런 생각들은 정말 진정으로 '새롭고' '낯설고' 피험자가 '모르는' 것들인가?

물론 그렇지 않다.

이런 과제를 읽고 이해할 수 있는 사람이라면 누구나 나무 막대기는 평면에서뿐만 아니라 도형도 둘러쌀 수 있고, 직선은 얼마든지 길게 그을 수 있으며, 배는 짐을 강의 이쪽으로도 저쪽으로도 운반할 수 있고, 얼음은 녹고 물은 증발한다는 사실을 안다.

문제를 해결하는 데 필요한 정보 중 어떤 것도 진실로 '새롭다'거나 '모르는' 것은 없다. 지능이 낮은 피험자라도 언젠가는 이런 정보들을 학습하고 기억하고 저장했을 것이다. 그럼에도 문제를 풀지 못했다면, 지식이 부족해서가 아니라 가지고 있는 지식을 활용하지 못했기 때문이다.

다시 구체적으로 말하면, 이 문제를 푸는 데 실패한 사람은 판에 박힌 습관에서 벗어나지 못하며 비일상적인 사고를 하지 못했을 뿐이다.

그러니까 이 문제를 풀 수 있었던 피험자들에게는 다른 사람들보다 '어떤 무엇'이, 신비로운 '구조'가, 투란도트의 질문에 대답할 수 있었던 왕자의 마술적인 능력이, 우리가 '지능'이라고 부르는 기이하고 천부적이며 묘사가 불가능한 신의 선물이 더 있었던 것일까?

그러나 나는 이것도 다른 모든 습관들과 마찬가지로 하나의 습관이라고 생각한다. 새롭고 낯설고 비일상적인 생각을 하는 습관, 평범한 생각과 의견의 천편일률적인 틀에서 벗어나 이 세상의 사물을 남과는 다르게 보는 습

이 사실은 인정하자. 해결책으로 이끌어주는 생각들 중 진정으로 낯설고 새롭고 몰랐던 것은 없다.

이 문제들을 풀지 못한 사람은 지식이 부족한 것이 아니다. 다만 그 지식을 사용할 줄 몰랐다.

문제를 해결하려면 새롭고 비일상적인 생각을 해야 한다.

관이다.

이런 습관은 학습될 수 있고 체계적으로 훈련될 수 있다. 과제를 풀려면 나무 막대기들을 '사면체'라고 하는 것, 네 개의 정삼각형으로 된 피라미드로 조립해야 한다. 막대기들을 책상 위와 같은 평면에서 모아놓으려는 시도는 모두 실패할 수밖에 없다.

해결책을 찾으려면 피험자는 네 개의 직선이 점 아홉 개로 이루어진 사각형의 내부에 있어야 한다는 생각에서 벗어나야 한다.

사막의 남자는 자살을 했다. 그는 아마 경찰에게 수수께끼를 남겨주기 위해 화물차로 얼음을 가지고 와서는 창고에 피라미드를 쌓고 문을 안에서 잠그고는 피라미드에 기어 올라가서 대들보에 밧줄을 묶고는 목을 매달았을 것이다. 얼음은 녹았고 물은 열기에 증발했다.

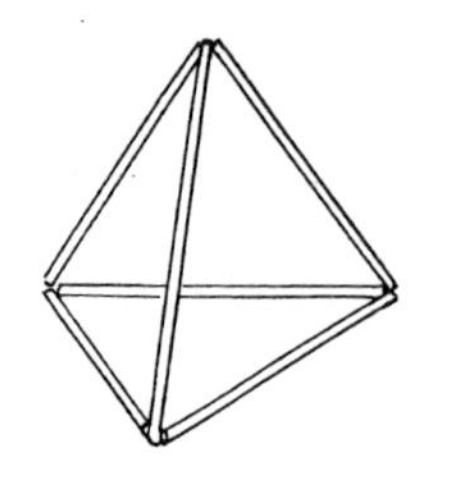

문제 1의 해답:
나무 막대기로 된 사면체

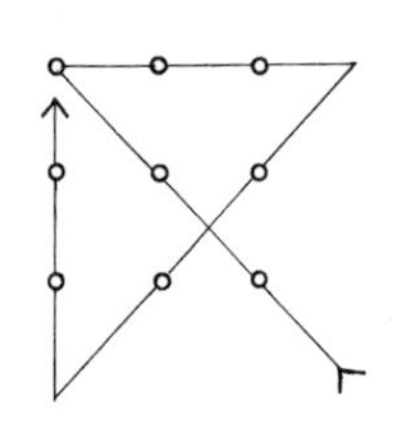

문제 2의 해답:
점으로 된 사각형 외부의 연결선

문제 5의 해답:
자살을 도와주는 얼음덩이들

농부는 강을 일곱 번 건너야 한다. 염소와 건너간 다음 혼자 돌아오고, 배추를 가지고 건너가서 염소와 함께 돌아오고, 늑대와 함께 건너가서 혼자 돌아오고, 염소와 함께 건너간다. 피험자는 농부가 이미 건너편에 갖다둔 무엇인가를 다시 데리고 강을 건너오게 하겠다고 마음을 먹으면 해결책을 찾을 수 있다. 이런 생각은 일상적인 운송 습관과는 상치된다.

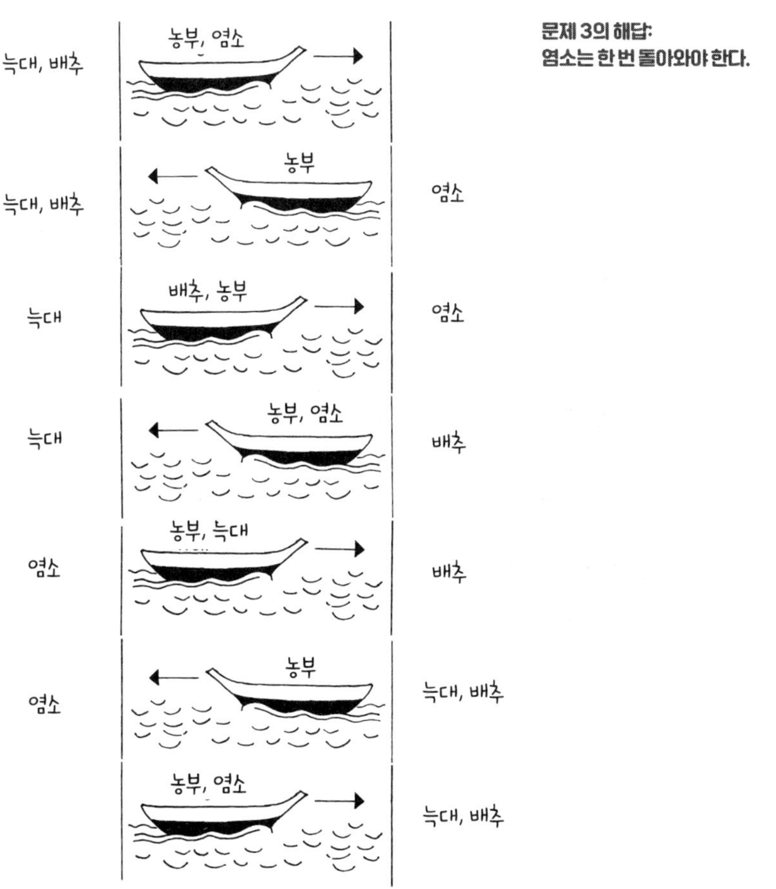

문제 3의 해답:
염소는 한 번 돌아와야 한다.

문제 4의 해답은 이것이다. 가위는 끈의 한 끝에 달려서 추의 역할을 한다. 피험자는 이 추를 진자처럼 흔들리게 한다. 한 끈의 끝을 손에 잡고 이 추에 가까이 가면 그는 다른 손으로 그 추를 잡아서 둘을 하나로 묶을 수 있다. 실험에 의하면, 가위 대신에 추를 사용하게 하면 답을 더 쉽게 찾았다. 가위는 보통 물건을 자르는 데 쓰이기 때문에, 피험자들은 끈 하나를 자르려는 잘못된 생각을 하게 되는데, 물론 아무 성과도 없다.

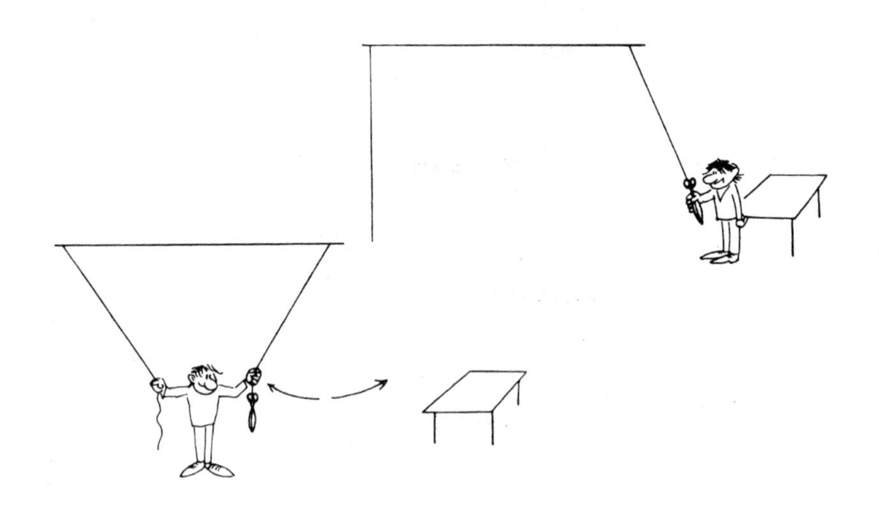

가위는 자르라고 있는 것만은 아니다.

창조적인 영감 09

특별한 종류의 사고습관

지능은 지식의 특별한 형태이고 학습된 정보이며 연습과 그 연습에 필요한 노력이다. 지능은 특별한 종류의 사고습관이다. 머리가 좋은 사람은 생각을 할 때에 다른 사람들이 결코 생각하지 못하는 것을 해본다. 이들은 공상과 직관, 상상력과 추측, 감정이입과 몽상과 백일몽을 시도한다.

지능이 높은 사람은 쉬지 않고 훈련을 한다. 공상, 상상, 추측, 백일몽, 가정과 예감 등등.

그는 아침부터 저녁까지 아직은 증명할 수 없는 가설과 예감을 가지고 연습을 하는데, 나중에 보면 그중 상당수는 틀리지만 그렇게 한다. 그는 낯선 광야에서 헤매는 방랑자로, 바로 이런 점이 그의 '지능'을 계발한다. 그는 수많은 동료 인간들이 걸어가는 친숙한 길에서 벗어나 나침반도 없이 방랑한다. 그러므로 가설과 오류는 그의 유일한 동반자들이다.

'가설(Hypothesis)'은 그리스어로 '밑에 놓는다'는 뜻이다. 영국의 물리학자인 아이작 뉴턴은 가설을 'causa ficta',

어쩌면 현실과 맞아떨어질 수도 있지만 확실하지는 않은, 지어낸 사물이라고 했다.

앞장에 나온 문제들은 피험자에게는 구체적인 지식 외에 한 가지가 더 필요하다는 것을 보여준다. 즉, 가설을 세울 줄 알아야 한다는 것이다. 아직은 머릿속에 없는 무엇, 지어낸 사물, 뉴턴의 'causa ficta'를 상상할 수 있어야 한다.

그는 어떤 방식으로 나무 막대기 여섯 개를 조립할 수 있는지, 직선이 점 아홉 개 위를 지나갈 수 있는지를 아직은 눈에 보이지 않지만 상상할 수 있어야 한다. 그리고 어떻게 늑대, 염소, 배추가 모두 안전하도록 서로 떼어놓을 수 있는지, 어떻게 천장에 고정된 끈을 움직일 수 있는지, 어떻게 천장 대들보까지 기어 올라간 다음에 그 도구를 사라지게 할 수 있는지를…….

지능의 상당 부분은 가설을 세우는 능력이다.

그는 사실만이 아니고 가능성들을 상상할 수 있어야 한다. 그러므로 '지능'의 상당부분은 가설을 세우는 능력, 비현실적이거나 아직 현실이 아닌 사물을 상상하는 능력이다. 지능은 확고한 지식을 가정, 추측, 협의, 예감, 허구 그리고 수수께끼를 풀고 짐작으로 맞혀보려는 마음으로 대치한다.

지능 지수는 변하지 않는다고 믿는 전문적인 지능 검사자는 이 모든 것을 말장난이라고 비웃을 것이다. '지능' 자체를 가설을 세우는 능력이라고 정의해버린다면, 이들은 이 능력이 지능지수가 높은 사람을 낮은 사람에게서 구별하는 천부적이며 변화하지 않는 은총이라고 말할 것이다. 부족한 정보를 바탕으로 좀더 영향이 큰 가설을 세우는 재능은 정말로 천부적이다. 인간은 모두 추측을 바탕으로 세상을 살아나간다. 그것은 유전적인 특징이다. 인지를 할 뿐만 아니라 가정을 하고 예측을 할 수 있음은 소수의 몇몇이 아니라 모든 사람들에게 주어진 자연의 선물이다. 모든 사람들이 이런 능력을 타고났으며, 아이들은 종종 어른들보다도 더 자주 이것을 사용하고 있다. 이 능력은 오관과 마찬가지로 모든 정상적인 인간 존재의 한 부분이다.

더구나 인간의 뇌는 수많은 가설들을 쉴 새 없이 만들어내지 않으면 아주 단순하고 직접적인 감각인상조차도 처리할 수가 없게 되어 있다. 우리의 오감은 뇌가 쉬지 않고 맞거나 틀린 추측을 하기 때문에 작동하는 것이다. 겉보기에는 확실해 보이는 '인지'도 사실은 비교적 미미한 근거를 바탕으로 세우는 그럴듯한 가설일 뿐이다.

겉보기에는
확고해 보이는 지각도
사실은 비교적 미미한
근거를 바탕으로 하는
가능성이 높은 가설 외에는
아무것도 아니다.

제슈프의 소방관과 가설 세우기

가설을 세우는 절차는 직접적인 지각과 동시에 이미 시작된다. 인지된 것은 무엇이든 일단 감각적인 정보를 바탕으로 세워지고 검증되는 가설이다.

자주 보는 친숙한 사물의 경우에 어른들은 (그리고 서너 살짜리 아이들도 벌써) 그 과정을 자주 반복했기 때문에, 이제는 확인할 필요조차 거의 없다.

그럼에도 이것이 가설이라는 사실을 우리는 더 이상 깨닫지 못한다. 하지만 우리가 확실하다고 믿는 것도 착각일 때가 있다. 네거리에서 제복을 입은 사람이 교통을 정리하는 것이 보인다. 물론 경찰이다.

물론이라고? 집배원이나 야경꾼일 수도 있다. 하지만 우리는 그 사람과 제복을 의식적으로 자세히 관찰한 다음에야 이런 가능성을 고려할 수 있다.

우리는 틀에 박힌 생각을 한다. 그래서 '아가씨'가 수염이 덥수룩하고 파이프를 물고 있으면 깜짝 놀란다.

저 앞에서 어떤 여성이 걸어가는데, 검은 바지에 품이 넓고 검은 스웨터를 입었고, 금발 머리가 어깨까지 내려온다. 아가씨구나! 그러나 그 사람이 머리를 돌리는데, 뭉툭한 턱수염에 콧수염이 무성하다. 아, 히피족이구나!

1960년대 초만 해도 '여자'를 자세히 보니 남자여서 놀랐던 경험이 누구나 한 번씩은 있다.

멀리서 걸어오는 사람이 잘 아는 사람이라고 확신한다. 그가 점점 가까워지자 악수하려고 손을 내미는데, 그는 낯선 사람이다. 한 순간은 확고하게 믿었던 가설이 알고 보니 틀린 경우다.

우리는 이미 주변에서 일어나는 현상이나 감각인상이 친숙하여 일상적인 가설이 틀린 적이 별로 없기 때문에, 이런 경험은 드문 편이다. 그러나 낯선 환경에서는 상황이 전혀 다르다.

주로 낮에만 다녔던 운전자가 익숙하지 않은 시골의 밤길을 갈 때 흔히 귀신을 본다. 차도의 얼룩이 사람의 몸으로 보이고, 어두운 덤불은 길이 갈라지는 곳으로, 경계선의 작은 등은 후미등으로 보인다.

밤에 혼자 숲을 가는 도시인의 눈에는 마녀와 난쟁이와 숨어 있는 살인자들이 보인다. 수풀 속에서 나는 바람 소리를 듣고 맹금의 소리라고 추측하기도 한다. 밤길에 익숙한 사람은 이런 잘못된 가정에 미소 지을 것이다.

소방관에 대한 유대인들의 농담은, 사물을 보고 가설을 세우는 과정을 잘 설명해준다.

유대인들의 농담은 가설을 세우는 과정을 잘 보여준다.

어느 날 밤 제슈프의 소방관이 탑 위에 앉아 있다. 주위를 둘러보지만 화재는 일어나지 않았다. 그런데 갑자기 부코비치 마을의 언덕에 환한 빛이 보인다. 소방관은 머리를 굴린다. '저게 대체 뭘까. 아마 등잔을 들고 술집에서 집으로 돌아가는 하이모비치일 거야.' '하이모비치라고? 그가 왜? 그 사람, 어제 병원에 실려 가지 않았나?'

첫 번째 가설 —틀렸다.

소방관은 계속 머리를 굴린다.

'아마 마지막 버스일지도 몰라. 버스라고? 지금은 버스에 넣을 기름도 없는데?'

두 번째 가설 —이것도 버려야 한다.

'아마 헤르셸이 돼지우리에 불을 켜는 중일 거야. 그 집 돼지가 곧 새끼를 낳을 거라고 했잖아.' '헤르셸? 헤르셸이 왜? 낮에 그의 부인인 사라를 만났잖아? 그 돼지는 어제 새끼를 낳았다고 했고. 그것도 열두 마리나.'

'아마 달일 거야. 달? 그런데 오늘은 그믐인데?'

소방관은 머리를 계속 굴린다.

'아마 별이겠지. 부코비치의 별.'

그는 탑의 창문 밖으로 손을 내민다. 손이 젖는다. 제슈프의 소방관은 다시 머리를 굴린다.

'비가 오잖아? 그럼 하늘에 구름이 끼어 있다는 것이고. 그러면 별이 안 보이는데.' 소방관은 머리를 긁적이며 머리를 굴리고 또 굴린다.

세 번째, 네 번째, 다섯 번째 가설도 알고 있는 사실이나 지각으로 반증되면 버려진다.

'별은 아니고…… 달도 아니고…… 버스도 아니고…… 헤르셸도 아니고…… 하이모비치도 아니고…….'

그러다가 제슈프의 소방관은 펄쩍 뛰어오르며 나팔을

분다. 그는 뛰어가며 외친다. "불이야! 부코비치에 불이 났다!"

마침내
-마지막 가설은 옳다.

'머리를 굴린다'는 말은 생각한다는 말이고, 가설을 세우고 증명하거나 포기하는 일을 뜻한다.

소방관은 사고의 흐름을 고속촬영에서처럼 천천히, 하나하나를 의식적으로 들려준다. 보통의 경우엔 순서는 비슷하더라도 거의 무의식적이고 순간적으로 진행된다.

유대인 소방관의 경우에는
사고과정이 천천히
진행되었지만,
대부분 이런 일은
순간적으로 일어난다.

우리는 누구나 제슈프의 소방관 이야기에서 자신의 모습을 발견할 수 있다.

뇌의 착각

사물과 형태, 크기, 거리나 관계를 눈으로 보고 인식하는 일에는 눈만 관계된 것은 아니다. 대개는 무의식적인 뇌의 활동이 관여하고 있다. 눈은 단지 선 몇 개만 필요하고, 나머지는 거의 다 뇌가 일을 한다. 뇌는 가설을 세우고, 눈에 보인 선들에서 나오는 문제를 해결하는데, 이 일은 우리가 깨어 있는 동안 쉬지 않고 매순간 일어난다.

눈은 근거 몇 가지만
필요할 뿐이다. 나머지는
뇌가 만들어낸다.

그러나 문제가 다의적이거나 여러 가지 해결책이 가능해지거나 뇌가 분명히 잘못된 가설을 세우고 있음을 깨달을 때에야 비로소 이 사실을 깨닫는다.

이런 다의적인 문제의 예가 '네커 육면체'라고 불리는 다음 도형이다.

이 육각형을 한참 바라보고 있으면, 아무 것도 움직이지 않았는데 이 육각형의 형태와 위치가 변한다는 이상

한 '현상'을 경험하게 된다.

깊이에 대한 지각이 변화하면서, 방금 오른쪽 위에서 본 육면체를 왼쪽 아래에서 바라보게 된다.

우리는 여기서 일어나는 일을 이미 알고 있다. 눈이 선들을 인식하고, 뇌가 이것을 처리하여 가설로 만든다. 이 그림을 '육면체'로 알아본다는 사실 자체가 그런 가설 하나이고, 이미 상당히 용감한 가설이다. 정말로 눈에 보이는 것은 평면에 그려진 두 개의 사각형과 그 꼭지점들을 서로 연결하는 직선들뿐이다.

'육면체'라는 가설이 무의식적으로 생겨나지만, 이 가설은 (그리고 거기에 관련된, 지능이 문제를 해결하는 행위는) 우리의 본성이 아니다.

이것은 물론 연습을 통해서, 육각형을 늘 이런 선으로 표현한 그림으로 계속 접했기 때문에 학습된 것일 뿐이다.

그 그림이 육각형이라는 첫 번째 가설에 이어, 육각형으로 생각되는 물체를 어떤 관점에서 바라보고 그렸느냐에 관한 두 번째 가설이 생겨난다. 눈이 보는 선들은 그 질문에 대해 분명한 답을 주지 않지만 뇌는 성급하게 결정을 내리고 바로 두 가지 가능성 중 하나를 선택한다. 하지만 혼자서 가설을 계속 세워나가면서 다른 가설을 세우고 이 가설을 버린다. 이러한 상황은 우리의 의식이, 천천히 의식적으로 사고하는 이성이 이 혼돈을 설명할 때까지 계속된다.

뇌가 자동적으로 만드는 가설이 틀릴 수도 있다는 사실은 착시가 증명을 했다. 사실 이것들은 '시각적' 착각이 아니다. 눈의 과오가 아니다. 착시의 책임은 무의식적

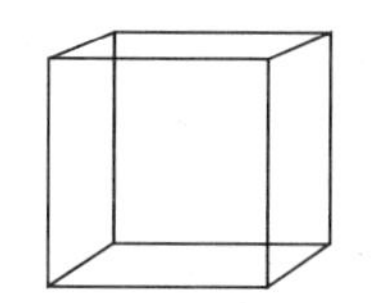

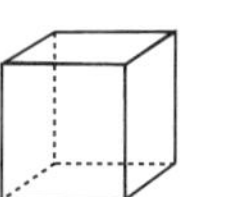

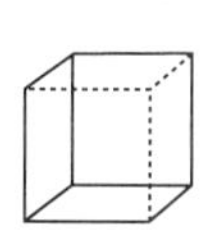

**이 육면체들을 자세히 보라.
갑자기 움직이기 시작할 것이다.**

뇌는 성급하게 결정을 한다.
가설 하나가 생기면
다른 하나가 뒤따라온다.

반복된 습관 때문에
착각을 하기가 얼마나 쉬운지
증명하는 세 가지 예가
더 있다.

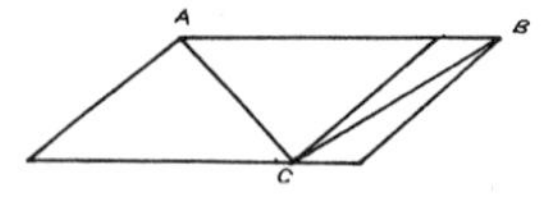

A와 C를 잇는 선과 B와 C를 잇는 선 중 어느 것이 더 긴가?

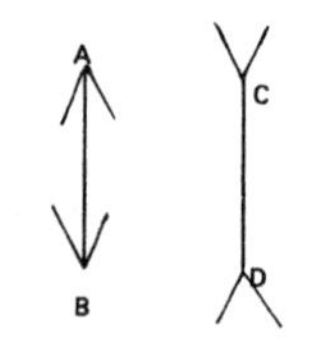

여기서는 화살표 사이의 두 선 중 어느 것이 더 긴가? 왼쪽 그림의 선, 오른쪽 그림의 선?

어른과 소년 중에서 누가 더 큰가?

으로 생각하는 뇌에 있는데, 이 경우 뇌는 잘못된 문제 해결책을 만들어낸 것이다. 이 그림을 보고 다음 질문에 가능한 한 빨리 대답하라. A와 C를 잇는 선과 B와 C를 잇는 선 중에서 어느 것이 더 긴가? 대부분의 사람들이 A와 C를 잇는 선이 더 길다고 생각한다. 하지만 그렇지 않다. 심리학에서 '잔더의 도형'이라고 불리는 이 그림은 고전적인 착시 그림 중 하나다. A와 C를 잇는 선과 B와 C를 잇는 선의 길이는 똑같다.

그럼 다음 그림에서 A와 B를 잇는 선과 C와 D를 잇는 선 중 어느 것이 더 긴가?

스스로에 대해 비판적이 되지 않았다면 아마 이번에도 함정에 빠질 것이다. 이번에도 두 개의 선은 그 길이가 똑같다.

끝으로 옆의 그림에서, 반바지를 입은 소년과 남자 어른 중에 누가 더 키가 큰가? 또다시 혼동에 빠지지 마라. 이 어른과 소년은 같은 크기로 그려져 있다. 우리의 뇌가 순간적으로 (그리고 성급하게) 결정한 가설은 이번에도 틀리기 쉽다.

이런 잘못된 결론이 나오는 원인은 세 가지 경우 모두 비슷하다. 우리의 뇌는 여러 해에 걸쳐 쌓은 실제적인 경험, 즉 계속적이고 지속적인 학습과정을 바탕으로, 작은 도형 안의 선은 일반적으로 큰 도형에 속한 선보다 짧다는 데에 길들여졌다. '잔더의 도형'은 두 개의 평행사변형으로 되어 있는데, 왼쪽 평행사변형은 오른쪽의 것보다 크다. 그래서 우리 뇌의 사고하는 기계는, 왼쪽 평행사변형 안에 있는 대각선이 오른쪽 것보다 더 길 것이라고 생각한다. 그 다음 그림에서는 왼쪽 도형이 오른쪽 도형보다 전체 길이가 더 짧다. 그렇기 때문에 뇌는 화살표의 끝 두 개를 연결하는 선이 오른쪽 그림에서보다 왼쪽 그림에서 짧을 수밖에 없다고 추측한다. 원근법이 없었던 파라오 시대의 이집트인이라면, 다음 그림에서 복도 뒤편에 그려진 어른이 전면의 소년보다 더 크리라는 오류에 그렇게 쉽게 빠지지는 않았을 것이다.

이 오류는 우리가 남자 어른, 소년, 사무실 복도를 포함한 이 세계의 사물들을 원근법에 따라 그리는 것에 익숙해졌기 때문에 생기는 것이다.

이 그림은 전체적으로 원근법에 맞게 그려졌지만, 후면에 있는 어른은 원근법에 맞지 않다. 하지만 자동적으로 세워진 가설에 따라 그의 키는 원근법 체계에 맞춰지고, (두 사람은 1밀리미터도 차이가 나지 않지만) 소년보다 더 크게 보인다.

기원전의 이집트인이라면 이 어른과 소년의 그림을 보고 착각하지는 않았을 것이다. 그때는 원근법이 없었다.

두 개의 코끝

시각적인 착각(착시)만 있는 것도 아니다. 다른 모든 감각기관으로 지각하는 것들도 잘못된 가설의 원인이 된다. 이때도 오류를 저지르는 것은 감각기관이 아니라 뇌다.

착각의 종류는 여러 가지다. 이들은 모두 그릇된 가설 때문에 생긴다.

그런 착각의 한 예는 코가 두 개로 느껴지는 현상이다.

오른손 둘째손가락과 셋째손가락을 서로 엇갈리게 한 다음, 코끝이 두 손가락의 사이에 들어가도록 손가락 끝을 코에 대보라. 우리는 이제 놀랍게도 코끝이 갑자기 두 개가 되었음을 '발견하게' 될 것이다. 물론 우리는 이것은 착각이며 코는 여전히 하나임을 알고 있다.

잘못된 문제해결법을 만들어낸 것은 이번에도 뇌였다. 뇌는 다년간의 경험을 통해, 둘째와 셋째손가락의 바깥쪽은 보통 동시에 두 가지 서로 다른 물체에 닿을 수밖에 없다고 학습되었다.

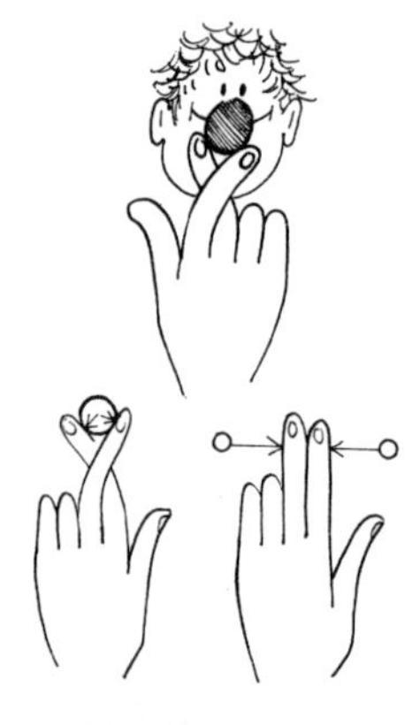

손가락 끝을 서로 엇갈리게 해서 코를 만지면 대체 무슨 일이 생기는지 보라!

손가락을 서로 교차시키면 바깥쪽이 안쪽이 되어 하나의 물체를 붙잡을 수 있다는 것은 우리의 경험과 일치하지 않으므로 상당히 멀게 느껴지는 가설이다. 그래서 뇌는 더 가깝게 느껴지는 가설, 한 사람의 얼굴에 코가 두 개라는 잘못된 가설을 선택하게 된다.

직접적인 지각만 이런 규칙을 따르는 것이 아니다. 암기나 학습, 회상과 기억을 바탕으로 한 재생산에서는 더더욱 그런 규칙을 따른다.

'기억'도 일련의 문제 해결이다.

인간의 기억은 아주 믿을 만하게 보이지만, 사실은 끊임없는 문제의 해결 과정이다. 암기와 학습으로 수용된 많은 정보 중 몇 토막만이 뇌에 저장된다. 나중에 회상을 할 때에는 이 조각들을 어떻게 짜맞추어 부족한 부분을 어떤 가설들로 채울 것인가 하는 문제를 해결해야 한다. 원래 어떠했을까 하는 추측을 통해서.

심리학자 울릭 나이서*Ulric Neisser*는 회상의 과정을 '몇 개의 뼈 조각으로 공룡의 모습을 상상해내는' 고생물학자의 작업에 비유했다.

근대 언어학은 최근 이제 막 말을 배우는 아이들의 언어에 관심을 가지게 되었다. 이 유아어의 '문법'은 절대로 어른 언어의 단순한 모방이 아니다. 수많은 실험들이 입증하듯 그 문법은 가설 수립의 결과다. 어린아이는 누가 가르쳐주지 않아도 스스로 어른들의 언어가 어떤 규칙에 따라 구성되어 있는가 하는 문제를 풀려고 시도한다.

말을 배울 때 아이들은 나름대로 끝없이 이어지는 문제들을 해결한다.

그래서 아이는 이미 이해한 단어와 문장을 바탕으로 가설적인 문법을 만드는데, 언어에 대한 지식이 증가함에 따라 가설을 하나씩 버리기도 하고 새로운 것으로 교체하기도 한다. 그 문제가 어느 정도 풀릴 때까지.

이 모든 것들은 내가 애써 증명하려 하던 것들의 증거가 된다. 가설을 세우고, 창조적으로 예측을 하고, 상상으로 퍼즐을 맞추고, 사고하고 예감을 하는 재능은 선택받은 소수의 특권이 아니라는 주장의 증거다.

이것은 인간의 공통된 특성이고 누구나 가지고 있는 일반적인 소질인데, 말하자면 눈이나 귀나 팔이나 다리처럼 우리 신체의 한 부분이다.

나는 지능이 유전적인가 하는 질문에 답한다. 그렇다! 지능은 유전적이다. 그러나 지능은 모든 사람이 가지고 태어나는 상속물이다.

지능은 누구나 가지고 태어나는 상속물이다.

'몽상가'들은 유용한 사람들이다

이제 문제는 이 상속물을 가지고 무엇을 하는가, 이것을 잘 이용하고 보존하면서 더 늘릴 것인가, 아니면 낭비할 것인가 하는 점이다.

가설을 세우는 능력이 우리 지능의 중요한 한 부분이라면, 우리는 그것을 체계적으로 돌보고 북돋워야 할 것이다.

지어낸 이야기를 하는 아이들은 '거짓말쟁이'라고 야단을 맞고 용기가 꺾인다. 나는 이런 식으로 아이들의 상상력을 괄시하는 태도를 안타깝게 생각한다. 이런 상상력은 현실을 상상과 추측으로 보완하려는 첫 번째 시도다.

아이들이 하는 '거짓말'은 현실을 추측으로 보완하려는 첫 번째 시도이다.

그러나 학교는 아이들의 상상력, 나아가 인간 정신을 억누르는 잘못을 저지르고 있다. 학교에 입학한 날부터 학위를 받는 그날까지 계속되는 잘못이다.

교과과정과 강의계획서는 창조적인 상상력에 대한 선전포고다. 각 과목이 다다르겠다고 맹세를 한 완벽한 교육 목표는 학생들도 교사들도 진심으로 받아들이지 않는다. 상상력은 몽상으로, 규범에서의 일탈은 미친 짓으로, 독립적인 성찰은 잘난 척으로 치부된다. 비판적인 질문은 의심을 받으며, 계획되지 않은 영감은 학교가 제공하는 잘 짜인 커리큘럼에 대한 위협으로 여겨진다.

교과과정은 창조적인 사고과정인 상상력을 억압한다.

생각을 너무 많이 하는 사람은 '몽상가'라고 놀림을 받는다. 그런데 '몽상가'를 글자 그대로 해석하면 꿈을 만들어내는 유용한 사람들이다. 하지만 이 단어는 이미 부정적인 표현이 되었다.

생각을 너무 많이 하는 사람은 '몽상가'라고 놀림받는다.

학교에서 가르쳐주지 않은 무엇을 생각해내면 그 학생은 출세 지향적이며 잘난 척하는 공부벌레라는 말을 듣는데, 그것도 그가 생각해낸 내용에 대해 반론이 불가능하거나 옳을 경우에만 그렇다.

그 학생이 틀릴 경우, 그는 버릇없는 학생으로 주제넘은 행동을 한 것이 되고 만다. 그는 착하게 제 몫이 돌아올 때까지 기다리는 대신 지혜의 그릇에서 미숙한 솜씨로나마 지혜를 훔치려고 했던 아이로서 학교생활이 순탄치 않을 것이다.

그는 단지 미숙하고 잘못된 가설을 세웠을 뿐이다. 그는 생각을 시도했고, 그중 대부분이 틀렸다는 것은 원래 생각의 본성상 어쩔 수 없는 일이다.

학교에 갓 들어간 어린이나 대학 교수 모두 마찬가지 입장이다.

그들은 추측을 해서는 안 된다고 억압받는다.

학교는 가장 뛰어나고 정확한 생각도 처음에는 예감, 추측, 예측이었다는 사실을 간과한다. 오류를 끔찍이 혐오하는 학교는 지식, 학문과 가르침을 순수하고 영원하며 반증될 수 없는 진리라고 믿고 싶어한다.

그러나 오류가 없이는 가설도 없고, 가설 없이는 해결책도 없으며, 옳은 해결책 하나가 나오려면 틀린 가설이 수 백 개는 있어야 한다.

오류와 끊임없는 가설, 새로운 사고과정을 통해서만 해결책에 다다를 수 있다.

오류가 없으면 해결책도 없다

반대로 이렇게 말할 수도 있다.

"옳은 해답이 나오는가는 문제의 난이도와 문제 해결자의 기민성뿐만 아니라 오류의 수에도 달려 있다!"

실수를 해야 배운다.

NASA(미 항공우주국)는 중요한 개발과제일수록 동시에 여러 연구소에 의뢰한다. 몇몇은 실패하고 오류를 저지를 수 있다는 가정하에 여럿과 계약을 맺는 것이다. 이런 관습은 이미 오래되었다. 이렇게 하면 어느 회사가 어떤 거리낌없이 가능한 한 많은 아이디어를 생산하라. 이 방법이 성공을 약속한다.

방법으로 가장 좋은 연구결과를 거두었는가를 비교해볼 수도 있다.

최선의 해결책을 찾기 위해서 '브레인스토밍'이라는 방법이 선호되기도 한다. 이 방법의 핵심은 능력과 상관없이 되도록 많은 사람들을 모으는 데 있는데, 어떤 문제에 대해 이들은 거리낌없이 미숙하고 성급해 보이더라도 생각나는 것은 뭐든지 말한다. '사고들의 폭풍'이라는 이 방법은 학문적인 무오류성에 도달하기를 거부한다. 실수와 오류와 어리석음까지도 받아들인다. 가능한 한 많은 가설을 만들어내는데 1백 개 중 99개가 휘어지고 꺾인 것이어도 상관하지 않는다. 맞는 것이 하나만 있으면 된다.

진정한 학자라면 누구나 매일 이와 같은 일을 한다. 그는 '진지하지 않다'는 비판을 받지 않으려고 혼자서 이 일을 한다. 그는 습관적이며 거의 무의식적으로 수백 수천의 추측을 해본다. 그중 대부분은 틀리고 몇몇은 쓸 만하며 아주 가끔씩, 어쩌면 일생에 딱 한 번일지도 모르지만 대단한 아이디어가 나오기도 한다.

그 덕분에 그는 50년 후에 노벨상을 받을지도 모른다. 그가 그 밖에 다른 무슨 생각을 했는지는 조금도 중요하지 않으므로 그 생각들은 시상식에 초대받지 않는다.

노벨상 수상자들은 문제를 해결할 수 있음을 입증했기 때문에 보통 대단히 지능이 높을 것이라고 생각한다. 그러나 어떻게 그런 대단한 일을 해냈는지 물으면, 그들은 아주 기이한 대답을 하곤 한다. '어린아이 같은 호기심'이 그들을 자극했고, 정신적인 '유희본능', '경탄할 수 있을' 때의 즐거움이 그들을 이끌었다고 말하는 것이다.

이런 유아적인 특성들이 정신적인 업적을 가능하게 했다면 이상하게 들린다.

하지만 사실이 그렇다. 이런 성향들이 유아적이지 않을 따름이다. 모든 사람, 모든 아이에게 이런 성향이 있다. 하지만 어른이 되도록 그것을 간직할 수 있는 사람은 별로 없다. 학교는 체계적인 창조성 훈련을 제공해야 하지만, 어떤 교과과정에서도 이를 제공하지 않는다. 학교는 학생들이 시험을 치르도록 강요함으로써 원래 의도와는 반대로 상상력을 키워주는 것 같다. 시험 때문에 학생들은 모르는 것을 추측해야 한다. 그리고 그것도 일종의 지능 훈련이다.

'어린아이 같은 호기심'은 노벨상으로 보상을 받기도 한다.

그래도 학생들의 지능을 위해 무언가를 하는 교사들이 있다. 그중 몇몇은 학생들에게 지능 검사의 과제들을 연습시킨다.

학교가 가지고 있는 심각한 결손은 체계적인 창조성 훈련이 없다는 것이다.

지능 검사를 만드는 사람들은 이런 지능-활동들을 격렬하게 반대한다. 그들은 이런 활동이 위조와 사기 같은 비열한 시도라고 여긴다. 그리고 이런 사전연습이 검사결과를 학생들에게 유리하게 왜곡한다고 주장한다. 실제로 어떤 교사가 학생들과 몇 시간만 지능 검사와 비슷한 과제를 체계적으로 연습한다면 20퍼센트까지 지능지수를 올릴 수 있다. 그러나 이 결과는 반칙이 아니다. 이 결과는 언제나처럼 옳은 결과다. 측정 도구는 언제나 타협을 모른다.

진보적인 교사들은 사실 학생들의 지능을 훈련시킬 수 있다.

'조작된' 지능

그런데 '배신자' 교사들을 향한 지능 검사 숭배자들의 분노만 봐도 지능은 학습할 수 있다는 훌륭한 증거가 된다.

상상력도 연습할 수 있다

과학도 다른 증거들을 찾아냈다. 영국 학자들인 뎀프스터*Dempster*, 제임스*James*, 버넌*Vernon*과 와이즈먼*Wiseman*은 문제 해결의 체계적인 훈련이 장기적으로 증명 가능한 연습효과를 가져온다는 것을 증명했다. 그리고 여기서 말하는 '연습효과'란 검사에서 측정되는 지능이 높아진다는 의미다.

S. T. 라우즈*Rouse*는 1960년대 초 지능이 뒤떨어지는 다운증후군 어린이들에게 생산적인 사고를 연습시켰다. 거기서 사용된 방법 중 하나는 미국의 우주여행이 급속한 성공을 거두는 데 기여한 '브레인스토밍'과 똑같다.

상상력 훈련은 정신이 박약한 어린이들에게도 도움이 된다.

이 '브레인스토밍' 훈련에는 다음과 같은 규칙들이 있었다.

- **어린이들이 제안하는 해결방안에 대해서 절대로 어떤 직접적인 비판도 가하지 않는다.**
- **어린이들이 되도록 많은 제안을 내도록 격려한다.**
- **어린이들은 그동안 나온 제안들을(말이 안 되는 것들까지도)서로 결합시키도록 자극을 받았다.**
- **아이디어에 대한 평가와 비판은 맨 나중에 주어졌다.**

전통적인 교수방법과는 얼마나 큰 차이가 있는가! 이 훈련방법은 다운증후군 어린이들에게도 의미 있는 진보를 가져다주었으며, 상상력 훈련이 곧 지능 훈련이 된다는 것을 증명했다.

모호하고 때로는 피상적인 '통찰'만을 중시하여 많은

양의 유용한 정보를 외우고 기억하기를 포기하자는 말이 아니다. 학습 자료, 단어, 공식, 규칙, 연표, 개념, 분류, 또 이미 교사가 설명하고 보여주고 꼭꼭 씹어주는 것 외에도 다른 한 가지를 더 연습해야 한다는 말이다. 이것은 상상력, 공상, 자유롭고 새로운 아이디어, 한 번이라도 옳은 것을 찾아내기 위해 수천 가지 오류를 생각하고 말할 줄 아는 용기다. 더 학술적으로 표현하면, 틀리더라도 가설을 세울 수 있는 용기다.

미래의 학교는 천 가지 오류를 생각할 용기가 있어야 한다.

학교는 저학년부터 문제 해결을 주요 교과로 만들어 이것을 국어, 산수, 과학, 수학, 사회보다 더 중시하며 그 과목에서의 성공이 더 많은 보상을 받는 가장 중요한 내용으로 삼아야 할 일이다.

그러려면 성적, 적립되는 점수, 상, 포상이 필요하다. 지금처럼 앵무새 같은 모방에 대해서만이 아니라 독창적인 사고에 대해서도, 그리고 정직하기만 했다면 실패한 시도에 대해서도, 또한 명백히 불합리하지 않다면 오류에 대해서도 상을 주어야 할 것이다.

물론 이것은 대단히 어려운 일이다. 좋은 의도만 가지고는 되지 않는다. 보험료를 낼 수만 있다면 위험을 보험회사에 맡기려고 하는 우리 문화의 근본 태도와 상치되기 때문이다.

그런데 지능을 더 높이기 위해 연습해야 하는 '머리재주'는 어떤 것들이 있을까?

8장에서 본 문제들의 예에서 우리는 '지능'의 대부분은 지식이나 정보로 되어 있으며 그 지식이 없이는 문제를 풀 수 없다는 것을 배웠다. 그렇다면 우리는 우리가 선택하는 문제, 우리의 직업, 우리의 삶과 관련된 정보를 더 많이 공부해야 할 것이다. 이것은 매우 간단한 일이다. 어떻게 하면 되는지 우리는 이미 알고 있다.

지능이 높은 문제 해결자는 다른 사람들이 놓치는 관계를 알아챈다.

하지만 그것만으로 충분할까? 문제다운 문제를 기존의 정보로 풀기 위해서는, 문제 해결자가 놓치기 쉬운 정보들의 구성성분과 그 관계를 파악해야 한다.

지능이 높은 문제 해결자는 '지능이 덜 높은' 사람들이 주의를 기울이지 않는 정보요소들을 알아보고 이용한다는 데 있다.

이런 맥락에서 다시 한 번 우리가 앞장에서 관찰했던 문제들을 살펴보자. 앞서의 과제들을 풀기 위해 필요했던 정보들은 모두가 아는 것들이다. 불에 타는 초가 점점 가벼워진다거나, 나무 막대기는 3차원적인 공간에서 조립할 수도 있다거나, 직선은 무제한 연장될 수 있다거나, 염소는 다른 방향으로 강을 건너 운송될 수 있다거나, 가위가 달린 끈을 추처럼 흔든다거나, 얼음은 녹고 물은 증발한다는 사실 말이다.

그러나 이 모든 경우, 문제에 관계된 사물의 이러한 특징을 모두 생각하기란 어려우며, 거리가 멀게 느껴지고, 아직은 연습을 거치지 않은 상태다.

'지능이 낮은' 피험자의 사고는 일상적이고 이미 자주 반복되었던 생각들의 지배를 받는다. 초는 빛이 나고, 가위는 자르는 데 쓰이고, 나무 막대기는 평면에 편편하게 놓여 있고, 운반은 한 방향으로만 해야 합리적이고, '놀이판'은 대개 구석의 점들로 경계가 지어져 있으며, 높이

기어 올라갈 때 쓰는 사다리나 피라미드는 대개 변하지 않고 같은 상태를 유지하는 재료로 되어 있다. '지능적'이라거나 '문제 해결능력이 있는' 사고는 습관이 된 규범과 일상적인 연습의 밖에 놓여 있는 사고다.

이제 (다른 방법도 있지만) 무엇으로 우리의 지능을 훈련하고 연습시킬 수 있는지 저절로 드러난다. 언제나 어떤 사물에서나, 몇 가지 정상적이고 습관적이고 일상적인 특성만을 보는 대신 상상할 수 있는 모든 특성을 보는 것이다.

어떤 사물의 '보통' 특징만을 보지 않고 '비정상적인' 특성도 찾는 것이 중요하다.

한 가지 사물 - 천 가지의 생각

정신적인 과정은 언어로 묘사하기가 어렵기 때문에 이러한 예는 매우 정확하지 못하고 불완전하지만 하나만 예를 들어보자. 어떤 사람이 망치를 본다.

'정상적인', 그러니까 일상적인 규범에 따라 생각하는 사람은 이 망치를 보고 단순하고 분명하게 특정한 목적(못을 박고 단단한 사물을 깨고 튀어나온 철판을 두드려 펴고 혹은 엄지손가락을 다치게 만드는 일)을 위한 도구라고 생각한다.

이런 일상적인 망치에 무엇이 숨어 있는지 생각해보았는가?

'머리가 좋은' 사람은 같은 망치도 훨씬 다양하게 받아들이며, 노력만 한다면 수천 가지 사용법과 기능을 생각해낸다. 포탄, 무기, 끌(머리 부분의 평평한 쪽으로는 문을 딸 수 있으니까), 태울 수 있는 물건(손잡이는 나무로 되어 있으니까), 나뭇가지가 갈라지는 곳에 걸고 빨랫줄을 묶을 고리, 난로에 불을 피울 때 쓰는 부지깽이(이때는 손잡이를

사과를 보고는 먹을 생각만 해서는 안된다.

이런 단순한 생각이

뉴턴을 중요한 통찰에 이르게 했다.

물에 적시는 게 좋겠다), 손잡이가 충분히 평평하다면 구두 주걱, 천막을 매는 말뚝(다른 망치나 돌로 땅에 박아서), 적당히 밀어 넣는다면 지렛대, 편지를 눌러놓는 문진, 흔들리는 진자의 일부분, 물 깊이를 잴 때 쓰는 추, 쐐기(좁은 틈에 밀어넣으면), 중력 가속도로 땅에 떨어지는 추 등등.

떨어지는 사과를 보고 아이작 뉴턴이 사과를 먹을 생각만 했더라면 그는 중력의 법칙을 깨닫지 못했을 것이다.

망치도 '좋은' 머리에서는 수많은 상징적인 의미를 생각나게 할 수도 있다. 천둥의 신인 토르의 망치, 트리니 로페즈의 '자유의 망치', 광산을 상징하는 서로 엇갈린 두 개의 망치, 낫과 망치, 판사가 주의를 모을 때 쓰는 망치, 오스트리아 국가문장의 일부분인 망치…….

눈에 보이는 사물의 사용용도 뿐만 아니라, 모든 개념들과 그 특징들, 원인과 결과와 관계와 관련성, 비슷한 점과 차이점에 대해서도 생각한다.

'정상적이다'라거나 '머리가 좋다'는 말은 그 자체로는 가치 평가를 포함하지 않기 때문에 따옴표와 함께 사용했다. 이들은 일단 두 가지 서로 다른 사고방식, 그리고 행동방식을 뜻한다. 심리학은 이런 맥락에서 수렴적인 (한 군데로 모이는) 사고와 익숙한 길을 벗어난 생각이 가는 길인 확산적인 (서로 흩어지는) 사고를 서로 구별한다. '확산적'인, 그러니까 '지능적'인 사고가 훨씬 복잡하고 다면적이고, 양적으로도 더 용량이 크다는 것은 분명한 사실이다.

이런 사고방식에 통달하려면 가물에 콩 나듯이 어쩌다 한 번 연습한다고 되는 것이 아니다. 지능적인 사고는 여가시간에 즐기는 취미나 휴일의 오락이 아니며, 애호가를 위한 운동도 아니다. 언제나 우리를 떠나지 않는 습관, 정신자세, 성격의 일부가 될 때까지 끊임없는 훈련이 필요하다. 그렇지 않으면 게으름의 압력을 이기지 못하고 우리를 떠나서 다시 되돌아오지 않는다.

지능적인 사고는
성격의 일부가 될 때까지
연습해야 한다.

'동떨어진' 생각을 하는 사람들은 고생한다

그렇게 하려면 특히 처음에는 상당한 어려움을 겪게 된다. 언제나 '확산적'으로, 그러니까 습관을 따르지 않고, 남들과 다르게 생각하려고 노력하는 사람은 그 새로운 습관을 불리한 순간이라고 다른 곳으로 밀어놓을 수 없다. 그는 괴테의 작품에 나오는 마법사의 제자와도 같다. 그는 그가 불러내는 유령들, 확산적인 사고들이 일단 머릿속에 자리를 잡고 나면 자기 마음대로 떼어버릴 수가 없다.

수줍어하지 마라.
걱정 말고 '동떨어진' 사고를
발전시키라.

이제 그는 쉽고 단순한 일을 할 때, 너무나 당연하게 늘 반복되는 일에서도 '동떨어진' 사고를 발전시켜야 한다. 그 사람이 기계적이고 육체적인 노동을 한다면 상관없을지도 모른다. 그는 아무 생각 없이 자동적으로 수작업을 하면서 그와는 무관하게 백일몽, 즉 지능적인 사고와 문제 해결이라는 일탈적인 머리재주를 연습할 수 있을 것이다. 주변 사람들은 그를 보고 정신 나간 기인이라고 생각하며 웃을 수도 있다.

우리의 마법학생은 이제 무슨 생각을 할 때마다 수십 가지의 대안들을 생각해내고 어떻게 이 일을 다르게, 더 잘할 수 있을까 하는 가설을 세운다. 그리고 자연법칙에 따라 그중 대부분은 틀린 것일 수밖에 없다.

마음에 가득 찬 것은 입 밖으로 나오게 마련이다. 그는 자신이 생각한 바를 공개할 것이다. 자신의 아이디어들, 수많은 착상들을 직장 동료나 친구들에게 나팔을 불며 공포할 것이다. 모든 선의의 사람은 이런 보기 드문 활발한 정신활동을 반기리라는 (그릇된) 가설을 가지고서 말이다. 그러나 그는 어느 순간 자신이 모두가 적대시하는 아웃사이더의 위치에 놓여 있다는 고통스러운 자각을 하게 된다. 그는 위험한 몽상가, 견디기 힘든 이상한 사람으로 보인다.

이제 갓 사고를 배우기 시작한 학생들을 위한 충고: 1001가지의 새로운 생각들을 일단 혼자만 가지고 있으라. 그러지 않으면 훼방꾼이며 아웃사이더로 놀림을 받는 처지에 놓이게 될 것이다.

독일의 심리학자이며 행동연구가인 루돌프 빌츠*Rudolf Bilz*는 그가 받게 될 공격 단계들을 이렇게 정리했다.

혼자 마음대로 생각하는 사람은 동료들에게서 이런 대접을 받을 것이다.

- **감추어진 불신.**
- **악의를 띤 미소, 공개적인 조롱.**
- **멸시, 놀림, 우스꽝스럽게 여김, 악의에 찬 농담.**
- **무엇을 던져서 유리창을 깨는 일에서부터 따귀, 매질에 이르기까지, 신체적인 폭력의 사용.**
- **물리적인 파괴, 린치, 학살.**

사람들은 그의 몇 가지 훌륭한 생각들은 (처음에는 몇 개 안 될 수밖에 없다) 못 보고, 그의 실패한 아이디어들에 대해 (실험단계에서는 당연한 일인데) 비웃거나 비난을 쏟아붓는다. 어린이의 경우에는 '버릇없다'며 넘어갈 수도 있을 행동이 성인의 경우에는 '반사회적인 태도'라는 낙인이 찍힌다. 그는 재수가 좋으면 바보가 되고 최악의 경우에는 악한 음모를 가진 사람, 일을 방해하고 선동하는 사람이 되어버린다.

그는 상사, 동료, 친구나 친지, 또는 가족에게 매번 '진실'을 말하면 어떤 결과가 오는지 보게 될 것이다. 그는 '더 고차원적인', 그리고 아주 마음에 들지는 않는 형태의 지능으로 피신하지 않는 한 확산적인 사고보다는 먼저 두려움을 배우게 될 것이다. 그가 배워야 할 지능은 침묵과 위장, 아첨, 거짓말과 냉소다.

상사에게 진실, 또는 자신이 진실이라고 여기는 것을 함부로 말하지 않도록 조심하라.

그러면 그는 어리석은 남자들 앞에서 무지하고 순진한 척하는 똑똑한 여자와도 같은 처지가 된다. 그는 이중적인 인간, 말과 생각이 다른 인간이 된다. 그런데 권력, 정치, 관직과 경제, 학문과 교육의 꼭대기에 있는 많은 머리 좋은 인물들이 이 길을 택한 것을 알게 된다면 깜짝 놀랄 것이다.

심오한 질문, '왜?'

이러한 경고에도 불구하고 점점 더 머리를 좋게 만들려는 사람을 위한 충고.

학생들이여, 이제 여러분은 경고를 받았다. 그리고 가시덤불로 뒤덮인 지능과 문제 해결의 길을 가고 싶다면 실용적인 충고가 더 필요하다.

확산적 사고가 '새롭고' '다르게' 진행되어야 한다는 지적만으로는 기껏해야 초급의 연습을 할 수 있을 뿐이다. 새롭고 비관습적인 생각은 어느 주제에 대해서라도 끝없이 만들어낼 수 있기 때문이다. 그래서 그들이 계속 목적도 용도도 없는 채 그냥 그렇게 한다면, 이는 쓸데없는 공상에 불과하다.

그러므로 그는 무의미한 환상을 최대한 제한하는 방법과 머리재주가 필요하다. 심리학이 문제의 개념을 어떻게 세 개의 하위분야로 나누는가를 설명하는 270쪽을 다시 돌아보면 그런 것을 찾을 수 있다. 첫 번째 그룹의 문제들은 '설명'을 통해서, 두 번째 그룹은 '예측'을 통해서, 세 번째 그룹은 '발명'을 통해서 풀 수 있다.

이것들도 그저 아주 흔한 명사들이다. 그러나 이것들은 우리에게 도움이 된다. 질문으로 바꿀 수 있기 때문이다. 그리고 그 질문들은 아직 연습이 부족한 학생에게 안개 속의 표지처럼 길을 보여준다.

첫 번째 질문은 '왜?'이다. 이 질문은 심오할 수 있다. 왜 개는 다리가 네 개인가? 이것은 진화론적 관계에 대한 질문이고, 원시바다의 원시세포에 이르기까지 한 종의 기원에 대한 질문인데, 더 깊이 질문하며 파고들 수도 있다.

왜 개는 다리가 네 개인가?

왜 손을 놓으면 돌이 떨어지는가? 이 질문에서는 역사나 발전이 중요하지 않다. 잘 생각해보면 여기서 '왜'라는 말은 아주 다른 의미로 쓰였음을 알 수 있다. 여기서는 중력의 법칙에 대한 질문을 하고 자연법칙에 대해 묻고 있다.

왜 이 돌이 땅으로 떨어지는가?

왜 이 돌이 땅으로 떨어졌는가? 그 답은 누가 이 돌을 높이 들었다가 놓았다는 것이 될 수도 있다. 이때 '왜'라는 질문은 다른 행위에 대해서, 이 경우에는 아주 구체적인 원인에 대해서 묻는다. 그런데 그 원인은 반드시 자연법칙대로 정해진 결과를 가져온다.

왜 살인범은 감옥에서 벌을 받는가? 법이 그렇게 하도록 규정되어 있다는 것도 하나의 대답이 될 수 있다. 하지만 그것이 전부는 아니다. 더 깊이 파고드는 사람은 하나하나 껍질을 벗기듯이 계속 '왜'라는 질문에 맞부딪히게 된다. 그는 사형제도에 관한 토론에 말려들고, 처벌이 범죄자를 교정할 수 있는가, 혹은 겁을 줄 뿐인가 하는 문제, 자연법적이거나 실증주의적이거나 사회학적인 법 개념 간의 갈등, 국가 권력과 인간적인 복수의 권리(혹은 불법성), 정의, 그리고 어떻게 정의를 구현할 것인가 하는 문제와 마주하게 된다.

왜 살인자는 벌을 받는가?

"왜 내가 좋지?"

이번에도 '왜'인데, 이 경우는 특별히 혼란스럽다. 무엇이 대답이 될까? 칭찬? 신체적이고 정신적인 좋은 점들의 나열? 인간의 동기와 충동과 욕구와 결정에 대한 강의? 이 특정한 사랑이 생겨난 역사? 아니면, 히긴스 교수의 대답처럼 "난 너한테 익숙해졌어."

왜 내가 좋지?

습관적으로 '왜'라는 질문을 하는 사람에게는 생각할 것이 충분히 있고 죽는 날까지 풀 문제들이 있다. 그런데 이 습관은 지능계발 외에도 다른 효과가 있다.

'왜'—최종적인 문제로 이끄는 질문

그는 이제까지 해오던 것과는 다른 새롭고 '확산적인' 해결책을 만들어내야 한다. 그리고 틀릴 것을 두려워해서는 안 된다. 이런 두려움은 '왜?'라는 질문으로 곧 최종적인 문제를 향하게 한다.

그래서 그는 어디에 가도 불편하고 인기가 없는 사람이 될 것이다. 하지만 그 대신 그는 생각할 수 있는 자유를 얻은 사람이 된다. 많은 사람들이 이런 자유를 얻겠다고 결심하지만 제대로 이해하지는 못한다. 사실 이 자유는 학습을 통해 얻는 기술, 지능적인 인간이 새로운 생각을 가질 수 있는 능력인 것이다.

사고의 자유는 학습을 통해서 얻는 기술이다.

'……다면 어떨까?'

두 번째 그룹의 문제는 앞에서 말한 것처럼 '예측'을 통해서 해결할 수 있다. 거기 속한 질문은 '……다면 어떨까?'이다.

다시 한 번 스웨덴의 심리학자 세켈리의 고전적인 문제(238쪽 부터 참조)를 약간 변형시켜서 생각해보자.

세켈리가 저울대에 처음부터 초를 놓고 양쪽의 균형이 잡히도록 세워놓았다고 상상해보자. 다만 아직 초에 불은 붙이지 않았다.

'내가 초에 불을 붙이면 무슨 일이 일어날까?'

세켈리 교수는 학생들에게 묻는다. "내가 초에 불을 붙이면 무슨 일이 일어날까?"

그는 피험자들이 과거의 경험을 미래의 상황에 적용시킬 것을, 그러니까 저울대에서 타고 있는 초가 놓인 쪽은 시간이 얼마 지나고 나면 위로 올라가리라고 예측을 요구한다.

이런 예측이 타고난 예언능력을 보여주는 것은 아니다. 경험의 전이는 연습이 가능하고 또 연습을 해야 하는데, 우리 주위에서 일어나는 크고 작은 일에서 매일 수천 번씩 연습하는 것이 가장 좋다.

내가 저 차를 추월한다면 어떻게 될까? 저렇게 식탁 한 끝에 놓인 과일칼이 떨어진다면? 지붕에 얼어붙은 눈이 녹아내린다면? 지금 사장에게 가서 내 의견을 말한다면? 내가 병이 들어서 직장을 잃게 된다면? 내 아내에게 무례하게 구는 저 사람을 한 방 때린다면? 휴가지에서 돈을 도둑맞는다면? 내가 늙어서 더 이상 일을 할 수 없다면 어떻게 될까?

두려움과 비관에 빠지지는 말고…….

그런데 이런 연습을 끈질기게 계속하다보면 이른바 비관주의라고 하는 정신상태가 생겨날 수 있다. 비관주의는 미래의 사건들을(대개는 마음에 안 드는 사건들을) 예측하는 아주 특정한 방식이다. 이 연습은 계속해서 두려움, 무기력, 패배주의적인 경향을 만들어낸다.

그러니 인생의 부정적인 측면에 관해서는 이런 머리재주의 연습을 너무 지나치게 하지 않아야 한다. 조심을 하는 것은 때에 따라 생명을 지켜주기도 하지만, 지나치면 인생을 망친다. 그는 별로 머리가 좋지 않은 사람이다.

그래서 미래를 예측하는 지능 훈련을 일상적으로 할 때, 결정에 관한 규칙 한 가지가 더 필요하다. 나쁜 전망은 피할 수 없는 경우에만 고려하라는 것이다. 그런 전망은 전진하려는 정신을 가로막는다. 이런 생각이 드는 것을 막을 수는 없고 막아서도 안 된다. 이들은 경고기능이 있다. 그러나 그 기능을 충족시켰으면 빨리 힘차게 옆으로 밀어버려야 한다. 위험할 수도 있는데? 그래, 알고 있는 건 좋다. 하지만 그 생각은 이제 그 정도면 충분하다.

나쁜 전망은 피할 수 없는 경우에만 고려하라.

반면 우리는 그것과 똑같은 단호함을 가지고 긍정적인 미래상을 계속 추구해야 한다. 뭔가 물려받을 게 있을 텐데? 야호! 무엇을, 어떻게, 언제, 누구에게서?

비록 이런 것들이 머릿속에서만 존재한다고 하더라도, 성공을 추구하고 불행을 피하는 이런 정신적인 결정기제는 지적으로만 의미 있는 것은 아니다. 이런 기제는 돈이나 외적인 상황보다도 행복한 사람과 불행한 사람을 구별해준다. 그 기제는 여러 가지에 흥미를 갖는 사람과 걱정이 많은 사람을 구별한다.

그러지 말고 긍정적인 미래상을 생각하라.

'흥미'라는 단어는 예술, 문화, 체육, 상업, 기술에 연관될 수 있다. 이런 관심들이 문제를 제기하고 우리가 그 문제들을 풀려고 노력한다면 이들은 정말로 지능을 자극하여 흥미로워진다.

행복한 사람을 불행한 사람과 구별하는 것.

'……라면?'이라는 질문으로 상상력이 풍부해지고, 그 연습을 계속하면 지능이 많이 향상된다. 그 질문은 지적인 일관성을 훈련시키고, 이 질문이 없다면 흔적 없이 사라져버릴 아이디어와 영감을 배울 수 있다.

정신적인 일관성을 연습시키는 질문.

'……려면 어떻게 하지?'

세 번째 그룹의 문제들은 '발명'을 통해서 해결했다. 그 그룹의 질문은 '……려면 어떻게 하지?'이다. 이에 대한 대답은 새로울 때에만 '지능적'이다.

가끔은 상상력의 발을 묶어야 한다.

'발명'은 어떤 특정 목표를 위해서 쓸모가 있음을 증명해야 한다. 그의 상상력은 처음으로 철저한 검사를 받는다.

반면 '왜?', '……다면?' 하는 질문들은 어느 정도 플라톤적으로 대답을 할 수도 있고, 어떤 문제 해결자들은 몇 마디 듣기 좋고 내용 없는 말로도 만족할 수 있다.

- **왜 나는 돈을 이렇게 조금밖에 못 벌지?-사장이 구두쇠니까.**
- **만일 내가 돈이 많다면?-내 집을 지을 거야.**
- **왜 차에 시동이 안 걸리지?-기화기가 고장 났으니까.**
- **왜 나는 이렇게 살이 찌지?-너무 먹잖아.**
- **5개 국어를 할 수 있다면 어떨까?-호텔 지배인이 되겠지. 언제나 그게 하고 싶었어.**

이것들은 설명과 예측으로 해결할 수 있는 사소하고 원시적인 문제의 예들이다. 이것들은 설명과 예측은 실제적인 결과가 없는 단순한 상상일 수도 있음을 보여준다. 이것들은 상당 부분 기호와 취향에 달려 있다.

그러나 '발명자'는 현실을 변화시키려고 하기 때문에 현실을 직시한다. 그는 목적을 이루기 위한 방법을 발명해야 한다. 그리고 그 방법을 적용해야 한다. 그리고 자신의 발명이 제대로 된 것인지, 실제적인 성공을 눈으로 볼 수 있다.

'트럼펫을 부는' 특별한 '방법'도 하나의 발명이다.

그는 새로운 생각뿐만 아니라 성과와 업적을 만들어낸다. 그 발명이 기술적일 필요는 없다. 특허를 따지 못해도 된다. 신문기사, 트럼펫을 부는 특별한 방법, 색다르게 치약을 짜는 방법, 연애편지까지도 '발명'일 수 있다. 이런 독창적인 행위가 목적하는 바를 이루는 경우, 단 한 사람이라도 원하는 방향으로 변화시킬 수 있다면 그것으로 충분하다.

그러나 발명은 생각한다고 되는 것이 아니라 실행을

해야 한다. 그 행동이 사고를 검증한다. 그러므로 발명의 지속적인 연습은 가장 좋은 지능 훈련법으로 지능의 시험대다.

비판과 의심

중요한 질문이 아직도 하나 남아 있다. 문제 해결자가 되려는 사람은 도대체 어디에서 그 많은 연습용 질문들을 찾을 것인가?

설명과 예측과 발명을 찾아야 한다. 말은 쉽다. 이런 머리재주를 위한 사용설명서가 없다면 지능을 닦는 우리의 학생은 성과 없이 성찰에만 전념하고 혼자 고민하면서 세상과 동떨어진 몽상가가 될 소지가 있다.

이런 딜레마에서 빠져나가는 길은 단 하나밖에 없다. 진정한 문제를 만들어내는 유일한 방법은 끊임없는 비판의식이다.

유명한 비판적 사고는 가끔 하다가 싫증이 나면 그만둘 수 있는 머리재주가 아니다. 효과가 있으려면 이것은 핏줄에 흐르는 습관이 되어야 한다. 그에게는 언제나 의심한다는 세계관이 있어야 한다.

당연하고 불변하다고 여겨지는 것들에 대한 지칠 줄 모르는 비판이 실제적인 지능에 이르게 한다. 다만, 이 비판은 파괴적이어서는 안 되고 생산적이어야 한다.

인정을 받는 기존의 해결책들, 이전부터 습관적으로 믿어온 견해들, 당연하다고 여겨지는 주장의 타당성에 대한 지칠 줄 모르는 의심만이 새로운 아이디어의 불꽃에 불을 붙인다.

더 좋은 수도꼭지나 더 나은 사회를 만들려면 기존의

모델이 좋다는 것을 의심해야 한다. 언제나 옛 것이 좋다고 믿는 사람은 언제나 새로운 생각이나 행동을 하지 못한다.

주의해야 할 것은 다만 기존의 해결책에 대한 비판이 파괴적이어서는 안 되며 자기비판도 엄격해야 한다. 오래된 해결책에 대해서와 마찬가지로 자신의 새로운 아이디어에 대해서도 똑같이 의심해봐야 한다.

우리가 비판을 하라고 촉구할 때에는 긍정적이고 생산적인 비판, 그리고 그만큼이나 중요한 자기비판의 통제를 받는 비판을 말한다.

오직 그럴 때만 우리는 가설을 세우는 게임에서 수천 번 기회를 놓치다가도 한 번쯤 당첨되리라는 희망을 가질 수 있다.

용기와 희망 10

지능은 학습할 수 있는가?

학생들 중에는 아직 이 책을 다 읽지 않았지만 벌써 공비카드를 만들고 단어와 공식, 연대와 정의를 공부하기 시작한 사람들이 꽤 있을 것이다. 그러나 공부를 하고 싶지만 용기가 없는 사람들도 있다. 그들은 앞의 두 장에서 보인 증명들에도 불구하고 아직도 지능을 선천적이고 유전적이며, 따라서 변할 수 없는 인성의 한 부분이라고 생각하면서, 자신의 능력을 불신한다. "난 머리가 나빠서 안 돼!"

널리 퍼져 있는 아주 게으른 핑계: '난 머리가 너무 나빠!'

이런 태도는 게으름, 비겁함, 자포자기를 충분히 정당화한다.

쌍둥이에 대한 연구 결과를 보면 처음에는 나쁜 머리를 갖고 태어난 사람은 정말로 지능이 나아지지 않는다는 인상을 받는다.

쌍둥이 연구에서 얻은 결과.

쌍둥이들은 정자 두 개가 난자 두 개와 만나 동시에 수정이 되어 함께 태어난다. 이런 경우 쌍둥이들은 그 유전 자질이 비슷하지만 세부적으로 차이가 나는 보통의 형제자매와 다름이 없다.

하지만 수정된 난자가 분할해서 쌍둥이로 생겨나기도 한다. 이런 '일란성' 쌍둥이들은 아주 미세한 부분까지도 똑같다. 그러므로 재능과 소질과 지능에 관련된 유전자가 있다면 이런 쌍둥이의 경우는 거의 똑같아야 할 것이다.

그런데 이런 쌍둥이가 출생 직후에 헤어져서 서로 다른 환경에서 성장한다면 어떻게 될까?

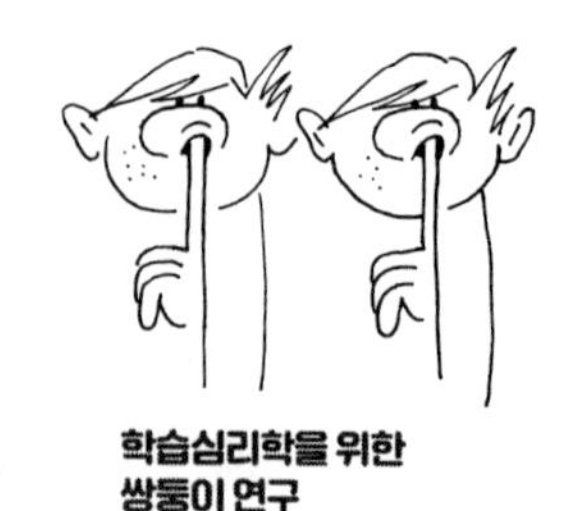
학습심리학을 위한 쌍둥이 연구

그중 한 명이 더 좋은 교육을 받고 더 유리한 환경에서 자란다면 다른 한 명보다 더 똑똑하고 지능이 높고 재능이 많아질까, 아니면 이런 일은 불가능할까? 전자는 지능도 학습될 수 있음을 증명하고 후자는 지능은 학습되지 않으며 유전될 뿐임을 증명할 것이다.

쌍둥이 연구는 유전이 환경보다 중요하다는 수많은 실험 결과를 제공한다. 일란성 쌍둥이들의 지능지수는 거의 언제나 다른 형제들의 경우보다 서로 비슷하다. 쌍둥이들이 어려서 헤어져 전혀 다른 환경에서 성장했고 다른 형제자매는 같은 집에서 자랐어도 그렇다.

그렇다면 스스로 태어날 때부터 '너무 머리가 나쁘다'고 한탄하는 낙오자가 옳단 말인가?

학자들이 얼마나 경솔하게 결론을 도출하는가를 보면 놀랍기 짝이 없다.

그러나 학자들이 얼마나 경솔하게 결론을 도출해냈는가를 보면 놀랍다. 그들의 결론은 인간의 지능은 유전자에 달려 있으며 환경이나 교육이나 사고 훈련에 의존하지 않는다는 것으로, 이는 통계자료를 바탕으로 하고 있다.

그러나 지능이 학습될 수 있는가 하는 질문에 답하기 위한 자료로써 통계는 최악의 수단이다. 통계는 일어난 일을 확인할 수는 있지만 일어날 수 있는 일을 확인할 수는 없다. 통계는 현재 무엇이 기준이 되며 무엇이 평균인가를 보여줄 뿐이다.

통계도 잘못된 정보를 줄 수 있다. 잘못된 질문을 하기 때문이다.

나쁜 머리도 고칠 수 있다

통계는 미래 사회에서 보통이 될 수 있는 예외들을 보여주지 못한다. 150년 전 통계는 적어도 의학기술로는 폐렴을 치유할 수 없음을 '증명'했다. 하지만 오늘날 폐렴은 쉽게 고칠 수 있는 병이고, 그 통계는 거기에 아무런 도움이 되지 않았다.

내일은 나쁜 머리도 고칠 수 있을 것이다. 사람의 건강한 뇌가 전제조건이 된다면, 지능은 오늘날 읽고 쓰기를 가르치고 배우듯 가르치고 배울 수 있을 것이다.

이 사실은 통계상의 평균으로는 아니지만 통계 사이에서 살짝 고개를 내밀고 있는 예외로서 지금도 확인할 수 있다.

그 예외 중 하나가 1937년에 뉴먼*Newman*, 프리먼*Freeman*, 홀징어*Holzinger*가 시카고 대학에서 펴낸 논문에 소개되었다.

미국의 한 쌍둥이 자매는 예외다.

그들은 출생 직후에 서로 헤어져서 다른 환경에서 자란 쌍둥이 19쌍을 조사했다. 이 쌍둥이들의 지능지수는 평균 9점밖에 차이나지 않았다. 이 차이는 별게 아니어서, 일란성 쌍둥이는 환경이 달라도 지능이 비슷하다는 가정의 증명이다.

그런데 한 쌍은 전혀 달랐다. 이들은 18개월쯤 되었을 때 인생길이 갈린 자매였다. 자매 중 한 명은 깊은 산골로 들어가 학교를 2년밖에 다니지 못했다. 다른 한 명은 '괜찮은 농가 마을'에서 자라 대학까지 진학했다.

35세가 되었을 때 이들을 검사해보았더니, 후자의 지능지수가 24점 높았다. 인간이 도달할 수 있는 가장 높은 IQ가 200임을 생각해볼 때 이 차이는 상당한 것이다.

어떻게 이런 차이가 생겨났을까?

이런 차이, 동일한 유전인자에도 불구하고 생겨난 이런 지능의 차이는 분명히 환경과 학교교육이 원인일 것이다.

그런데 어떤 학교교육인가? 이 소녀가 산골에서 자란 자매와는 달리 문제 해결이라는 문제를 체계적으로 배웠던가? 그녀가 다닌 고등학교나 대학에 가설수립이나 확산적이고 창조적인 사고훈련을 하는 교과가 있었던가?

그것은 아니다. 한 소녀의 향상된 지능은 유난히 개방적인 교사와의 만남이나 우연을 통해서 시작되었을 것이다.

이런 예외가 있다는 사실은 과학이 통계와 함께 잘못된 길을 간다는 증거다.

이런 예외가 있다는 사실 자체는 과학이 통계적인 평균만을 따라가면 길을 잘못 든다는 증거다. 오늘의 예외는 내일의 규칙이다.

재능은 어떻게 생겨나는가

공부에 실패한 사람은 자신의 '머리가 너무 나쁘다'고 탓하며 무조건 항복을 한다.

가령 이런 식이다. "난 수학은 못해." "난 어학에는 소질이 없어." 손을 움직이는 기술을 배워야 될 때라면 이렇게 말한다. "난 손재주가 없어."

이런 이유들을 대면서 그는 노력을 해야 하는 일을 피할 수 있지만, 결국 자신에게 손해가 된다. 이런 말들은 재능과 소질은 유전적이며 습득될 수 없다는, 유감스러운 선입견을 반영한다.

이런 게으른 핑계들로 누구나 노력을 피할 수 있다.

조심스러운 학자는 우회적인 표현을 사용한다. 이것은 그들의 타고난 '학습경향'이라고 말할 것이다.

그럼으로써 이 수수께끼 같은 무엇, 유전적이며 선천적이라고 하는 이것에는 새로운 이름이 붙고, 인과관계의 연쇄에서 한 번 더 뒤로 밀려난다. 이 용어법에 따르면 '선천적'인 것은 능력 자체, 수학적이거나 음악적인 재능이 아니라 수학적·음악적 능력을 발달시키는 능력이다.

이 말은 그럴듯하게 들리지만 별로 근거가 없다. 이렇게 인과관계에서 한 단계를 거슬러 올라가는 일은 끝없이, 어떠한 능력을 생겨나게 하는 능력의 습득을 가능하게 하는 능력을 발달시키는 능력뿐이라고 할 때까지 끝없이 계속될 것이기 때문이다.

재능, 수수께끼 같은 무엇, 유전적이며 선천적이라고 하는 그것은 '……을 가능하게 하는 능력을 가능하게 하는 능력을 가능하게 하는 능력……'이 된다.

하지만 어차피 증거가 없으니 가설만으로 작업을 해야 한다면, 더 나은 가설을 선택해야 할 것이다. 예를 들어 우리는 재능과 소질은 소아기에 '각인'이라고 하는 과정에 의해 생겨난다고 가정할 수도 있다.

알에서 갓 깨어난 야생 거위가 어미를 따라가는 것도 각인의 한 예다. 이런 결합은 영구히 '각인된다.' 앞으로 거위들은 다른 어미를 따라가지 않는다.

그러나 각인이 잘못될 수도 있다. 동물연구가인 콘라

드 로렌츠*Konrad Lorenz*가 야생거위들의 각인과정을 잘못된 방향으로 이끈 실험은 유명하다. 그는 어미거위를 떼어놓고 새끼가 알에서 나오게 했다. 그리고 그는 새끼거위들이 끈에 달려 움직이는 베개나 축구공, 풍선, 아니면 로렌츠 자신을 접하게 했다. 어린 거위들은 움직이는 물체, 또는 엎드려 기어가는 로렌츠를 어미로 받아들이고 그를 따라다녔다.

아직은 가설이지만 그럴듯하게 들리는 가설: 생애 첫 몇 개월 동안에 미래의 재능이 결정된다.

포유동물의 경우에는 그런 각인과정이 명백히 증명되지는 않았다. 하지만 사람도 좀더 복잡한 방식이겠지만 출생 직후 자신이 좋아하고 싫어하는 것을 결정할 것 같다. 또 이미 소아기에 뇌의 내부구조에는 후에 수학자나 음악가로 발전할 수 있는 갈림길이 이미 형성될 것 같다.

이런 가정은 가설이다. 하지만 이것은 유전적인 수학능력이 있다는 가설보다는 그럴듯하다. 인간은 수학 없이도 수십만 년 동안 살아왔으며, 아무리 단순한 계산이라도 인간의 유전인자에 흔적을 남겼다고 보기에는 그 역사가 너무나 짧다.

'미신을 믿는' 비둘기

재능과 소질을 연습을 통해 깨울 수 있을까?

소질과 재능이 생겨나는 과정에 대한 또 다른, 그리고 조금 더 믿을 법한 설명은 미국의 심리학자 스키너의 실험에서 주창되었다.

우리는 불과 수 분 내에 비둘기들이 부리로 단체사진 속의 특정한 사람의 머리를 쪼도록 가르친 그의 실험을 이미 알고 있다(86-87쪽 참조). 그리고 긍정적 강화, 단계적 접근, 그리고 그것들을 통한 행동조형이라는 방법도 알고 있다.

스키너는 어쩌면 그 반증으로서 매우 흥미로운 실험 하나를 더 고안했다. 동물들에게 그가 원하는 대로 행동하면 먹이를 주어 보상함으로써 비둘기들의 행동을 조절하는 성공을 거둔 그는 비둘기들의 이런 행동과는 무관하게 규칙적인 시간 간격을 두고 곡식을 준다면 어떻게 될까 궁금해했다.

학습연구를 위한 또 하나의 중요하고 시사점이 많은 비둘기 실험.

이를 알기 위해 스키너는 실험상자의 먹이 주는 막대기를 시계와 연결했고, 그때부터 비둘기는 어떤 행동을 하든지 상관없이 정확히 20초마다 곡식을 한 알씩 받았다.

이 실험의 결과는 놀랍다. 학습의 연구를 위해서는 어쩌면 행동조형만큼이나 중요하다. 비둘기는 금세 규칙적인 모이공급에 의해 자극을 받아 아주 특정하고 이상하고 천편일률적으로 반복되는 행동방식을 발전시켰다. 비둘기는 괴상하게 목과 몸을 뻗쳤고, 반복해서 다리와 날개를 움직였다.

스키너는 수수께끼를 풀었다.

비둘기는 어떤 방식으로든 움직인다. 예를 들면 머리를 끄덕인다. 그 순간에 모이를 주는 장치에서는 곡식이 한 알 나온다. 그래서 아까의 첫 번째 동작, 머리를 끄덕이는 움직임은 '강화된다.' 즉, 비둘기는 이 움직임을 더 자주 한다. 그럼으로써 다음번에 모이가 나올 때에도 비둘기가 이 동작을 할 가능성이 더 높아진다.

하지만 첫 번째에는 그렇지 않았다. 다음번에 보이는

이 동물의 행동변화는 오른쪽 날개를 움찔하는 것이다. 이 동작의 바로 다음에도 마찬가지로 우연히 모이 한 알이 주어지고, 동작은 강화된다. 비둘기는 이제 두 가지 동작, 고개를 끄덕이는 일과 날개를 움찔하는 일을 더 자주 반복한다. 그리고 오른쪽 다리를 든다거나 몸 전체를 한 번에 일으켜 세우는 등의 행동 역시 우연히 강화되어 거기에 더해진다.

이런 모든 행동과 다른 몇 가지 행동이 연속적인 행동으로 결합되는데, 이것은 점점 더 자주 규칙적인 모이 공급과 동시에 일어나며, 그렇게 해서 점점 더 강화된다. 결국 비둘기는 그 동작들만을 하게 된다. 고개를 끄덕이기, 날개를 움찔하기, 다리 들기, 똑바로 서기, 고개를 끄덕이기, 날개를 움찔하기, 다리 들기, 똑바로 서기…….

스키너는 이런 괴이한 행동을 비둘기의 '미신적인 행동'이라고 불렀다. 인간의 미신이 행복이나 불행의 우연한 동반현상에 어떤 의미를 부여하기 때문이다. "그것이 나에게 행운을 가져다주었어!"

강화된 행복감을 통해 비둘기는 정말로 '춤추기'를 배운다.

마찬가지로 비둘기도 작은 행복, 바로 모이 한 알이 바로 그 앞의 행동(고개를 끄덕이기, 날개를 움찔하기, 다리 들기 등)에 의해 생겨났다고 믿기 때문에 '행운을 가져다준' 이런 행동을 자꾸 반복한다. 이런 '미신적인' 결론은 비둘기의 뇌에서는 반응과 강화된 자극의 자동적인 연합으로서 무의식적으로 진행된다.

아마 대부분의 인간 행동도 의식적인 사고 이하의 수준이나 그 외부에서 생겨날 것이다. 정말 빛나는 이해력조차도 그것의 부하이고 하수인일 때가 많다. 욕구와 감정, 좋아하고 싫어함이 관계될 때에는 특히 그렇다. 열광적인 음악가를 천재로 만드는 활력, 매혹, 부지런함, 성공의 즐거움, 행동하고 싶은 마음도 그 속에 감추어져 있다.

인간의 특성 중 상당수는 의식의 외부에서 생겨난다.

기분 좋게 강화된 기하

그런 동기는 어디에서 생겨날까? 물론 유전된다고 말할 수도 있다. 하지만 이들도 비둘기들의 '미신적인 행동'과 비슷하게, 스키너가 말하듯이 '강화맥락의 우연한 조성에 의해' 생겨난다고 믿을 수 있고 그것이 더 옳을 것 같다.

그 방향은 아마도 아주 어린 시절에 결정되었을 것이다. 어린 시절 한 번의 경험이 지속적인 심리적 장애의 원인이 된다는 것은 이미 증명된 사실이다. 고양이 한 마리가 딱 한 번 갑자기 어린아이에게 달려들었다. 이 한 번의 경험으로 아이는 고양이에 대한 두려움을 영원히 간직하게 될 수 있다. 밤에 놀란 적이 있는 아이는 어른이 되어서도 밤을 무서워한다.

심리적인 장애는 어린 시절에 생겨나는 것과 마찬가지로, 긍정적인 특성이나 재능도 분명히 그럴 것이다.

미국 심리학자인 J. B.왓슨*Watson*은 단 한 번의 쇼크가 얼마나 지속적인 효과를 나타내는지 실험을 통해 보여주었다. 그는 한 어린아이에게 인형을 가지고 놀게 하다가 갑자기 무시무시한 소리를 내 아이를 놀라게 했다. 그러자 그 아이는 인형에 대한 두려움에서 영영 벗어나지 못했다.

그런데 이런 비이성적인 기제가 긍정적으로 작용하지 못하리라는 이유는 없다. 어떤 아이가 기하학적으로 만

이렇게 해서 수학적 또는 음악적인 재능이 개발될 수 있다.

들어진 장난감을 가지고 논다. 그리고 바로 그 순간 어머니가 젖병을 가지고 온다. '기하'와의 만남은 우연하지만 즐겁고 긍정적으로 강화가 되고, 아이는 앞으로도 기하를 반기게 될 것이다. 그런 종류의 강화가 몇 번 계속된다면 기하학적·수학적 재능을 위한 감정적인 기본 골격이 형성될 수 있다.

또 아이가 자려고 누울 때마다 부모가 옆방에서 듣기 좋은 음반을 트는 경우도 생각해볼 수 있다. 아이는 달콤한 잠에 빠질 때까지 한동안 그 음악을 듣는다. 긍정적으로 강화된 자극이다. 그 아이는 얼마 지나지 않아 음악을 '편안함'과 동일시할 것이다. 부모들이 그 가능성을 전혀 생각하지 않았더라도, 음악적인 재능의 초석은 그렇게 놓이게 된다.

'조작'이 언제나 나쁜 것은 아니다

동기는 좋은 것이건 나쁜 것이건 대부분 소아기의 우연한 강화들을 통해서 그 씨앗이 뿌려진다.

우리는 비둘기에 대해서는 무엇이든 알지만 아이들에 대해서는 거의 아는 바가 없다.

아이들을 데리고 실험한 것이 아니라 비둘기를 가지고 실험한 과학은 이 기제가 구체적으로 어떻게 작동하는지 거의 알 수 없다.

그러나 동기, 재능, 반대로 '소질 없음'도 우연한 강화 맥락에 의해 생겨난다는 이런 가정은 우리에게 도움이 된다. 이 가정은 지금까지 유전학설이나 환경결정론으로도 설명할 수 없었던 모순을 해결한다.

하지만 이번에도 설명이 필요한 예외가 있다. 아주 세련된 상류층 가정에서 태어난 어떤 사람은 형제들이 모두 존경받는 시민이 되었는데 그 혼자만 범죄적인 사기꾼이 된다. 아니면 반대로, 지극히 어려운 환경에서 자란 형제자매는 단순 노동자가 되었지만 한 아이만 유명한 의사나 교수가 된다.

'우연'을 통해서 어떤 사람은 범죄자가 되고 어떤 사람은 존경받는 교수가 된다.

이런 예외는 흔한 경우다. 이는 유전인자나 환경이 각각 독단적으로 결정적이지는 않다는 증거가 된다.

이 과정도 '각인'으로 보고 싶은 유혹이 생긴다. 그렇게 생각하는 교육학자나 청소년 심리학자들도 일부 존재한다. 이들은 '성격은 어린 시절의 이런저런 경험에 의해 '각인'되는 것으로, 결코 변하지 않는다'고 생각한다.

하지만 사람은 축구공을 어미라고 생각하는 야생 거위와는 다른 과정을 거친다. 동물에게 '각인'은 본능의 온전한 지배를 받는 일회적이고 돌이킬 수 없는 사건으로, 일정한 발달단계에서만 일어난다. 사람은 무의식적이지만 학습과정에 의해 '각인된다.'

한 가지 위로: 인간은 야생 거위가 아니며, 습관도 바꿀 수 있다.

그 결과는 돌이킬 수 없는 운명이 아니다. 그 결과는 좀 덜 깊이 혹은 더 깊이 자리잡은 습관이며 좋은 습관과 나쁜 습관이다. 어떻게 습득되었든 이 습관들은 변화시키거나 버리거나 더 나은 습관으로 바꿀 수 있다.

인간은 학습함으로써 스스로를 도울 수 있다.

수줍음을 치료하기

학습에 실패한 사람들이 그들의 실패를 세상과 자신에게

설명하는 아주 흔한 핑계가 있다. "나는 의지가 약해."

이른바 '약한 의지'는 겉으로 드러나거나 안에 감추어진 두려움이다.

'약한 의지'는 사실 두려움인 경우가 보통이다.

사람에게는 생존에 절대적으로 필요한 공포심도 있다. 자동차를 운전하다가 다칠 수 있다는 두려움, 심각한 질병으로 죽을지 모른다는 두려움, 경솔함으로 생존을 위협당할 수 있다는 두려움, 부적절한 말로 친구관계를 망칠 수 있다는 두려움 등등. 이런 두려움은 신체적인 고통과 마찬가지로 경고신호다. 이런 경보장치가 없는 사람은 쉽사리 위험한 상황에 처한다.

그러나 일과 학습에 대한 두려움은 이와 다르다. 이런 두려움은 생존과는 아무 상관이 없다. 이것은 여성에게 다가가지 못하는 청년의 수줍음과 비슷하므로 그것과 비슷한 방법으로 치료될 수 있다.

미국 심리학자 J. 월피*Wolpe*의 실험은 그런 수줍음을 어떻게 이길 수 있는지를 아주 알기 쉽게 보여준다.

학습에 대한 두려움은 수줍음처럼 치료될 수 있다.

실험용 토끼 역할을 한 그의 피험자는 여학생에게 도저히 데이트 신청을 할 수 없었던 대학생이다. 여자 근처에만 가도 그는 두려움에 휩싸였다. 얼굴이 하얗게 되거나 붉어졌으며, 벌벌 떨며 말을 더듬었다. 그러고는 그 자리를 피했는데 여학생이 그를 비웃었다.

월피는 그와 함께 아주 짧은 '연극대본'의 원고를 쓰는 것으로 수줍음을 치료하기 시작했다. 그 연극에는 등장인물이 둘밖에 없다. 한 남성이 여성에게 전화로 만나자고 청하는 것이 그 줄거리였다.

먼저 겁 많은 청년이 할 일은 전화를 거는 것이었다.

월피의 조교가 상대 여성 역할을 맡아 다른 방에서 전화를 받았다.

이 연습은 학생이 주어진 대사대로 어느 정도 유창하게 말할 수 있을 때까지 계속되었다. 그 다음에는 조교가 원래의 극본에서 점점 벗어나 연기하기 시작했으므로 청년도 점차 즉흥연기를 해야 했다. 이것이 순조롭게 진행되자 청년은 조교와 직접 얼굴을 마주 보고 연습했다.

끝으로 청년에게 연구소 밖으로 나가 정원을 산책 중인 다른 조교들에게 말을 걸게 했다. 이 '조교'들 중 한 명은 월피라는 사람에 대해 들어본 적이 없었다. 하지만 결과는 성공적이었다.

이후 그 청년은 여성 앞에서 수줍어하지 않았다고 한다.

월피가 어떤 방법으로 목적에 도달했는지 살펴보자(그 방법은 그 후로 수천 번 반복되고 실험을 거쳤다).

- **단계적 접근: 수줍음이 많은 청년은 그의 '약한 의지'를 단 한 번의 노력으로 극복해야 한다고 요구받지 않는다. 그는 서서히 어려운 과제에 익숙해진다.**
- **끔찍한 전문어로 '둔감화'라고 하는 과정을 통해서: 이 청년은 매 단계를 거치며 점점 더 많은 두려움을, 그러니까 처음에는 아주 조금, 나중에는 점점 더 많이 견디는 데에 익숙해졌다. 손에 굳은살이 박이면 둔감해지는 것과 마찬가지다.**
- **그리고 단순히 젊은 여성을 사로잡을 수 있는 언어와 동작을 충분히 연습했다. 이것은 그가 전에는 몰랐던 정보와 행동의 학습이다. 유혹의 기술도 학습해야 한다.**

수줍음에 대항하는 학습법도 있다.

공부에 대한 두려움으로 표현되는 '약한 의지'도 이길 수 있다. 여기 몇 가지 제안이 있다.

월피의 방법을 약간만 변형하면 스스로 '의지가 약하다'는 사람들에게 도움을 줄 수 있다.

물론 월피 같은 사람이 나타나 그를 '둔감화'시키면서 그 일에 접근시킬 때까지 기다릴 수는 없다. 스스로 해야 한다. 그리고 우리의 공비카드는 우리를 거부하는 콧대 높은 아가씨가 아니라 순순하고 말 잘 듣는 조력자다. 아직도 두려운가? 아직도 의지가 약하다고 생각하는가?

우리의 공비카드는 콧대 높은 아가씨가 아니라 상당히 순순한 조력자다.

그렇다면 좋다. 한 번에 너무 많이 시도하지는 마라.

너무 많이 시도하지 마라.

여러분은 그저 가까운 문구점에 가서 적당한 두께의 종이를 산다. 그리고 그 종이로 공비카드 상자를 만든다. 그저 되는지 안 되는지 보기 위해서 그렇게 한다.

그저 실험으로 공비카드 상자를 만들어보라.

그러고는 쪽지 몇 개에 우리말과 외국어 단어를 쓴다. 아주 조금만. 그저 이렇게 하면 정말 공부가 되는지 보기 위해서.

…그리고 공비카드 몇 개를 써보라.

그리고 이제 카드가 생겼으니까 정말로 이 카드로 공부를 할 수 있는지 해본다. 그저 궁금하니까…….

그리고 해보라. 그저 궁금하니까.

작은 단계들이라는 방법은 수줍음 많은 청년에게만 효과가 있는 것이 아니다. 단 한 번에 대단히 영웅적인 행위를 해내려고 하지만 않는다면 공부가 훨씬 수월해진다. 살금살금 다가가는 것은 어렵지 않다.

공부도 마찬가지다. 살금살금 다가가는 것이 효과적이다.

과연 가치 있는 일일까?

이런 파괴적인 질문은 공부하려는 맹렬한 노력을 한순간에 허무하게 만들 수 있다.

장기적으로 보면 공부는 언제나 보람이 있다는 것은 누구나 안다. 그러나 시험 합격이나 좋은 성적, 직업적인 성취 같은 장기적인 성공의 희망을 '긍정적인 사후효과'로 맛보기에는 너무 뒤늦게 온다.

그래서 우리는 성공에서 얻는 즐거움, 공비카드 하나하나를 정복했을 때 얻는 기쁨이 최상의 '강화'라는 것을 배웠다. 이런 성공은 그것을 이미 경험하고 연습해본 사람에게만 효과가 나타난다.

오늘날 아주 인기가 있는 독일의 베스트셀러 작가는 1950년경 그가 작가로서 막 성공하기 시작할 무렵, 글 쓰는 일을 자극하기 위해 아주 기괴하고 효과적인 방법을 사용했다. 그는 새로운 소설의 착상과 메모할 종이 몇 장을 가지고 타자기 앞에 앉는다. 그는 눈에 잘 보이도록 포도주 열 잔을 군인들처럼 줄을 세워놓았다.

이제 그는 글을 쓰기 시작했다. 그리고 원고 한 장을 쓸 때마다 포도주 한 잔을 마셨다. 처음에는 생산성이 대단히 향상되는 효과가 있었다. 이 작가는 하루에 열 장에서 스무 장의 원고를 써냈는데, 직업적으로 글을 쓰는 사람이라면 그것이 얼마나 대단한 업적인지를 안다. 그는 정직하게 자기가 한 일에 만족했을 때에야 잔을 들었기 때문에 성공했다. 그의 이런 행동은 원하는 반응에 뒤따르는 긍정적인 강화의 훌륭한 예다. 스키너가 그를 보았다면 열광했을 것이다. 그의 생산력은 몇 년 후, 알코올 때문에 거의 몸이 망가졌을 때에야 잦아들었다.

그는 포도주로
스스로에게 보상을 해주었고
후일 세계적으로
유명한 작가가 되었다.

하지만 그의 사례에서는 배울 것이 많다. 이 사례는 스스로에게 주는 빠른 보상이 얼마나 효과적인지를 보여주는 한편, 술이 그 목적에 얼마나 부적당한가를 보여준다.

하나의 학습단계가 끝날 때마다 좋아하는 음식을 먹는 것은 비만을 부르기 때문에 적절한 강화수단이 못 된다는 사실을 깨달을 수도 있다.

자신에게 보상을 주는 가장 확실하고 위험이 적은 방법은 스스로에 대한 칭찬이다. 작은 성공을 거두었을 때마다 스스로 어깨를 두드리며 칭찬하는 것은 돈도 안 들며 몸도 망치지 않는 방법이다. 그러나 이 방법은 누구에게나 도움이 되지는 않는다. 이미 학습에 대해 자존심을 발전시킨 고급 학습자에게만 효과가 있다.

자화자찬은 고급 학습자에게만 효과가 있다.

누구에게나 적용되는 한 가지 방법은 돈이다!

포도주나 좋은 음식 대신 백 원짜리 또는 오백 원짜리 동전을 이용하면 신이 날 것이다.

스스로에게 돈을 주라

한심한 이야기라며 얼굴을 찡그리는 사람도 있을 것이다. 혹은 비웃음을 지으며 책장을 덮어버릴 사람도 있을 것이다.

공부하라고 스스로에게 돈을 준다고? 일을 하라고 스스로에게 돈을 준다니? 단지 자신의 지갑에서 스스로를 달래고, 유혹하고, 속이고, 사기 치려고 돈을 꺼내다니!

정말 그런가?

이런 사람들의 비웃음에는 학습의욕의 부재가 선천적

인 성격 결함이라는 미신이 들어 있다.

그런 사람들은 더 이상 읽을 필요가 없다. '게으른' 사람들도 부지런해지는 수법과 잔재주들이 너무 천박해 보인다면, 그리고 이런 방법들이 믿어지지 않는다면, 그런 사람들은 누워서 쉬면 그만이다.

자만에 찬 사람이라면 이 책을 읽기를 여기서 그만 두어야 한다

그들이 정말로 겉보기처럼 완벽한지, 그들의 직업이 왜 좁은 전문영역으로만 제한되는지는 묻지 않겠다.

다만 우리는 공부를 하기 위해서는 어떤 수단도, 우리 자신에게 주는 돈까지도 정당하게 여겨야 한다는 말을 하고 싶다. 돈은 아무리 조금이라도 언제나 있다. 학습을 동기화하는 데는 그보다 적은 액수라도 충분하다. 여러분은 가난한 사람이고 세금을 내고 가족을 부양하고 그 밖의 의무를 다하느라 정작 자신의 욕구를 위해서는 한 달에 20만원 혹은 10만원만 지출할 수 있다고 하자.

그럼 20만원 또는 10만원을 꺼내 자물쇠를 채워놓는다.

이제 나는 무엇을 공부하며 그 공부를 위해 하루에 얼마나 시간을 들일 것인가 생각한다. 영어, 하루에 30분씩? 그러면 작은 상자 하나를 꺼내어 책상 위에 놓는다. 그리고 영어를 15분 공부했을 때마다 그 상자에 백 원짜리 동전을 넣는다.

이 상자는 이제 나의 작업도구에 속한다. 책이나 공비카드, 종이와 연필만큼이나 중요하다. 그리고 그 상자 안에 든 돈만이 내 마음대로 지출하고 쓸 수 있는 돈이다.

아까 잠가둔 다른 돈은 아직 나의 것이 아니다. 그것은 빌린 자본이며 남의 돈이다. 그 돈이 여러분의 것이 되기 위해서는 아직 일을 해야 한다.

시작을 위해서는
백 원 혹은 오백 원의 보상이면
충분하다.

나중에 간식을 사기 위해 천 원이 필요해지면 15분씩 열 번을 공부한다. 그리고 그만큼 공부를 하고 난 후 상자에 돈이 떨어지는 소리를 들을 때면 상인이 느끼는 만족감을 체험하게 된다.

바로 이것이 상업인들이 가진 근면함의 비밀 중 하나다. 고용된 봉급생활자와는 달리 수많은 자영업자들은 그 돈 소리, 되풀이되는 '긍정적인 강화' 때문에 그들이 하는 사업의 멍에를 계속 즐긴다. 금고에서는 작으나마 하루에 몇 번씩 소리가 난다. 하지만 봉급과 수당은 일주일 혹은 한 달에 한 번밖에 받지 못한다.

책상 위에 돈상자가 있으니 여러분은 스스로가 사업가이며 급여를 주는 사람이다. 그러니까 학습사업을 자본주의적인 방법으로 운영하는 셈이다. 도급의 보상으로 자극을 받아서 작업의욕과 성과가 여러분이 쓸 수 있는 용돈보다 급속히 성장한다면 여러분은 도급금을 매정하게 깎아 내려야 한다.

'돈 소리'가 자주 날수록 재미가 있다.

하지만 이때 여러분의 마음속에 있는 노동조합이 파업 위협으로 저항한다면 역시 자본주의적으로 빚을 져서 문제를 해결하라.

작업의욕이 너무 올라가서 도급금도 올라간다면 매정하지만 액수를 줄여야 한다.

용돈을 미리 받아서 쓰라. 안 되면 가족이나 친구에게서, 은행에서라도 돈을 빌려서 쓰라. 여러분의 미래를 위해서 일하는 학습노예에게는 꼭 보상을 해주어야 한다.

빚을 지는 것은 비도덕적이지만 투자비용을 감당하기 위해 빚을 지는 공장주나 사업가는 셀 수도 없이 많다. 그리고 공부는 최상의 투자다. 그 투자가 성공을 가져온다면, 그보다 더 고귀한 투자도 없다.

이런 특수한 경우에는
빚을 지는 것도
비도덕적이지 않다.

공부하라는 출발신호

모든 행동과 반응은 일단 일어났어야 보상을 받고 강화될 수 있다. 학습도 마찬가지다. 공부를 시작하려는 사람에게 행동을 불러일으키는 자극, 자, 지금 여기에서 공부하라고 부르는 분명한 신호가 필요하다. 결심만으로는 부족하다.

아이의 경우에는 이 자극이 대개 외부에서, 이제 앉아서 공부하라는 부모나 선생님의 거친 요구를 통해서 온다. 하지만 대학생만 되어도 그렇게 마음대로 조종이 안 된다. 그는 유발인자가 되는 자극, 공부를 시작하라는 출발신호를 자신과 함께 '협의'하고 스스로 만들어내야 한다. 본업이 공부가 아닌 사람은 더더욱 말할 것도 없다. 이런 사람이 공부를 잘못 하거나 너무 조금 하거나 전혀 안 한다면, 그 신호체계가 작동되지 않는다는 표시다. 그러나 이런 결여까지 학습과 연습으로 해소할 수 있다.

과외로 공부하는
사람을 위한 충고:
신호체계가 제대로
작동해야 한다.

학교 종은 쉬는 시간이 끝났을 때 학생을 다시 교실로 부르는데, 종이 없다면 그들은 너무 늦게 오거나 아예 오지 않는다.

자유롭게, 억압 없이, 공부를 본업으로 하지 않으면서 공부를 하려는 우리에게도 역시 그런 신호, '학교 종'이 필요하며, 우리는 언제나 그 신호에 반항하지 않고 즉시 따르는 습관을 길러야 한다.

그것 자체가 학습과정이며 연습과 반복이 필요하다.

우리는 매일 정해진 시간에 공부를 시작하기로 결심한다. 그 경우에는 시계 바늘(시간)이 행동을 시작하게 하는 신호다. 우리는 늘 그대로 따르기로 결심한다.

좋은 시작 신호: 날마다 같은 시간에 공부를 시작하기

그런데 시계 바늘이 특정한 표지를 지나가는 것 같은 약하고 소리 없는 부호는 바로 원하는 효과를 거두지는 못한다. 큰 자명종 시계를 사용하면 더 시끄럽고 분명하게 만들 수 있다. 하지만 이때도 자극-반응, 시계 소리-학습 시작이라는 흐름이 습관으로 정착되려면 몇 번의 연습을 거쳐야 한다.

이 일이 처음부터 제대로 되지 않는다고 '의지박약'을 드러내는 것은 아니다. 처음 보는 단어가 한 번, 두 번, 세 번 공부한다고 해서 영영 기억에 자리잡는 것은 아니다. 그저 더 연습하고 반복해야 할 뿐이다.

자명종 시계를 준비하라. 아주 싼 것도 괜찮다. 다만 소리만 크면 된다.

좋은 계획도 먼저 배우려고 노력해야 한다. 모르는 단어를 배우듯이 제대로 익숙해질 때까지 여러 번 반복과 연습을 해야 한다. 이 일련의 행동도 암기를 요구하는 정보와 같다. 성격과 부지런함까지도 열심히 연습하고, 초기의 패배와 망각에 흔들리지 않으면 누구나 원하는 것만큼 배울 수 있다.

좋은 계획도 첫 번째 학습 시도다.

부지런함도 배울 수 있다.

공부하려면 공부하는 친구를 사귀어라

학습에 적이 되는 다른 '의지박약'은 주의를 산만하게 하는 모든 요인에 민감할 때 나타난다.

공부를 방해하는 것들이 얼마나 많은지……

전화가 울린다. 어머니, 형, 아내가 문을 열고 말을 붙인다. 급히 써야 하는 편지가 생각난다. 새 영화를 보러 극장에 가려고 했던 것도 기억난다.

그는 이런 공격을 피해 공원 벤치에서 공부하려고 해본다. 그런데 어떤 여성의 늘씬한 다리와 싸우는 개 두 마리, 할 일 없는 친구가 지나가다가 말을 시켜 방해를 한다.

예쁜 아가씨들과 멋진 청년들이 곳곳에 앉아 있는 한, 공원으로 피신한들 도움이 될 리 없다.

이런 유혹에 쉽게 넘어가는 약한 의지의 소유자들에게 환상적인 피난처가 있다. 그곳에서의 체류는 무료이거나 돈이 거의 들지 않는다. 절간처럼 조용하다. 밖에서 아무 소리도 들리지 않는다. 사람들은 발끝을 들고 다니며, 작은 소리로 속삭일 뿐이다. 공부하기에 이보다 더 좋은 장소는 없다. 이 피난처는 공공도서관이다.

또 다른 제안이 하나 있다. 공부를 하려면 친구를 찾으라. 다만 공부를 좋아하거나 이미 공부를 많이 한 친구여야 한다.

공부하려면 적당한 친구를 찾으라.

그 친구가 대단한 지능의 소유자이거나 걸어다니는 백과사전일 필요도 없으며, 특별히 똑똑하지 않아도 된다. 그저 진심으로 공부를 하려고 하는 사람이면 된다. 그 머릿속에 들어 있는 지식을 배우려는 게 아니다. 여러분은 다만 그의 정신자세, 끈기, 도덕적인 태도를 배우려는 것뿐이다. 여기서 '도덕'을 이야기한다고 반감을 갖지 말기 바란다. 만일 도덕이라는 것이 있다면, 공부하려는 의지가 가장 좋은 첫 번째 도덕이며 다른 모든 도덕의 전제조건이다.

나이들수록 머리도 나빠진다?

공부를 피하는 마지막 핑계가 있다. 막대한 피해를 가져오는 처절한 핑계다. "나는 나이가 너무 많아." "세 살 버릇 여든까지 간다."

스물다섯 살 혹은 서른 살이 된 사람들이 이런 핑계를 대는 것을 보면 정말 한심하다. 이들을 원조한 사람이 바로 비네다. 검사 공식을 통해 인간 지능의 성장을 15세로 끝장나게 한 사람 말이다.

가장 유치한 선입견 중 하나: '난 공부하기에는 나이가 너무 많아!'

폐해가 많은 이런 '세 살 버릇' 이론에 대한 학술적 결과는 마지막으로 1930년대에 나왔다. 연구자 존스*Jones*와 콘래드*Conrad*가 다양한 나이의 미국인의 지능을 조사했는데 나이 많은 사람들의 정신에 관한 편견과 일치하는 결과가 나왔던 것이다. 존스와 콘래드의 수치에 의하면, 인간의 지능은 30세에 정상에 도달하고 그후 급속히 떨어지는데, 그 '몰락'은 빠른 통찰이 필요한 대답을 요구할 경우에 특히 심했다.

이런 '깨달음'의 결과는 처절하고 야만적이었다. 수십만의 40대, 50대들은 경험과 노력, 이들에게 닥칠 물질적인 어려움과 정신적인 후퇴에 대한 배려 없이 직장에서 쫓겨나게 되었던 것이다.

30세부터 다시 바보가 되는가? 물론 아니다!

오늘날 주름살 없는 얼굴과 숱 많은 머리를 정신적 능력과 동일시하는 젊음에 대한 숭배는 바로 그때 생겨났는데, 그후 그 우상들을 위해 엄청난 희생물이 바쳐졌다.

그러나 현재 우리는 그때의 실험결과가 엄청난 오류이며 한심하게 해석되었다는 것을 안다.

존스와 콘래드는 1933년이라는 해에 여러 나이의 사람

40대와 50대는 오늘날에도 이런 위험한 오류 때문에 고물 취급을 받고 불행한 처지로 밀려나고 있다.

들을 동시에 검사했는데, 30세 된 사람들이 가장 나은 결과를 보였고 나이가 많을수록 사람들은 점점 더 나쁜 결과를 보였다.

나이가 먹을수록 머리가 나빠진다!

이것은 반론의 여지없이 증명된 사실로 학술적으로 확증된 사실이라고 여겨졌다.

틀린 추측이다. 이것은 가설일 뿐이었고, 오늘날은 반증이 되었다.

이런 착각은 존스와 콘래드가 다양한 나이의 서로 다른 사람들의 지능을 측정했을 뿐이지, 동일인의 지능 발달을 측정하지 않았기 때문에 생겨난 오류다. 단, 1년만으로는 그런 조사를 할 수 없다.

20년이 지난 후 미국의 심리학자 오언스*Owens*는 다시 이 문제에 접근했는데, 이번에는 더 합리적인 도구를 사용했다. 그는 30년 전 미국 육군에서 지능 검사를 받았던 127명에게 같은 검사를 실시했다.

조사 결과는 놀라웠다. 그 결과는 과학이 그때까지 안다고 생각했던 모든 것, 즉 인간 지능의 불변성, 30세가 넘으면 지능이 점점 떨어진다는 (의심의 여지없이 증명되었다고 믿었던) 주장이 틀렸음을 증명했다. 다시 검사를 받은 127명의 대부분은 30년 전보다 훨씬 좋은 결과를 보였던 것이다.

엄밀하게 행해진 실험에서 진실이 드러났다. 나이가 많아질수록 지능도 높아진다.

지능은 나이가 들면서 자란다

다른 두 학자 베일리*Bayley*와 오든*Oden*은 2년 후 그들의 동료인 오언스의 장기연구를 다시 반복했다.

그들은 오래된 서고에서 여러 해 전에 사용되었던 지능 검사지를 찾아냈고, 이때 '지능이 매우 높음'으로 판별된 사람들을 추적한 끝에 남자 422명과 여자 346명을 찾아냈다. 그러고는 그들을 대상으로 난이도가 비슷하지만 다른 과제들로 검사를 실시했다.

해마다 지능지수가 1점씩 올라갔다!

지능 검사를 신봉하며 그 지수의 불변성을 믿는 사람들은 그 결과를 보고 하늘이 두 조각난 느낌이었을 것이다. 피험자들의 지능지수는 나이에 상관없이 10~15년 사이에 평균 10~15점 정도 향상되었다. 가장 뚜렷한 향상은 첫 번째 검사에서는 40세였고 통제검사에서는 50세였던 사람들에게서 나타났다. 가장 나이가 많은 피험자는 첫 번째 검사 때는 57세, 두 번째 검사 때는 70세였는데, 13년 전보다 지능지수가 5점 가량 높아졌다.

지능에는 '생물학적 차이'는 없고……

이 모든 것은 그저 암시, 추측, 가설적인 가능성이 아니다. 정말로 공부를 한다면 나이는 학습도 지능 향상도 방해하지 않는다.

공부하기에 늦은 때란 없다

'세 살 버릇' 이론을 지지하는 다른 연구들도 있다. 이 연구들은 30세가 넘으면 신체적인 성취 속도만이 아니라 정신적인 속도도 떨어진다고 증명하는 듯하다. 나이가 많은 사람들은 젊은 사람들만큼 학습을 할 수는 있지만 속도가 느리다고 주장한다.

하지만 많은 실험들은 또 하나의 아주 흥미로운 사실을 밝혀냈다. 나이가 든 사람들은 그들의 과제를 젊은 사람들보다 느리지만 더 정확하게 해낸다. 40세가 넘으면 학습하는 데 필요한 시간이 길어지지만 실수도 줄어든다.

40세가 넘으면
배우는 속도가 떨어지지만
실수도 덜 한다.

이 실험들은 또 다른 사실 하나를 공통적으로 보여주는데, 그것은 통계학자들을 불안하게 만든다. 성취의 '변이성'이라고 하는 것이 나이든 사람일수록 점차 증가하는 것이다.

'분산'이라고도 하는 이 변이성도 언어로만 존재하는 유령이지만 예외적으로 그 베일 속을 쉽게 들여다볼 수 있다. 이는 그것을 바탕으로 평균치를 계산해내는 각각의 경우들의 성취가 나이가 들수록 점점 서로 차이가 난다는 말이다. 구체적으로 표현하면, 나이가 많은 사람들 중에는 그 나이에 나타나게 마련인 능력의 감소를 보이기는커녕 나이에 비해서 빨리 학습하는 사람들이, 어쩌면 젊은이들보다도 빨리 배우는 사람들이 점점 더 많아진다는 의미다.

나이가 많이 들어서도
빨리 배우는 사람들이 있다.
이들은 나이가 많아지면
공부를 할 수 없다는 주장을
반증한다.

물론 이들은 소수다. 하지만 이 집단은 나이가 들수록 학습능력이 떨어진다는, 이른바 '법칙'이 거짓임을 증명할 만큼 다수다.

그리고 이 말은 통계에서 이끌어낸 '규칙'이란 통계학자들의 상상 속에만 존재하는 것이며 예외들이 더 중요해진다는 뜻이기도 하다.

나이가 들었을 때의 지능과 정신적인 능력에 대한 이런 통계적인 '진술'은 내년 우리나라의 평균 기온은 언제나 그래왔기 때문에 섭씨 10도에서 15도 사이가 될 것이라고 말하는 기상통보관의 예측에 비길 수 있다.

분산이 점점 커진다는 상황은 1930년대의 학습심리의 거장인 손다이크가 확인했다. 그때 그는 같은 나이의 집단 내에서의 차이가, 서로 나이가 다른 집단 간의 차이보다 더 크다는 것을 증명했다.

그가 몇 년을 살았는가가 아니라 그가 그때까지 무엇을 배웠는가가 결정적이다.

정신적인 활력, 종합적인 판단능력, 지능과 학습능력은 지금까지 살아온 세월 때문에 당연히 주어지는 결과가 아니라 학습의 산물이다. 어떤 사람이 몇 년을 살았는가가 지능을 높여주는 게 아니다. 지능은 그가 살아온 햇수 동안 무엇을 하고 배우고 연습했는가로 결정된다. 그런 이유로 통계학자들을 어지럽게 만드는 능력의 차이가 생겨난 것이다.

나이 들면 능력이 떨어지는 경우가 실제로 더 많은데 이것은 어떻게 설명해야 할까? 이 경우도 쉽게 설명할 수 있다. 대부분의 사람들은 학교를 졸업하고 나면 다 배웠다고 생각해 더 이상 무엇을 배우지 않고, 배워도 좁은 전문영역 내에서 머무르기 때문이다. 이들 대부분은 점점 무뎌져 그들의 지능을 축소시킨 것이다.

지능의 감소는 나이 탓이 아니라 부족한 훈련 탓이다.

지능의 감소는 나이 탓이 아니다. 원인은 다만 연습 부족, 엎드려서 아무것도 하지 않는 게으름이다.

지능이 높아진 경우도 마찬가지다. 이들은 스스로의 힘으로, 늘 깨어 있었고 활기가 있었다. 이들은 호기심과 관심을 계속 연습했고, 일상이라는 일방통행로에서만 움직이면서 뇌에 벽을 쌓지 않았다. 이들은 세 살 때 배운 버릇에 안주하지 않았다.

신문팔이 소년이었던 미국의 발명가 토머스 에디슨은

70세가 되어서도 시멘트 공장을 세우고 콘크리트 주물법을 비롯한 중요한 발명을 했다. 이탈리아 화가 티치아노는 85세 때에야 대작 「피에타」를 그렸다. 괴테도 80세가 넘었을 때 『파우스트』 2부를 끝냈다.

예외인가? 맞다. 하지만 운명은 각자 개인의 손 안에 있다. 누구나 예외일 수 있으며, 일상에 안주하기를 원하지 않는 사람은 누구나 통계상의 규칙 안에서 움츠러들 필요가 없다.

나이는 머리를 나빠지게 하지 않는다. 병이 들게 할 수는 있다. 인간의 뇌도 심장, 콩팥이나 간과 마찬가지로 질병이나 노쇠에서 벗어나지는 못한다. 하지만 뇌의 노쇠 현상을 느리게 하기 위해서는 다른 어느 방법보다도 끊임없는 학습이 최선의 운동이다.

"공부하기에 너무 늦은 때는 없다"는 말로 이 책을 끝맺으려고 한다. 하지만 이 말은 조금 다르게 표현할 수도 있다.

"누가 공부를 그만두었다면 그는 너무 늦게 될 것이다."

아주 위로가 되는 깨달음:
나이는 머리를 나빠지게 만들지 않는다.
그러므로
공부하기에 너무 늦은 나이는 없다!

수기

"목표를 이룬 자리에 항상 함께하는 공비카드 상자"

2016. 가을. 이성주

고려대학교 법과대학 졸업

미 University of Minnesota 경영학 석사

한국투자증권 홍콩법인장, 리서치센터장, 자산전략담당 상무

경민대학교 e비지니스 경영학과 교수

2005년 5월 진흙 속에 묻혀있던 보석 같은 책을 한 권 발견했습니다. 세바스티안 라이트너(Sebastian Leitner) 박사가 저술한 『공부의 비결』이 바로 그 책입니다.

독일의 유력 일간지 The Welt 誌가 서평에서 『생활의 질이 완전히 달라지는 공부방법』이라고 소개한 이 책을 읽으면서 갑자기 눈앞이 환해지는 경이로움을 경험했습니다. 특히 이 책에서 제시하고 있는 "공비카드 상자"라는 탁월한 학습도구는 저를 비롯한 주위 사람들의 학습 방식을 완전히 바꾸어 놓는 성과를 이끌어냈습니다.

학습이란 어떤 자극에 대해 적절한 반응을 보이는 능력입니다. 특히 외부의 자극에 대해 0.5초 사이의 시간 안에 내용, 사고, 개념이 올바로 인지되지 않으면 우회로를 통해 학습되지 않거나 잘못 학습되는 결과가 초래됩니다. 우리가 어떤 것은 쉽게 기억하는데, 그렇지 못한 경우가 많은 이유가 바로 여기에 있습니다.

이렇게 인지된 내용은 일단 단기기억에 저장되는데, 뇌의 판단과 필요에 따라 중기기억, 장기기억으로 옮겨가게 됩니다. 이때 장기기억에의 저장을 위한 반복 연습의 효과를 극대화하기 위해 세바스티안 박사가 고안한 방법이 바로 "공비카드 상자"입니다.

"공비카드 상자"는 독일의 심리학자 Herman Ebbinghaus(에빙하우스)의 망각곡선(忘却曲線 : Forgetting Curve) 이론에 근거를 두고 있습니다. 망각곡선이란, 사람의 기억은 학습 후 10분이 지나면 망각이 시작되어 1시간이 지나면 50% 정도를 잊어버리게 되고, 하루 뒤에는 70%를, 한 달 후에는 80%를 기억하지 못한다는 것입니다. 이러한 망각으로부터 기억을 보존시키기 위해서는 적절한 복습이 필요한데, 그 복습의 가장 효과적인 방법을 제시하고 있는 것이 바로 "공비카드 상자"입니다.

제가 "공비카드 상자" 아이디어를 접하고 무릎을 친 것은 바로 저희 아이들 때문이었습니다. 제가 某 금융기

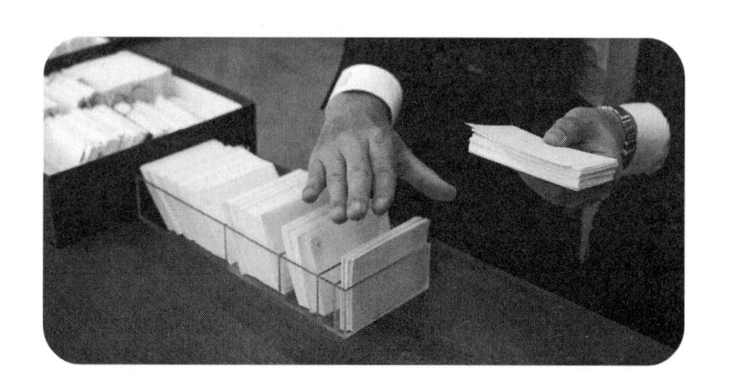

아크릴로 만든 학습카드 상자와 공부할 내용이 적힌 카드

관의 홍콩 법인장으로 근무하는 동안 홍콩에서 International School을 다니면서 초등학교 저학년 4년을 보낸 두 아이는, 현지에서 한국 국제학교 주말 한글반을 다니고, 통신 학습지를 통해서도 익혔음에도 불구하고, 귀국해서 우리말 실력이 많이 부족해 애를 먹었습니다. 매사를 영어로 설명해 주어야만 비로소 이해하는 것이 안타까워서 저 역시 다른 학습 방법을 찾아보고 있었습니다. 우리말의 70%가 한자어이고, 전문용어의 90%가 한자어임에 착안해서 아예 한자를 익히게 하면 일석이조가 되지 않을까 하는 생각을 하던 차에 바로 이 책을 접하게 된 것입니다.

제가 마분지로 직접 제작한 엉성한 "공비카드 상자"로 저희 아이들은 한자를 익혔습니다. 이를 눈 여겨 본 처제의 부탁으로 만들어 준 "공비카드 상자"로 처조카도 좋은 성과를 거두었습니다.

저희 아이들은 일본에서 대학을 다닐 때에도 공비카드 상자를 옆에 놓고 생활했습니다. 일본 전자 대기업 입사를 내정 받고 있던 아들이, 일본의 대형은행에 먼저 취업해 있던 여동생으로부터 일본 기업의 신입사원 연수 강도가 매우 강하다는 귀 뜸을 받고 다시 찾은 것도 "공비카드 상자"였습니다. 아들은 그 회사의 신입사원 공통연수에서 영어 수석을 하고 해외영업부에 배치되었습니다.

저 또한 "공비카드 상자"의 효과를 단단히 본 장본인 중의 하나입니다. 저희 아이들 한자공부에 아빠도 동참해서 격려한다는 뜻에서 시작한 한자공부에 제가 오히려 재미를 붙여서, 2005년 6월에 한국어문회 주관 한자 능력 검정시험에서 1급 자격증을 취득했고, 이어 2007년 10월에는 한자교육진흥회 주관 한자자격시험에서는 사범급 자격증을 취득했습니다.

사범급 시험은 한자 5,000자를 자유롭게 읽고 쓰는 한편 100여 개의 單文, 25首의 漢詩 이외에 대학(大學), 논어(論語), 고문진보(古文眞寶·중국의 시문선집) 등 고전을 해석할 수 있는 수준을 검증하는 시험으로 결코 쉽지 않았습니다만, 시험 준비 과정에서 공비카드 상자는 그 위력을 유감없이 발휘했습니다. 당시 회사의 임원으로서 시간내기가 쉽지 않은 상황이었지만, 짬이 날 때마다 공비카드를 통해 자투리 시간을 활용하여 무난히 시험에 합격한 것입니다.

공비카드상자의 최대의 장점은 아는 것과 모르는 것을 확실히 구분해주어서 불필요한 암기 반복을 덜어준다는

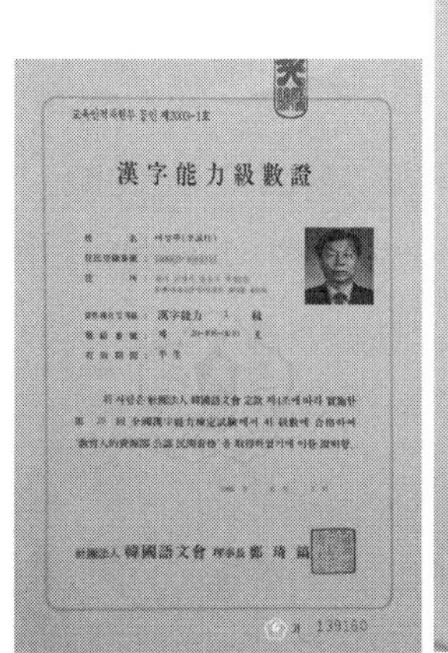

漢字能力級數證

國家公認 資格證

KAPHE

證書番號: 032-01-03600

위 사람은 社團法人 漢字敎育振興會 主管으로 韓國漢字實力評價院이 施行한 第 32 回 全國 漢字資格試驗에서 上記 級數에 合格하여 敎育人的資源部 公認 民間資格을 取得하였으므로 이 證書를 드립니다.

2007 年 10 月 1 日

社團法人 漢字敎育振興會 理事長

국가공인 한자능력 검정시험 1급 자격증과 사범급 자격증

점입니다. 쉽게 기억되는 단어는 한 두 번으로 충분한 반면, 바로 기억해내지 못하는 단어는 기억할 수 있을 때까지 여러 번 반복하면서 암기할 수 있습니다. 제 경우에도 한자 자격시험장에 갈 때는 끝까지 저를 괴롭혔던 공비카드 200여 장만 가지고 가서 마지막 점검을 하는 것으로 끝냈습니다.

또한 외국어 단어 암기뿐만 아니라 모든 정보, 글로 쓴 질문에 글로 답을 할 수 있는 것이라면 무엇이든지 공비카드 상자로 공부할 수 있습니다. 즉, 공부할 내용을 작은 부분으로 나누어서 내용에 따라 논리적으로 서로 연결시키면서 공부할 수 있습니다.

공비카드 상자의 효용성을 실감한 저는, 前 직장을 퇴사하고 3년간 대학에 몸담고 있을 때에는 학생들에게 정규 과목 내 특강을 통해 이를 가르치고, 중간고사, 기말고사에 그 사용방법을 출제하여 활용을 독려하기도 했습니다. 각종 자격시험과 대학원 진학 준비 등으로 마음이 바빴던 제자들은 졸업 후 공비카드상자의 사용 효과에 대해 이구동성으로 찬사를 아끼지 않고 있습니다.

저는 외부 특강 시에도 공비카드 상자를 널리 알리고자 했습니다. 한국 리더십센터 월요 특강과 (사)사회연대은행 주관 은퇴자 교육프로그램인 앙코르 커리어 프로젝트의 특강 시에도 이를 소개해서 참석자들의 큰 호응을 받았습니다. 이렇듯 가능한 많은 사람들이 이를 알게 하기 위한 저의 행보에 대해 주위에서는 저를 "공비카드 상자의 전도사"라고 부르기도 합니다.

공비카드 상자를 이용한 학습의 원리 설명

사실 그 동안 카드를 이용한 암기법은 주요 진학 성공 사례에서 여러 번 일반에 소개된 적이 있었습니다. 국제 수능(IB) 만점으로 예일대에 진학한 박승아씨는 2005년에 발간된 자전적 수기 『월드클래스 공부법』에서 SAT 영어단어 3,500개를 정복한 자신의 카드 공부법을 소개하고 있는데, 기본 개념 상 공비카드 상자를 활용한 방법과 유사합니다.

그런가 하면 2006년에 출판된 『수능 뽀개기』에서 저자 서울대 경영대 학생 김성민씨는 놀랍게도 에빙하우스의 망각곡선에 입각하여 본인이 직접 고안한 카드 학습법을 소개하고 있습니다. 비록 "공비카드 상자 학습법"만큼 정교하지는 못하지만 개념상으로는 전보다는 진일보한 카드 학습방법이었습니다.

만일 위에 소개한 두 사람의 수재가 공비카드 상자 방법을 미리 알았다면 기쁨의 환호를 올렸을 것이라고 생각합니다.

저는 한국코치협회 인증 국내 전문코치 (KPC : Korea Professional Coach)이자 국제코치연맹(ICF : International Coach Federation)의 국제 공인 전문코치 (PCCC : Professional Certified Corporate Coach)입니다. 대학 교수로 재직하는 동안에는 몇몇 기업체 임직원을 코칭해 왔고, 개인적으로는 지인들 자녀들에 대한 Life coaching도 병행한 적이 있습니다. 그때마다 공비카드 상자 소개가 빠지지 않았음은 물론입니다.

저 개인적으로는 장차 3개 국어가 가능한 전문코치가 되는 것이 목표입니다. 이를 위해 요구되는 수준의 일본어와 중국어 구사 능력과 저의 현재 능력 사이에는 아직 상당한 갭이 존재합니다. 이들 외국어 학습을 위해 제가 공비카드상자를 사용하고 있음은 물론입니다.

제가 실증을 통해 그 효과성을 이미 입증한 『공비카드상자』 학습법이 가능한 한 많은 분들의 학습 도구로 널리 사용될 수 있기를 바라는 마음 간절합니다.